高等职业教育铁路物流管理专业精品教材
“互联网 +”新形态立体化教学资源特色教材

U1017603

铁路货运组织

主　编　　邢祥焕　李　丽
副主编　　李　丹　狄华军
主　审　　赵爱威

中国轻工业出版社

图书在版编目（CIP）数据

铁路货运组织 / 邢祥焕，李丽主编. --北京：中国轻工业出版社，2025. 9. --（高等职业教育铁路物流管理专业精品教材）（“互联网+”新形态立体化教学资源特色教材）. --ISBN 978-7-5184-5379-5

Ⅰ. U294.1

中国国家版本馆CIP数据核字第20258UN397号

责任编辑：张文佳　　责任终审：李建华　　设计制作：锋尚设计
文字编辑：姜瑞雪　　责任校对：刘小透　晋　洁　　责任监印：张　可

出版发行：中国轻工业出版社（北京鲁谷东街5号，邮编：100040）
印　　刷：艺堂印刷（天津）有限公司
经　　销：各地新华书店
版　　次：2025年9月第1版第1次印刷
开　　本：787 × 1092　1/16　印张：16
字　　数：350千字
书　　号：ISBN 978-7-5184-5379-5　定价：49.80元
邮购电话：010-85119873
发行电话：010-85119832　010-85119912
网　　址：http://www.chlip.com.cn
Email：club@chlip.com.cn

231796J2X101ZBW

前言

铁路运输以其运能大、运距长、速度快、安全性高、成本低和绿色低碳等优势，在我国交通运输领域扮演着举足轻重的角色。近年来，铁路货运事业蓬勃发展，各种新技术、新工艺、新方法和新设备层出不穷。为了适应铁路货运快速发展的需要，培养具备专业知识技能和综合职业素养的铁路货运人才，我们精心编写了这本教材。

本教材紧紧围绕高职教育的人才培养目标，本着“以能力为本位，以实践为基础，以学生为主体”的基本理念，根据现行货运规章制度，结合岗位作业实际进行编写，包括以下几个特点。

(1) 德育先行，素养引领

教材落实立德树人根本任务，秉承“课程思政”理念，每个教学项目均设置“素养提升”板块，运用铁路货运榜样、铁路站段真实工作案例等，将专业知识与思政元素巧妙融合，培养学生拥有爱国情怀，以一名铁路货运人的责任和担当，践行“人民铁路为人民”的宗旨。

(2) 校企双元，紧随前沿

教材编写团队由校企双元组成。编写团队深入铁路货运一线进行调研，运用了最新的铁路货运规章，吸收了铁路货运的新技术、新工艺、新方法和新设备，使教材内容以及各项目、各任务的设置紧贴现场工作。

(3) 对接标准，课证融通

教材编写与中国国家铁路集团有限公司制定的铁路货运岗位职业技能标准、岗位标准对接，以岗位工作内容、知识技能要求为指引设计教材内容，实现课证融通。

(4) 项目引领，任务驱动

教材基于铁路货运组织工作过程，梳理出8个项目、28项任务。每个项目设置项目导读、思维导图、目标导学和素养提升板块，引领学生学习。每项任务设置了任务布置、相关知识、任务实施、任务评价、巩固提升板块，采用任务驱动教学，引导学生带着任务学习相关知识，按照工作流程完成工作任务，掌握相关知识和技能，并对学习效果进行检验，让学生在反思中不断提升。

（5）数字资源，辅助学习

教材配备有丰富的数字资源，包括微课、动画、铁路货运规章等，通过多位一体的立体化资源，辅助学生学习。

教材由山西铁道职业技术学院邢祥焕、李丹、李娟，大秦铁路股份有限公司太原职工培训基地李丽、李彦，山西工程职业学院狄华军共同编写，邢祥焕、李丽任主编。具体编写分工如下：李娟（项目一）、狄华军（项目二）、李丹（项目三）、邢祥焕（项目四、项目五）、李丽（项目六、项目七）、李彦（项目八）。

教材由山西铁道职业技术学院赵爱威担任主审。

编写过程中参阅了许多相关教材和资料，在此谨向这些教材和资料的作者致谢！

由于编者水平有限，书中难免存在一些疏漏和不妥之处，敬请读者批评指正。

编者

目录

项目一　铁路货物运输的基本条件　1

任务一　铁路货运工作的基本任务及法规依据　3
任务二　铁路货物运输的基本条件　9
任务三　货场管理　20

项目二　整车货物运输　27

任务一　整车货物发送作业　29
任务二　整车货物途中作业　40
任务三　整车货物到达作业　46

项目三　集装箱与零散货物运输　51

任务一　集装箱运输条件　53
任务二　集装箱运输组织　61
任务三　零散货物运输　70

项目四　铁路货物装载加固　75

任务一　货物装载加固的基本技术条件　78
任务二　货车载重与局部承载的技术条件　85
任务三　货物重心水平合理位置与重车重心高　93
任务四　超长货物装载的技术条件　104
任务五　检验货物稳定性　111
任务六　选择加固材料与加固方法　123

项目五　铁路货物运输费用核算　135

任务一　国家铁路运费核算程序　137
任务二　整车货物运费核算　144
任务三　集装箱、零散货物运费核算　152
任务四　其他运输费用　157

项目六　超限超重货物运输　165

任务一　超限超重货物认知　167
任务二　超限等级的确定　177
任务三　超限超重货物运输组织　184

项目七　危险货物运输　199

任务一　危险货物认知　201
任务二　危险货物运输组织　210
任务三　危险货物罐车、集装箱运输　221

项目八　鲜活货物运输　229

任务一　鲜活货物认知　231
任务二　易腐货物运输组织　236
任务三　活动物运输组织　245

参考文献　249

项目一　铁路货物运输的基本条件

项目导读

铁路货运工作是铁路运输的重要组成部分，为了保证货物安全、迅速、经济、便利地到达目的地，铁路货物运输需要满足一系列基本条件。铁路货运工作者必须深刻理解货运工作的基本任务，遵守货运工作的法律、法规和规章，掌握货物运输的基本条件，从而确保运输工作的顺利进行，为货主提供满意的服务。

思维导图

- 项目一 铁路货物运输的基本条件
  - 任务一　铁路货运工作的基本任务及法规依据
    - 一、铁路货运工作的基本任务
    - 二、铁路货运工作的法规依据
  - 任务二　铁路货物运输的基本条件
    - 一、铁路货物分类
    - 二、铁路货物运输的种类
    - 三、一批的划分
    - 四、货运营业办理限制
    - 五、货物运到期限
  - 任务三　货场管理
    - 一、货场管理
    - 二、货场设备管理
    - 三、专用线（专用铁路）管理

目标导学

知识目标

1. 理解铁路货运工作的基本任务。
2. 熟悉铁路货运工作的法规依据。
3. 掌握铁路货物运输的基本条件。
4. 熟悉货场管理的主要内容。
5. 了解铁路货场的基本设备。

技能目标

1. 能根据货运工作具体情况准确查找货运相关法规依据。
2. 能按规章准确分析铁路货物运输的种类及其办理条件。
3. 能指出货场管理的主要内容及货场常用的货运设备。

素养目标

1. 培养具有家国情怀、强技报国的爱国精神。
2. 具备职业认同、恪尽职守的敬业精神。
3. 具备按章作业、遵章守纪的职业素养。

素养提升

铁路货运员的岗位新内涵

货运是铁路运输中一项重要工作，随着现代企业改革的不断推进，为适应铁路运输生产劳动组织发展要求，国铁集团编制修订铁路货运员的职业技能标准、岗位标准。铁路货运员有了新的岗位作业及职责，被赋予了新的内涵。岗位调整后，将货运核算员、货运计划员、货运员3个工种合并为货运员1个工种。岗位作业及职责调整后，纳入货运计划、核算、交接、篷布管理等。

货运员岗位合并是提高工作效率的一次尝试与突破，精简了货运流程，减少了不必要的工作环节，与其他行车部门的沟通更紧密，信息流转更流畅，责任更明确。因此，对货运员的素质要求更高了。货运员要尽快适应新的工作内容，掌握更全面的规章制度、更系统的业务能力以及更熟练的操作水平。

货运操作技能岗位优化，更好地实现了“一岗多能、一人多专”的优化目标。货运员应利用岗位互学、跟班学习的方式，增强沟通了解，调动工作积极性，营造主动学习、认真学习、共同学习的工作氛围，提高货运工作效率。货运操作技能岗位优化，既能提高操作技能岗位员工的能力和素质，促进货运员的个人发展，也能适应铁路运输企业全面发展的需要。

资料来源： 澎湃新闻网

网址： https://m.thepaper.cn/baijiahao_14862253

评析： 在当前现代物流不断发展的情况下，铁路货运员被赋予新的时代使命。面对岗位作业及职责调整，他们不忘初心、砥砺前行，积极主动学习，以更快适应新的工作内容，更好地服务客户。

任务一 铁路货运工作的基本任务及法规依据

学习工具

《铁路货物运输规程》。

任务布置

某托运人到甲站货运营业厅，咨询一批鲜瓜果的托运手续，请运用专业知识判定为托运人提供服务的货运岗位，并根据托运货物的情况确定相应的法规依据。

相关知识

一、铁路货运工作的基本任务

（一）铁路货物运输的地位和作用

铁路货物运输作为现代物流业的重要组成部分，在社会经济生活中占据着举足轻重的地位。它不仅承担着大量的货物运输任务，还对国家经济的发展、民生改善以及国防建设等方面发挥着重要作用。

第一，铁路承担着大量的货物运输任务。相比公路运输，铁路运输具有更高的运输效率和更低的运输成本。由于铁路运输具有大批量、长距离、高密度的运输特点，使得其在中长途货物运输中具有显著的优势。随着铁路建设和技术的不断发展，铁路货物运输的时效性和可靠性也得到了进一步提高，为客户提供了更加高效、便捷的物流服务。

第二，铁路货物运输是国家经济发展的重要支撑。铁路运输业的发展与国家经济建设密切相关，是国民经济发展的重要基础设施。铁路作为大宗货物运输的主要方式之一，使各类资源和原材料得以快速、安全地运送到目的地，为工农业生产提供了必要的保障。

第三，铁路货物运输对于民生改善具有重要意义。铁路货物运输承担着大量的民生物资和农副产品的运输任务，如粮食、蔬菜、水果等。通过铁路运输，这些物资能够快速、安全地运送到目的地，保障了人民群众的生产生活需求，提高了人民的生活水平。

第四，铁路货物运输在国防建设中具有重要地位。铁路运输具有强大的战略储备能力，能够在战争或紧急情况下快速调动大量兵力和物资，保障国家安全。铁路货物运输还承担着军用物资和装备的运输任务，为国家的国防建设提供了有力支持。

总之，铁路货物运输在社会经济生活中占据着重要的地位，发挥着重要的作用。未来随着“中长期铁路网规划”“交通强国”“一带一路”及“构建国内国际经济双循环”等国家战略和发展格局的深入，我国铁路运输行业将持续快速发展。

（二）铁路货运改革

随着中国经济的快速发展，铁路货运作为重要的物流方式，其改革历程也经历了三个阶段。

1．初步改革阶段（1986—1991年）

新中国成立后，铁路货运成为国家经济发展的重要支撑。然而，随着改革开放的深入推进，传统铁路货运体制的弊端逐渐显现，如运力不足、效率低下、服务质量差等问题。为了适应经济发展的新形势，铁路货运改革势在必行。这一阶段的改革重点是推行经济承包责任制，通过实行运输收入递增包干等措施，激发了铁路运输企业的积极性，铁路运量有了明显提升。

2．深入改革阶段（1992—2002年）

随着中国加入世界贸易组织，铁路货运改革也进入了深入阶段。这一阶段的主要措施包括优化运力资源配置、推进货运组织改革、完善价格体系等。此外，铁路行业也进行了政企分开改革，提升了铁路货运的市场化程度。

3．创新发展阶段（2003年至今）

这一阶段的改革重点是推进铁路货运市场化、多元化发展。首先推行了一系列市场化改革措施，如开展货运组织改革、推进“互联网+货运”等。其次，积极拓展新的业务领域，如高铁快运、冷链物流等，以满足市场对高品质、多样化运输服务的需求。

通过不断改革与创新，铁路货运已经取得了显著的成绩。未来，随着科技的进步和市场需求的不断变化，铁路货运仍需不断探索新的发展路径和模式，以更好地服务于中国经济的发展。

（三）铁路货运工作的基本任务

2013年6月15日中国国家铁路集团有限公司（原中国铁路总公司，以下简称“国铁集团”）向社会和广大客户作出承诺：“简化受理，随到随办，规范收费，热情服务”。铁路货运工作融生产、管理和服务于一身，其基本任务如下。

（1）根据国民经济计划、社会经济发展需求及铁路运输能力，制定货运工作方案，组织合理运输、直达运输、联合运输，提高货运组织工作水平。

（2）严格遵守货物运输法规，确保货物运输条件，正确划分和履行铁路与托运人、收货人在货物运输过程中的责任，确保货物运输的安全和完整。

（3）采用新型货运设备，推广先进的货物运输方法和科技成果，挖掘既有设备能力，加速货车周转，提高运输效率。

（4）加强货场管理，加强专用线和专用铁路的作业管理，提高货物作业能力，改进货物运输生产过程的作业组织，推行作业标准化，提高作业质量和作业效率。

（5）正确分析和妥善处理货物损失，建立安全防范体系，不断提高货运质量和铁路信誉。

（6）对职工进行经常性的政治思想、职业道德和技术业务的教育，不断提高职工的素质水平，更好地为货物运输服务。

（四）铁路货运岗位名称及工作职责

铁路货运工作是一项复杂而系统性的任务，它需要各岗位人员的密切配合与协作。铁路货运岗位作为铁路运输的重要组成部分，涉及多个岗位的职责与分工，包括铁路货运员、货装值班员、货运调度员、货运检查员和货检值班员等，这些岗位相互关联，共同承担着铁路货运的各项任务。

（1）铁路货运员。铁路货运工作的基层岗位，主要负责货物运输需求受理、货源确认；进出站货物（集装箱）检斤验货、安检查危、仓储保管；货场装卸车作业组织和作业前后“三检”、监装监卸、货物交付搬出、篷布运用管理、货物损失勘查处理；铁路专用线、专用铁路货物（车）和篷布交接检查；运杂费计算核收、运输收入解缴上报；国际联运货物、票据、车辆交接检查和有关手续办理等作业。

（2）货装值班员。主要负责车站货物运输生产过程的作业组织，检查指导装卸车作业质量；联系有关部门，协调处理作业中的问题，提高作业效率和服务质量；负责货场、设施设备管理；分析运输生产指标完成情况，提出增运增收、堵漏保收和提高经济效益的建议；勘查、鉴定货物损失，编制货运记录、商务记录，调查处理货物损失，审核办理货物损失赔偿；负责班组管理，传达执行货运规章、文电、命令，组织技术业务学习，确保安全生产。

（3）货运调度员。主要负责执行运输政策，按日班计划做好车站货物装卸车调度指挥，科学组织、均衡作业，检查和督促日班计划的实施，完成生产任务，提高运输效率。

（4）货运检查员。主要负责铁路运输过程中的货车、货物与票据的交接检查等工作。

（5）货检值班员。主要负责本班货检作业管理、现场作业组织等工作。

微课：铁路货运工作的基本任务

二、铁路货运工作的法规依据

(一)铁路货物运输合同的法规依据

1.《中华人民共和国民法典》合同编

《中华人民共和国民法典》合同编是合同领域的基本法，对合同签订原则，合同的订立、履行、变更和解除，违反合同的责任，以及合同管理等作了明确的法律规定，对运输合同作了专章规定，对货物运输合同的内容作了专门规定。

2.《中华人民共和国铁路法》

《中华人民共和国铁路法》是保障铁路运输和铁路建设顺利进行的法律规定，就货物运输而言，它规定了承运人、托运人、收货人在铁路货物运输中的权力、义务和责任，对货物运输合同作了具体的规定，是组织铁路货物运输必须遵守和执行的法律依据。

3.《铁路货物运输合同实施细则》

《铁路货物运输合同实施细则》详细地规定了铁路货物运输过程中承运人、托运人、收货人的权利、义务和责任；详细地规定了铁路货物运输合同的制定、履行、变更和解除；详细地规定了违反合同应承担的责任，以及发生争议时的处理办法。因此，它是组织铁路货物运输更为直接的依据。

(二)《铁路货物运输规程》

《铁路货物运输规程》(以下简称《货规》)，是货物运输的基本规章，具体明确规定了铁路货物运输的基本条件、货物运输合同、货物的搬入搬出、货物的承运和交付、装车和卸车、货运事故的处理和赔偿、承托双方责任的划分，是组织铁路货物运输最为直接的依据，承运人、托运人和收货人都必须遵照执行。

对未纳入《货规》或《货规》规定未尽问题，则制定《货规》的引申规则或办法，主要包括《铁路货物运价规则》《铁路危险货物运输管理规则》《铁路鲜活货物运输规则》《铁路超限超重货物运输规则》《铁路货物装载加固规则》《铁路集装箱运输规则》《货运日常工作组织办法》等。

(三)铁路内部货运管理规则与办法

铁路内部货运管理规则与办法规定了铁路内部货物运输各个环节的作业内容和质量要求，是铁路货运工作人员货物运输的工作细则，仅对铁路内部管理有效，不作为承运人、托运人和收货人之间划分责任的依据，主要包括《铁路货物运输管理规则》《铁路货物损失处理规则》《铁路货运检查管理规则》《铁路货物保价运输管理办法》等。

（四）其他法规依据

其他法规依据包括国际联运规章、水路联运规章、军运规章、《铁路客货运输专刊》、铁路局集团公司对国铁集团规章的补充规定或实施细则、管理办法等。

微课：铁路货运工作的法规依据

任务实施

序号	作业项目	作业内容
1	判定为托运人提供服务的货运岗位	铁路货运员主要负责货物的受理、承运、保管、装车、卸车、交付作业，运杂费核收，损失勘查处理等工作，因此托运人办理托运手续时，为其提供服务的是铁路货运员
2	确定相应的法规依据	根据托运货物情况，确定首先依据铁路货物运输合同的法律法规，其次依据《铁路货物运输规程》及其引申规则《铁路鲜活货物运输规则》，这是组织该批货物运输最为直接的依据，最后依据铁路内部货运管理规则与办法及其他法规

任务评价

评价内容	评价标准	本人自评得分（20%）	小组互评得分（20%）	校内教师评价得分（30%）	企业导师评价得分（30%）	综合得分
知识点掌握（30%）	了解铁路货运工作的相关岗位及工作职责；熟悉铁路货运工作的法规依据					
技能点运用（40%）	能根据货运工作具体情况准确查找货运相关法规依据					
职业素养（30%）	具有家国情怀、强技报国的爱国精神；具备职业认同、恪尽职守的敬业精神；具备按章作业、遵章守纪的职业素养					
综合评价						

巩固提升

一、选择题

1.（　　）是货物运输的基本规章，是组织铁路货物运输最为直接的依据。

A.《铁路货物运输规程》　　B.《铁路货物运输管理规则》

C.《铁路货物运输合同实施细则》　　D.《中华人民共和国铁路法》

2. 下列（　　）不属于《货规》的引申规则。

A.《铁路货物装载加固规则》　　B.《铁路集装箱运输规则》

C.《铁路货物运价规则》　　D.《铁路货物损失处理规则》

二、判断题

1.《铁路货物运输管理规则》仅对铁路内部管理有效。（　　）

2. 铁路货运员是铁路货运工作的基层岗位。（　　）

任务二
铁路货物运输的基本条件

学习工具

《铁路货物运输规程》。

任务布置

A公司12月15日在甲站托运60t袋装小麦粉至乙站。托运人提出的容许运输期限是15日。甲站至乙站的运价里程是1769km。请分析该货物适合的运输种类，判断其是否符合铁路货物运输的办理条件。

相关知识

一、铁路货物分类

（一）按货物品类划分

目前，我国铁路运输的货物包括26个品类，见表1-1。

表1-1　货物品类表

品类代码	品类名称	品类代码	品类名称	品类代码	品类名称
01	煤	10	木材	19	农业机具
02	石油	11	粮食	20	鲜活货物
03	焦炭	12	棉花	21	农副产品
04	金属矿石	13	化肥及农药	22	饮食品及烟草制品
05	钢铁及有色金属	14	盐	23	纺织品、皮革、毛衣及其制品
06	非金属矿石	15	化工品	24	纸及文教用品
07	磷矿石	16	金属制品	25	医药品
08	矿物性建筑材料	17	工业机械	99	其他货物
09	水泥	18	电子、电气机械		

（二）按货物的外部条件划分

根据货物的外部条件，将铁路运输的货物分为成件货物、大件货物与散堆装货物。

（1）成件货物，指具有运输包装、能够清点件数的货物，如箱、袋、捆、桶、筐、罐装货物。

（2）大件货物，指质量、体积或形状很大，一般具有超长、超宽、超高等特征的货物，如金属制品、机械、汽车、水泥制品等。

（3）散堆装货物，指不使用运输包装，采用散堆装方法运输的货物，如块、粉、粒状货物。

（三）按运输条件划分

按照货物对运输条件要求的不同，将铁路运输的货物分为按普通条件运输的货物和按特殊条件运输的货物，其中按特殊条件运输的货物包括阔大货物（指超长、超限、超重货物）、危险货物和鲜活货物。

二、铁路货物运输的种类

根据货物的数量、性质、形状等条件，并结合所使用的铁路货车，将铁路货物运输的种类分为整车货物运输、集装箱运输、批量零散货物运输和零散货物运输四种。

（一）整车货物运输

我国大多数铁路货物的运输方式是整车运输。一批货物的重量、体积、形状或性质需要一辆及以上货车运输的，应按整车托运。

整车运输包括整车分卸、站界内搬运、途中装卸、准米轨直通运输四种特殊形式。

1. 整车分卸

整车分卸是指限按整车办理的货物（蜜蜂、使用冷藏车装运需要制冷、保温的货物和不易计算件数的货物除外），其数量不够一车，按托运人要求将同一径路上的两个或三个到站在站内卸车的货物，装在同一货车内作为一批整车货物运输，而在途中不同到站卸车的运输方式。

整车分卸的目的是为解决托运数量不足一车而又不能按零散办理的货物的运输问题。

2. 站界内搬运

站界内搬运是指货物的装卸作业在同一车站内，在站界内铁路营业线上或站线与专用线之间的运输。

因特殊原因或当地没有合适的搬运工具，对按整车运输的货物，托运人可要求站界内搬运。

站界内搬运的条件是：按整车运输的货物，可在铁路局集团公司自局管内办理，但危险货物不得办理。

3．途中装卸

途中装卸是指在两个车站之间的区间或在不办理货运营业的车站装卸车，其办理条件同站界内搬运。

途中装卸的发站或到站，可根据托运人的要求，以装卸车地点的前方或后方办理货运业务的车站为发到站。不论托运人、收货人要求在途中装卸地点的前方还是后方货运站办理托运或领取手续，途中装车均按后方货运站计算运价里程，途中卸车均按前方货运站计算运价里程。

4．准米轨直通运输

我国铁路线路主要是标准轨距，但昆明局管内还有部分米轨铁路。为了方便物资运输，减少托运人或收货人在运输途中的作业手续，铁路开办了整车货物准米轨直通运输，即使用同一份运输票据，跨及准轨与米轨铁路，将货物从发站直接运送至到站。

（二）集装箱运输

托运人托运的货物，符合集装箱运输条件时，可使用集装箱运输。集装箱适用于运输精密、贵重、易损、怕湿的货物，如家电、仪器、仪表、小型机械、玻璃陶瓷、建材、工艺品、文化体育用品、医药、卷烟、酒、食品、日用品、化工产品、针纺织品、小五金和其他适箱货物。

（三）批量零散货物运输

铁路运输企业针对一批托运重量40t及以上或体积80m^3及以上的货物开办了批量零散货物运输业务。

批量零散货物运输是整车货物运输的一种形式，但按货物实际重量（或体积）进行受理和承运。对于市场需求量大、铁路运量小的货物，开办批量零散货物运输业务有利于降低社会物流成本。

现行批量零散货物运输的品类范围为106类：机油、润滑油、板材、木片、胶合板、橡胶及其制品、塑料制箱、泡沫塑料、有机玻璃制品、塑钢及其制品、油漆、炭黑、石蜡、日用化工品、金属工具、钢丝、铸铁管、金属制箱、医疗器械、电动自行车、仪器、洗衣机、竹、草秸、干花朵、竹片、草垫、竹地板、木柴、糖蜜、糖料、烟叶、干蔬菜、干果、植物种子、方便面、奶制品、调味品、酒、茶叶、丝棉、帽、鞋、服装、毛皮制品、纸浆、书籍、文具、玩具、中药材、工艺品、铸件、锻件、泵、普通机械零配件、其他陶瓷制品及日用杂品等。

（四）零散货物运输

零散货物的前身叫零担货物，是指一批重量、体积、形状和性质不需要单独使用一辆铁路货车装运的货物。零散货物一般为重量较小的成件包装货物，多为怕湿货物、贵重物品、日常用品等，一般使用棚车运输。

微课：铁路货物运输的种类

零散货物运输适用于一批托运重量不足40t且体积不足80m^3的所有品类货物。

三、一批的划分

（一）一批的概念

一批是铁路承运货物和计算运费的单位，是指使用一张货物运单，按照同一运输条件运送的货物。

（二）按一批办理的条件

按一批托运的货物，必须托运人、收货人、发站、到站和装卸地点相同（整车分卸货物除外）。

按运输种类的不同，一批的具体规定如下。

（1）整车货物每车为一批。

（2）跨装、爬装和使用游车运输货物，每一车组为一批，如图1-1所示。

（3）零散货物、集装箱运输的货物，每张货物运单为一批。

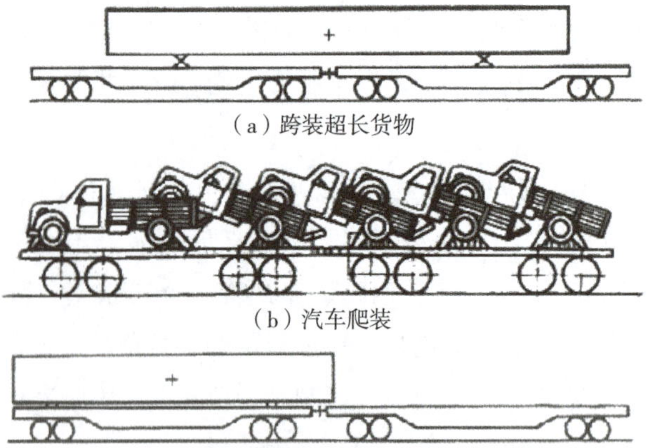

（a）跨装超长货物

（b）汽车爬装

（c）使用游车装载超长货物

图1-1　跨装、爬装及使用游车的货物

（三）按一批办理的限制

为保证货物安全运输，规定下列货物不得按一批托运。

（1）易腐货物与非易腐货物。

（2）危险货物与非危险货物。

（3）根据货物的性质不能混装的货物。

（4）按保价运输的货物和不按保价运输的货物。

（5）投保货物运输险的货物和未投保货物运输险的货物。

（6）运输条件不同的货物。

四、货运营业办理限制

（一）货运营业办理限制

货运营业办理站在《货物运价里程表》上公布。车站的营业办理限制根据《货物运价里程表》中营业线里程表有关“营业办理限制”栏的规定来确定。

营业办理限制用符号△表示不办理，用○表示仅办理，用□表示有条件办理。不能用符号表示的，另加文字说明。常用货运营业办理限制符号及限制范围见表1–2。

表1–2　常用货运营业办理限制符号及限制范围

货运营业办理限制符号	限制范围
△货	站内及专用线均不办理货运营业
○专	仅办理专用线、专用铁路货运作业，具体办理内容另查《铁路专用线、专用铁路名称表》
○路	站内仅办理路用货物发到
△牲	站内不办理活牲畜到达
△湿	站内不办理怕湿货物发到
△散	站内不办理散堆装货物发到
△蜂	站内不办理蜜蜂货物发到
□危	站内办理危险货物运输，具体办理内容另查《铁路危险货物运输办理站（专用线、专用铁路）办理规定》

（二）起重能力

车站的起重能力根据《货物运价里程表》中营业线里程表有关“最大起重能力”栏的规定来确定。数字表示该站起重设备的最大吊装吨数，“叉”字表示该站配属叉车。

五、货物运到期限

（一）货物运到期限

货物运到期限是指铁路将货物由发站运至到站的最长时间限制，是根据铁路现有的技术装备条件和运输工作组织水平确定的。

货物运到期限是铁路运输合同的重要内容，是对铁路运输企业的要求和约束，也是对托运人或收货人合法权益的保护。铁路应当尽量缩短货物的运到期限，对因铁路责任超过货物运到期限的要负违约责任。

货物运到期限（$T_{运到}$）按自然日计算，起码时间为3日。

其计算公式可以表示为：$T_{运到}=T_{发送}+T_{运输}+T_{特殊}$

1．货物发送期间（$T_{发送}$）

货物发送期间，指车站完成货物发送作业的时间，为1日。

2．货物运输期间（$T_{运输}$）

货物运输期间指货物在途中的运输时间。运价里程每250km或其未满为1日；按快运办理的整车货物，运价里程每500km或其未满为1日。

3．特殊作业时间（$T_{特殊}$）

特殊作业时间指为了满足某些货物在运输途中进行特殊作业的需要所规定的时间。具体规定如下。

（1）运价里程超过250km的零散货物另加2日，超过1000km的另加3日。

（2）整车分卸货物，每增加一个分卸站另加1日。

（3）准米轨间直通运输的货物另加1日。

（4）门到门运输时，需要上门装、卸货物，各另加1日。

（5）需要门到发站、到站到门接取送达货物，各另加1日。

【例1-1】甲站使用棚车装运大米一车，托运人选择门到站运输方式，需要上门装货、取货服务，甲站至到站705km。试计算货物运到期限。

【解】货物发送期间$T_{发送}$为1日；

货物运输期间$T_{运输}$为705/250≈2.8（日），未满1日按1日计算，计3日；

特殊作业时间$T_{特殊}$包括上门装货另加1日，上门取货另加1日；

因此货物的运到期限为6日。

（二）货物容许运输期限

货物容许运输期限是由托运人提出的货物运输时限，承运人据此确定在规定的运到期限内该货物是否可以承运。容许运输期限至少须大于货物运到期限3日，方可承运。

托运“易腐货物”“短寿命”的放射性货物时，应记明货物的容许运输期限。

【例1–2】托运人要求甲站用机械冷藏车装运油桃一车运至乙站。托运人提供的相关材料表明，油桃的容许运输期限为6日。已知甲站至乙站的运价里程为2205km。试计算该批货物的运到期限，并判断甲站能否办理这批油桃的运输。

【解】货物的运到期限$T_{运到}=T_{发送}+T_{运输}+T_{特殊}=1+\frac{2205}{250}\approx10$（日）。

托运人提出的容许运输期限为6日，不符合“容许运输期限至少须大于货物运到期限3日”的规定，因此甲站不能办理这批鲜桃的运输。

（三）货物实际运到日数

货物实际运到日数，从货物承运的次日起算，在到站由铁路组织卸车的，至卸车完了时终止；在到站由收货人组织卸车的，至货车调到卸车地点或交接地点时终止。

【例1–3】甲站4月16日承运一批整车货物到乙站，4月25日乙站卸车完了，实际运到日数为几日？

【解】实际运到日数从4月17日起算，至4月25日为止，共计9日。

（四）货物运到逾期

货物运到逾期是指货物的实际运到日数超过规定的运到期限。发生运到逾期时，铁路应向收货人支付违约金。

1．逾期违约金支付规定

（1）货物运到期限在3～10日，违约金支付比例见表1–3。

表1–3　运到逾期违约金支付比例（一）

<table>
<tr><th rowspan="2">运到期限</th><th colspan="6">逾期总日数</th></tr>
<tr><th>1日</th><th>2日</th><th>3日</th><th>4日</th><th>5日</th><th>6日及以上</th></tr>
<tr><td>3日</td><td>15%</td><td colspan="5">20%</td></tr>
<tr><td>4日</td><td>10%</td><td>15%</td><td colspan="4">20%</td></tr>
<tr><td>5日</td><td>10%</td><td>15%</td><td colspan="4">20%</td></tr>
</table>

续表

运到期限	逾期总日数					
	1日	2日	3日	4日	5日	6日及以上
6日	10%	15%	15%	20%		
7日	10%	10%	15%	20%		
8日	10%	10%	15%	15%	20%	
9日	10%	10%	15%	15%	20%	
10日	5%	10%	10%	15%	15%	20%

（2）货物运到期限在11日及以上时，违约金支付比例见表1–4。

表1–4　　运到逾期违约金支付比例（二）

逾期总日数占运到期限的比例	违约金占运费的比例
不超过1/10时	5%
超过1/10，但不超过3/10时	10%
超过3/10，但不超过5/10时	15%
超过5/10时	20%

（3）快运货物发生运到逾期时，按表1–5的规定退还快运费。同时，按每250km运价里程或其未满为1日重新计算运到期限，如果仍然逾期，按表1–3和表1–4的规定，向收货人支付违约金。

表1–5　　退还货物快运费比例

发到站间运输里程	超过运到期限日数	退还货物快运费比例
1801km以上	1日	30%
	2日	60%
	3日以上	100%
1201 ~ 1800km	1日	50%
	2日以上	100%
1200km以下	1日以上	100%

2．不支付违约金的情形

（1）超限、限速运行和免费运输的货物以及货物全部灭失。

（2）从承运人发出领货通知的次日起（不能实行领货通知或会同收货人卸车的货车为卸车的次日起），如收货人在2日内未将货物领出，即失去要求承运人支付违约金的权利。

3．货物滞留时间

货物在运输过程中，由于下列原因之一造成的滞留时间，应从实际运到日数中扣除。

（1）因不可抗力的原因引起的。

（2）由于托运人的责任致使货物在途中发生换装、整理所产生的。

（3）因托运人或收货人要求运输变更所产生的。

（4）其他非承运人的责任发生的。

上述情况均为非承运人原因造成的滞留，发生滞留的车站，应在货物运单“承运人记载事项”栏内记明滞留时间和原因。到站应将各种情况所发生的滞留时间加总，加总后不足1日的尾数进整为1日。

【例1–4】甲站7月8日承运一车粮食到乙站，运价里程2384km。中途因水患在丙站停留30h，7月24日乙站卸车完了。请问货物是否运到逾期？如果逾期应向收货人支付多少逾期违约金？

【解】货物的运到期限$T_{运到}=T_{发送}+T_{运输}+T_{特殊}=1+\frac{2384}{250}\approx 11$（日）。

货物的实际运到日数$T_{实际}$从7月9日起算，至7月24日为止，为16日。

运到逾期日数$T_{逾期}=T_{实际}-T_{运到}-T_{滞留}=16-11-2=3$（日）。

逾期总日数占运到期限的比例为3/11（超过1/10，但不超过3/10时），查表1–4，违约金的支付比例为10%。

微课：货物运到期限

任务实施

序号	作业项目	作业内容
1	分析货物运输的种类	根据货物的性质、重量判断该货物适合一辆货车装运，其适合的运输种类是整车运输
2	确定能否按一批办理	该货物能用一辆整车运输，托运人、收货人、发站、到站和装卸地点相同，因此能够按一批办理
3	确定是否符合车站的营业办理限制	根据《货物运价里程表》中营业线里程表有关“营业办理限制”栏的规定来确定甲站的营业办理限制
4	确定运到期限是否符合容许运输期限的要求	根据运到期限计算公式，计算出货物运到期限为9日，而托运人提出的容许运输期限为15日，符合“容许运输期限至少须大于货物运到期限3日，方可承运”的要求

任务评价

评价内容	评价标准	本人自评得分（20%）	小组互评得分（20%）	校内教师评价得分（30%）	企业导师评价得分（30%）	综合得分
知识点掌握（30%）	掌握铁路货物运输的基本条件					
技能点运用（40%）	能按规章准确分析铁路货物运输的种类及办理条件					
职业素养（30%）	具有家国情怀、强技报国的爱国精神；具备职业认同、恪尽职守的敬业精神；具备按章作业、遵章守纪的职业素养					
	综合评价					

巩固提升

一、选择题

1．托运易腐货物、短寿命放射性货物时，货物的容许运输期限至少须大于货物运到期限（　　），方可承运。

A．1日　　B．2日　　C．3日　　D．4日

2．快运货物发到站间运输里程1900km，超过运到期限1日时，应退还快运费的比例为（　　）。

A．30%　　B．50%　　C．60%　　D．100%

3．不支付逾期违约金的情况包括：超限、免费运输的货物、货物全部灭失，以及（　　）。

A．阔大货物　　B．超长货物

C．集重货物　　D．限速运行的货物

4．零散货物和使用集装箱运输的货物，以（　　）为一批。

A．每一辆货车　　B．每一张货物运单

C．每一份运输票据　　D．每一份物品清单

5．货物实际运到日数超过规定的运到期限，承运人向收货人支付违约金最多占所收运费的（　　）。

A．5%　　B．10%　　C．15%　　D．20%

二、计算题

1. A站按整车运输一批货物到B站，要求上门取货、上门送货，A、B站间运价里程为208km，请计算其运到期限。
2. 某托运人欲从A站托运一批快运易腐货物到B站（运价里程1910km），托运人在运单“托运人记载事项”栏内注明“容许运到期限4日”。请问A站可否承运？为什么？
3. A站12月20日承运一批整车货物到B站，运价里程1256km。12月29日B站卸车完了，请问是否运到逾期？如果逾期应向收货人支付多少比例的逾期违约金？
4. 某年11月15日，托运人在A站托运冷冻的羊肉一批，按快运办理，到站B站，运价里程2392km，11月25日运至到站，26日送到卸车地点。请问是否运到逾期？如果逾期，应如何处理？

任务三
货场管理

学习工具

《铁路货物运输规程》《铁路货物运输管理规则》《铁路专用线专用铁路管理办法》。

任务布置

小李是一名刚刚毕业的大学生，即将踏入铁路货运工作岗位，他特别好奇自己将来工作的主战场——铁路货场是一个什么样的场所？有哪些设备？货场管理的内容有哪些？请你帮小李做一个简单的介绍。

相关知识

一、货场管理

（一）货场分类

车站货场是铁路办理货物运输的场所，也是货运产品的营销窗口，并以铁路承运人资格代表铁路运输企业参与市场经营，履行铁路运输企业赋予的权利和义务，其主要任务是为货主提供安全、迅速、经济、便利的服务。

铁路货场按办理货物品类分综合性货场和专业性货场。

1．综合性货场

综合性货场是指办理整车货物、集装箱、零散货物中两种以上运输种类及多种品类货物作业的货场。综合性货场根据年办理货运量分为大、中、小型货场：大型货场年货运量在100万t以上；中型货场年货运量在30万t以上，未满100万t；小型货场年货运量未满30万t。

2．专业性货场

专业性货场是指专门办理单项运输种类或单一货物品类的货场，分为整车货场、零散货场、危险品货场、粗杂品货场、集装箱场等。专业性货场的设置应根据货物性质及业务繁简、设备条件等实际情况确定。

（二）货场管理的主要内容

货场管理一般指对车站有关货运作业场所全部货物运输生产过程进行计划、组织、指挥、协调和控制，从而使整个车站的货运生产有秩序、有节奏地进行。

货场管理的主要内容包括五个方面。

（1）货场计划管理，包括装车计划和卸车计划管理。

（2）货场作业管理，包括进货装车作业、卸车出货作业、出车作业和取送车作业。

（3）货场设备管理，包括场库与配线、货场货区货位、装卸设备及其他货运设备的运用管理办法。

（4）货场安全管理，包括职工安全和业务教育、制定货运安全管理制度、货物损失的防止和处理等。

（5）专用线（专用铁路）管理，包括制定专用线（专用铁路）运输协议及专用线共用等。

（三）货场管理制度

货场是铁路与托运人、收货人、短途搬运部门联系的“窗口”。为保证货场工作协调有序地进行，经济合理地利用货运设备，加速车、货周转，必须建立健全各种作业管理制度，使规章规定落实到每一部门、每一工种和每一职工。主要的基本作业管理制度包括以下几方面。

1．货装分工负责制

装卸车作业由货运员、装卸工组共同完成。为了保证货运质量，提高效率，必须建立装卸车作业中的货运员、装卸工组的分工负责制。货运员应按货运规章的规定进行监装卸；装卸工组在货运员的指导下进行装卸作业。

2．包区、包库或包线负责制

货场内的货区、仓库或作业线路，实行货运员包保负责制，做到分工清楚，责任明确，保证货物安全。

货运员对负责包保的区、库、线应做到以下几点。

（1）掌握线路内作业车停留及货位使用情况。

（2）货场内做好监装卸工作，专用线内做好装卸指导作业。

（3）认真执行规章制度，保证货物安全。

（4）认真填记有关表、簿，编制记录。

3．运输票据、货物检查交接制

交接检查是货运部门工作的基本内容之一。对各种运输票据在各作业环节中的传递应建立登记交接制度，货物（车）在承运、装（卸）车、保管、交付及中转中均应办理签证交接。建立交接检查制是为了划清双方责任界限，保证货物安全。

4．取送车作业制

车站应做好日班装车作业计划和卸车预报工作，并根据装卸作业、待装货物和货位情况确定取送车计划，及时完成取送车作业。装卸车作业始末时间和取送车始末时间，均应有汇报和登记制度。

5．站车交接检查制

为保证行车安全和货物安全，对运输中的货物（车）和运送票据要进行交接检查。列车货运票据实行封票交接。由车站负责捆绑加封后，交于机车乘务员。机车乘务员负责将货运票据带到下一个编组站、区段站或到站，并保证票据完好。到站接车人员向机车乘务员办理交接，并填好交接记录。货物（车）的检查，应在列车的发站、到站、货运检查站进行，检查工作由货运检查员进行。

6．保价运输管理制

车站应贯彻《中华人民共和国铁路法》，切实执行《铁路保价运输规则》和《铁路货物保价运输办法》，建立保价运输管理制，由专人负责组织货运保价工作，完成保价收入任务。

二、货场设备管理

铁路货运场站应设有办理货运业务的必要设备。货场的主要货运设备包括场库设备、配线、装卸机械设备、信息系统及设备、视频监控设备、计量设备、安全检测设备、通风照明消防设备及办公房舍等。

为了加强货运设备管理，车站要设专职或兼职人员管理货运设备，建立设备台账，逐项登记入册。

（一）场库设备

1．仓库、雨棚、雨搭

仓库是为存放怕受自然条件影响的货物、危险货物和贵重货物而修建在普通站台的封闭式建筑物。仓库一般设计成库外布置装卸线路。但在雨雪多、风沙大、气候严寒的地区，作业量大时，也可设计为跨线仓库。

雨棚是为避免货物受自然条件影响而修建在站台上的带有顶棚的建筑物，用于存放怕湿、怕晒的货物。在多雨雪地区，作业量大的货物可根据需要采用跨线雨棚。

雨搭是仓库、雨棚的辅助防雨设备。为避免货物在装卸和搬运作业时遭受湿损，雨搭一般应伸至站台边缘。多雨地区且作业繁忙的，装卸线一侧雨搭可伸至线路中心线以远；搬运站台一侧的雨搭一般应伸出站台边缘3m为宜。

2．货物站台

货物站台是为了便于装卸车作业，主要用以存放不受自然条件影响的货物而修建的建筑物。货物站台按其结构及高度可分为普通站台和高站台两种。

（1）普通站台。站台面与普通货车车地板高度基本相同，站台面距轨面的高度为1.1m。按其与装卸线的配置形式可分为侧式站台和尽端式站台，其中尽端式站台是用来装卸能自行移动的带轮货物，如汽车、坦克、拖拉机等，可以单独设置，也可以与普通货物站台合并设置，如图1-2所示。

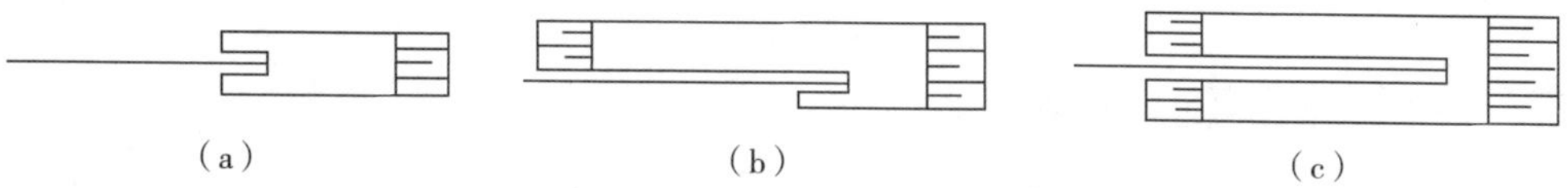

图1-2　尽端式站台示意图

（2）高站台。站台面距轨面的高度大于1.1m。高站台方便将散装、不易破碎的小型货物装入敞车，可以节省劳动力，并可加速货物的装车作业。

3．堆放场

堆放场是主要用来装卸并短期存放煤炭、砂石、木材等散堆装货物、长大笨重货物的场所。按其与装卸线的水平位置分为平货位和低货位两种。

（1）平货位堆放场。一般常见的堆放场，地面用块石、沥青或混凝土筑成，地面与路基相平。

（2）低货位堆放场。地面低于线路路肩，适用于散堆装货物的卸车作业。利用低货位卸车，可以减轻劳动强度，提高劳动效率。

（二）货场配线

货场配线包括货物装卸线、调车线、牵出线、轨道衡线、换装线、货车洗刷线、危险品货车停留线等。

装卸线是指办理各类货物装卸车作业用的线路，需要根据货物品类和运量设置。

大、中型货场的牵出线是为货场各类装卸地点挑选车辆、牵出转线等调车作业而设置的，小型货场的牵出线是为摘挂列车甩挂和货场取送车而设置的。

存车线设在繁忙货区或咽喉区，作为暂时存放车辆、选分车组的线路。

轨道衡线是指装有轨道衡器，专门用来衡量铁路重车、空车重量，确定货物有无超载用的线路。一般设在工业站、国境站、港湾站及需轨道衡检斤的地方。

三、专用线（专用铁路）管理

（一）专用线（专用铁路）的概念

铁路专用线是指由企业或者其他单位管理的与国家铁路或者其他铁路线路接轨的岔线。

专用铁路是指由企业或者其他单位管理，专为本企业或者本单位内部提供运输服务的铁路。

（二）专用线管理的基本要求

专用线运输是铁路运输的重要组成部分。专用线运输组织和安全管理要以《铁路专用线专用铁路管理办法》为依据，在站长的领导下统一进行。

车站专用线货运员和企业运输员（即企业办理运输的人员），均应经过铁路的专业培训，合格后持证上岗，并应保持人员的相对稳定。

专用线办理的货物运输品类，应符合《铁路专用线专用铁路名称表》的规定。需要变更时，需经铁路局集团公司批准，由国铁集团公布。

专用线内应有足够的装卸车能力，设有专人值班，做到随到随卸，随到随装，专用线货位要专用化，不得随意变更和挪用。

（三）专用线（专用铁路）运输协议

专用线（专用铁路）产权单位使用专用线进行铁路运输要与车站签订运输协议，运输协议有效期为一年，企业于每年12月31日前与车站签订下年度运输协议。企业租用路产专用线须经铁路局集团公司批准，由企业、车站及专用线产权单位三方签订协议，报铁路局集团公司备案。企业专用线产权变更后的铁路运输，须重新签订协议。

（四）专用线共用（含专用铁路）

专用线共用是指在保证专用线产权单位运输需要和专用线既有设备能力富余的前提下，与其吸引范围内的单位，共同使用该专用线办理铁路货物发到业务。

开展专用线共用是为了缓解铁路货场能力不足，保证货场畅通，挖掘专用线潜力，满足国民经济发展的需要。

在保证专用线产权单位运输的条件下，由共用单位、产权单位、车站三方签订共用协议。车站在签订协议前应征得铁路局集团公司的同意。

微课：货场管理

任务实施

序号	作业项目	作业内容
1	介绍铁路货场	车站货场是铁路办理货物运输的场所，其主要任务是为货主提供安全、迅速、经济、便利的服务，按办理货物品类分综合性货场和专业性货场
2	介绍货场设备	货场的主要货运设备包括场库设备、配线、装卸机械设备、信息系统及设备、视频监控设备、计量设备、安全检测设备、通风照明消防设备及办公房舍等
3	介绍货场管理的内容	货场管理的内容包括货场计划管理、货场作业管理、货场设备管理、货场安全管理、专用线（专用铁路）管理

任务评价

评价内容	评价标准	本人自评得分（20%）	小组互评得分（20%）	校内教师评价得分（30%）	企业导师评价得分（30%）	综合得分
知识点掌握（30%）	熟悉货场管理的主要内容；了解铁路货场的基本设备					
技能点运用（40%）	能指出货场管理的主要内容及货场常用的货运设备					
职业素养（30%）	具有家国情怀、强技报国的爱国精神；具备职业认同、恪尽职守的敬业精神；具备按章作业、遵章守纪的职业素养					
综合评价						

巩固提升

一、选择题

1. 车站与其接轨的专用线（专用铁路）产权单位，于每年（　　）以前，签订下年度专用线（专用铁路）运输协议。

   A. 1月底　　B. 6月底　　C. 10月底　　D. 12月底

2. 下列设备中，不属于货场场库设备的是（　　）。

   A. 仓库　　B. 装卸机械　　C. 雨棚　　D. 货物站台

3．主要用来装卸并短期存放煤炭、砂石、木材等散堆装货物、长大笨重货物的场库设备是（　　）。

A．仓库　　B．雨棚　　C．货物站台　　D．堆放场

4．主要用来装卸能自行移动的带轮子的货物，如汽车、坦克、拖拉机等的场库设备是（　　）。

A．侧式站台　　B．端式站台　　C．高站台　　D．堆放场

5．（　　）是利用货场调机向各装卸线挑选车、转线调车、调整车辆连接顺序的线路。

A．装卸线　　B．牵出线　　C．存车线　　D．轨道衡线

二、判断题

1．专用线共用由共用单位、产权单位、车站三方签订共用协议。（　　）

2．铁路货场按办理货物品类分为大型、中型和小型货场。（　　）

项目二　整车货物运输

项目导读

整车货物运输在铁路货运中占据着举足轻重的地位，高达95%以上的铁路货物运输都是通过整车运输方式完成的，这凸显了整车运输在铁路货物运输中的重要性和基础性。因此，掌握整车货物运输各环节的作业内容是每一个铁路货运工作者必备的知识和技能。

思维导图

- 项目二 整车货物运输
  - 任务一　整车货物发送作业
    - 一、运输需求提报与受理
    - 二、进货验收与保管
    - 三、货物装车作业
    - 四、核算制票与承运
  - 任务二　整车货物途中作业
    - 一、货运交接检查
    - 二、货物运输合同的变更和解除
    - 三、运输阻碍的处理
  - 任务三　整车货物到达作业
    - 一、重车到达与票据交接
    - 二、货物卸车作业
    - 三、到达通知与保管
    - 四、货物交付

目标导学

知识目标

1. 熟悉货物运单的定义、作用、各联名称及用途。
2. 掌握整车货物发送作业的程序和内容。
3. 掌握整车货物途中作业的程序和内容。
4. 掌握整车货物到达作业的程序和内容。

技能目标

1. 能办理整车货物发送各环节的作业。
2. 能办理整车货物途中各环节的作业。
3. 能办理整车货物到达各环节的作业。

素养目标

1. 树立各岗位联劳协作的团队意识。
2. 树立尊客爱货的服务意识。
3. 具备热情周到、规范作业的职业素养。

素养提升

铁路助力万象“耕”新

一年之计在于春，春耕工作是粮食生产的基础。为保障粮食生产平稳开局，万象“耕”新，铁路部门开行支农专列、春耕专列，为春天的田野注入了动能和希望。

铁路助力春耕，解农户备耕之所急。春耕备耕时节，各地农资需求持续上涨。为了让春耕农户及时备足农机器具、化肥、种子等春耕物资，铁路部门发挥全天候、大运量运输优势，开行支农专列，解百姓之所急，全力以赴助力农业生产需求。

铁路助力春耕，畅通春耕物资运输通道。铁路部门持续优化供给侧结构性改革，为春耕物资运输提供精细化服务，畅通春耕物资运输通道。中国铁路南宁局集团有限公司实行优先取送、优先对位、优先卸车的“三优先”措施，做到应装尽装、多运快运。中国铁路武汉局集团有限公司货运部门及相关货运站建立“一企一策”春耕物资铁路运输档案，及时掌握地方化肥产运销情况。

铁路助力春耕，坚守为民初心。为了让春耕的车厢安全运行，铁路职工加大了对车辆制动装置的检查力度，及时消除车辆隐患。为确保货运线路畅通，铁路人提高了对铁路线、桥梁进行探伤、打磨、夯实路基等检查维护周期、加强对铁路线的牵引变电所、箱式变电站进行设备安全巡查……

资料来源： 人民铁道网

网址： https://www.peoplerail.com/rail/show-2420-55060-1.html

评析： 铁路作为交通运输骨干，始终践行“人民铁路为人民”的初心宗旨，为春耕生产提供了坚实保障，展现了其作为国民经济大动脉的责任与担当。

任务一 整车货物发送作业

学习工具

《铁路货物运输规程》《铁路货物运输管理规则》《货运日常工作组织办法》《铁路货物装卸安全技术规则》。

任务布置

A公司12月15日在甲站托运60t袋装小麦粉至乙站，收货人为B公司，整车运输。请为该批货物办理发送作业。

相关知识

货物在发站所进行的各项货运作业，称为货物的发送作业。它是铁路货物运输作业过程的开始阶段，包括运输需求提报与受理、进货验收与保管、货物装车作业、核算制票与承运四个环节。

一、运输需求提报与受理

（一）货物运单

货物运单是托运人与承运人之间为运输货物而签订的一种运输合同（或运输合同的组成部分）。

货物运单的作用主要有确认运输过程中各方的权利、义务和责任；是托运人向承运人托运货物的申请书；是承运人承运货物和核收运费、编制记录和备查的依据。

货物运单是一整套票据，由带相同编号的第1至6联和不带编号的第7联组成，其各联名称及用途见表2-1。

表2-1 货物运单各联名称及用途

序号	各联名称	领收人	用途	备注
第1联	货物运单正本（发站存查联）	发站	发站留存的已生效的运输合同	相同的运单号
第2联	货物运单副本（收款人报告联）	发站	发站收款的已生效的运输合同	
第3联	货物运单正本（托运人存查联）	托运人	托运人留存的已生效的运输合同	
第4联	货物运单副本（到站存查联）	到站	到站留存的已生效的运输合同	
第5联	货物运单副本（收货人存查联）	收货人	收货人留存的已生效的运输合同	
第6联	货物运单副本（领货凭证联）	收货人	收货人在到站办理领货的凭证	
第7联	货物运单（需求联）	发站	记录客户提报需求	无运单号

货物运单正面和背面如图2-1、图2-2所示。

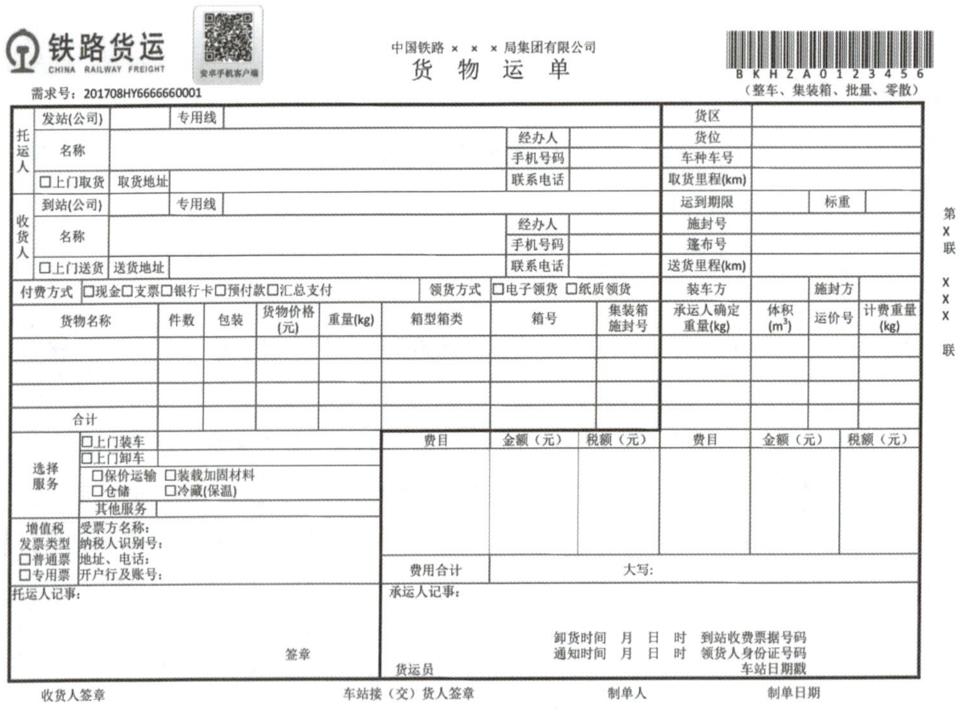
铁路货运 CHINA RAILWAY FREIGHT
安卓手机客户端
中国铁路 × × × 局集团有限公司
货 物 运 单
B K H Z A 0 1 2 3 4 5 6
（整车、集装箱、批量、零散）
需求号：201708HY6666660001

托运人：发站(公司) 专用线；名称 经办人 手机号码 联系电话；□上门取货 取货地址
收货人：到站(公司) 专用线；名称 经办人 手机号码 联系电话；□上门送货 送货地址
货区 货位 车种车号 取货里程(km) 运到期限 标重 施封号 篷布号 送货里程(km)
付费方式 □现金□支票□银行卡□预付款□汇总支付　领货方式 □电子领货 □纸质领货　装车方 施封方

货物名称	件数	包装	货物价格(元)	重量(kg)	箱型箱类	箱号	集装箱施封号	承运人确定重量(kg)	体积(m³)	运价号	计费重量(kg)
合计											

选择服务：□上门装车 □上门卸车 □保价运输 □装载加固材料 □仓储 □冷藏(保温) 其他服务
费目 金额（元） 税额（元） 费目 金额（元） 税额（元）
增值税发票类型 □普通票 □专用票：受票方名称： 纳税人识别号： 地址、电话： 开户行及账号：
费用合计 大写：
托运人记事： 签章
承运人记事： 卸货时间 月 日 时 通知时间 月 日 时 到站收费票据号码 领货人身份证号码 车站日期戳 货运员
收货人签章 车站接（交）货人签章 制单人 制单日期
第 × 联 ××× 联

图2-1 货物运单正面

托运人须知

1. 托运人在铁路托运货物，在本单签字或盖章，即证明愿意遵守《中华人民共和国合同法》《中华人民共和国铁路法》《铁路安全管理条例》等法律法规，以及《铁路货物运输规程》等铁路规章的有关规定。

2. 托运人应签署《货物托运安全承诺书》，不得匿报、谎报货物品名，不得托运或在所托运货物中夹带国家禁止运输的物品，不得在普通货物中夹带危险货物，不得在危险货物中夹带禁止配装的货物。

3. **托运人在本单所记载的货物名称、件数、包装、价格、重量等事项应与货物的实际完全相符，并对其真实性负责。**

4. 货物的内容、品质和价格是托运人提供的，承运人在接收和承运货物时并未全部核对。

5. **托运人应妥善保管电子领货密码或领货凭证**，并及时将电子领货密码告知或将领货凭证寄交收货人，收货人凭电子领货密码或领货凭证经到站验证后，在到站领取货物。

6. 托运人选择电子领货方式时，应在电子运单中正确填记收货人的经办人姓名、身份证号码、手机号码和电子领货密码。

7. 托运人选择保价运输时，应填写货物的实际价格，作为计算“保价金额”的依据。当货物在运输过程中发生损失时，承运人对保价货物按照货物的保价金额和损失比例赔偿，对非保价货物，按规定的限额赔偿。

8. 托运人应凭本单于**次月底**前开具增值税发票。

9. 本单于托运人和承运人双方签字或盖章之时起生效。

收货人须知

1. **收货人应妥善保管电子领货密码或领货凭证**，接到货物到达通知后，及时领取货物。

2. 收货人凭电子领货密码领取货物时，应同时出示身份证原件；委托他人领取货物时，收货人应登录铁路货运网上营业厅，正确填记被委托人姓名、身份证号码、手机号码等委托信息，被委托人凭电子领货密码和本人身份证原件领取货物。

收货人凭领货凭证领取货物时，应同时出示身份证原件；委托他人领取货物时应同时提供领货凭证、收货人身份证复印件、被委托人身份证原件和委托书。收货人为法人单位时，除提供经办人身份证原件外，还需提供加盖单位公章的委托书。

3. 收货人应按规定支付相关费用。

4. 收货人接收货物时，**发现货物损失应立即向承运人提出。**

5. **货物交付完毕，合同即为履行完毕；此后发生问题，承运人不承担责任。**

货物托运安全承诺书

根据《中华人民共和国铁路法》《铁路安全管理条例》，托运货物必须遵守国家关于禁止或者限制运输物品的规定；托运人托运货物，不得匿报、谎报货物品名、性质、重量，不得在普通货物中夹带危险货物，不得在危险货物中夹带禁止配装的货物。

依据《铁路安全管理条例》第九十六条规定，托运人托运货物时，将危险货物谎报或者匿报为普通货物托运的，或在普通货物中夹带危险货物，由铁路监督管理机构依法处置。依据《中华人民共和国铁路法》第六十条规定，以非危险品品名托运危险品，导致发生重大事故的，依照刑法有关规定追究刑事责任。

本公司（本人）已阅知上述法律法规规定。承诺申报的货物运单和物品清单所填记事项真实，与实际货物相符，没有匿报、错报货物品名。托运的货物没有国家法律法规及铁路部门禁止托运或混装的货物。违反此承诺造成的一切法律责任及后果由本公司（本人）承担。

托运人（盖章/签字）：　　　　年　　月　　日

图2-2　货物运单背面

（二）运输需求提报

自2013年起，中国铁路实行货运改革，取消原有的按车皮计划号申请车辆的办理方式，改为客户自行提报运输需求，车站予以受理。

1．客户需求提报方式

（1）登录铁路货运95306，在线自助提报运输需求。

（2）拨打95306电话提报运输需求。

（3）到货运站现场提报运输需求。

2．提交货物运单具体要求

（1）一般情况下需提交一份货物运单需求联。

（2）使用机械冷藏车运输的货物，同一到站、同一收货人的货物可以数批合并提交一份货物运单需求联。

（3）整车分卸的货物，除提交一份货物运单需求联外，每一分卸站应另增两份货物运单以备由分卸站、收货人留存。

（4）托运人按一批托运的货物品名过多，不能在货物运单需求联内逐一填记或托运搬家货物及同一包装内有两种以上的货物，须提出“物品清单”（表2-2）。

表2-2　　物品清单

发站________　　需求号________　　车号/箱号________

序号	物品名称	包装	件数	重量（kg）	体积（m^3）	价格（元）	备注

托运人签章________　　______年____月____日

3．证明文件

需要凭证明文件运输的货物，托运人须向发站提供证明文件原件，并将证明文件名称和号码记载在货物运单需求联的“托运人记事”栏。

（1）物资管理方面，如麻醉剂、枪支、民用爆炸品等，须药、证管理部门或公安的证明文件。

（2）物资运输归口管理方面，如烟草、酒类等，须有关管理部门的证明文件。

（3）国家行政管理方面，如进出口货物，须进出口许可证。

（4）卫生检疫方面，如种子、苗木、动物等，须动植物检疫部门的检疫证明。

（三）受理

车站对客户提报的运输需求进行实货核实，在电商系统确认后，即进行运单受理。

1．受理原则

（1）坚持客户自愿的原则，不得强制捆绑服务项目。

（2）坚持“一个窗口、一站受理、首问负责、全程跟踪”的原则，提供优质服务。

（3）对于抢险救灾物资、直接用于农业生产的物资、鲜活货物以及其他需要紧急运输的物资应优先运输。

2．受理内容

（1）审核托运人提供的需求信息是否完整、准确。

（2）审核发到站办理限制、起重能力、专用线办理范围、危险货物办理限制、临时停限装、特定运输条件、接取送达等信息。

（3）审核证明文件、特价运输证明书及技术资料等原件是否符合条件，对符合条件的使用高拍仪采集影印资料，并在证明文件背面注明托运货物数量、加盖车站日期戳，退还托运人或按规定留存。

3．添加承运人记事和运输戳记

（1）填记“承运人记事”栏。车站受理人员审查托运人运输需求符合铁路运输条件，对承运人应记载事项，填记在“承运人记事”栏：发生货车代用时，记明批准的代用命令；途中装卸的货物，记明计算运费的起讫站名；托运人要求办理铁路货物运输保险时，记明保险单号码；需要限速运行的货物和自有动力行驶的机车，记载铁路局集团公司承认命令；承运人利用企业自备（租用）车回空捎运货物，注明“利用自备车回空捎运货物免收回空运费”；使用铁路篷布苫盖敞、平车装运的怕湿、易燃货物时，应记明篷布调度命令号码等。

（2）标记运输戳记。为保证运输安全和货物安全，正确核收运输费用，应在货物运单上标记必要的运输戳记。

微课：运输需求提报与受理

二、进货验收与保管

（一）进货

车站对受理的货物进行检查后，凭进货通知、纸质货物运单需求联或需求号接收货物，并将其安排至合理的货区、货位。

（二）验收

车站接收货物时应按以下规定进行检查验收。

（1）货物品名、件数、重量等是否与货物运单记载相符。

（2）货物状态是否良好。

（3）运输包装和标志是否符合规定。

（4）按件数承运的货物须对照运单点清件数。

（5）货物的标记（货签）是否齐全、正确。

（6）使用装载加固装置和加固材料的货物应按规定对装载加固装置和加固材料的数量、规格、质量进行检查。

（7）超限、超长、集重货物应按托运人提供的技术资料复测尺寸。

（三）保管

货物经验收完毕后，一般不能立即装车，需在货场内暂时仓储保管。货物应稳固、整齐地堆码在指定货位上，需要隔离的货物应按规定隔离。线路两侧堆放货物时，货物距钢轨头部外侧不得少于1.5m，站台上堆放货物时，货物距站台边缘不得少于1m。

三、货物装车作业

（一）装卸车责任划分

装卸车组织工作根据装卸车地点和货物性质来划分承运人、托运人、收货人的责任范围。一般情况下，在铁路货场以内组织的装卸车由承运人负责，在其他场所（铁路专用线、专用铁路及区间）组织的装卸车由托运人（收货人）负责。

以下货物由于在装卸作业中需要特殊的技术、设备、工具，其装卸车作业在铁路货场内组织的，仍由托运人（收货人）负责组织：①罐车运输的货物；②冻结的易腐货物；③未装容器的活动物、蜜蜂、鱼苗等；④一件重量超过1吨的放射性同位素；⑤用人力装卸带有动力的机械和车辆；⑥货物性质特殊，如放射性物品、尖端保密物资、特别贵重的工艺品、展览品等，经托运人或收货人要求并经承运人同意的。

（二）货车使用原则

货车是铁路货物运输的主要工具，使用正确与否，直接影响行车安全、货物质量、车辆完整以及车辆运用效率。货车使用的一般原则是：车种适合所装货物运输条件的需要。具体要求包括以下几点。

（1）承运人应按照合同约定的车种拨配适当的车辆。

如无适当的货车拨配，在征得托运人同意，保证货物安全完整和装卸作业方便的条件下可以代用。发生车种代用时，应按要求报批并将批准代用的命令号码记录在货物运单“承运人记事”栏。车辆代用必须符合“货车使用限制表”（表2–3）的规定。

（2）保密物资、涉外物资、精密仪器、展览品能用棚车装运的必须使用棚车装运。

（3）以长大货物车、冷藏车代替其他车辆及改变罐车使用范围时应经国铁集团货运部批准，其他车辆代替棚车时应经铁路局集团公司批准。

（4）怕湿或易于被盗、丢失的货物应使用棚车装运。

（5）毒品专用车不得用于装运普通货物。

（6）冷藏车严禁用于装运可能污染、损坏车辆的非易腐货物。

（7）承运人应拨配状态良好、清扫干净的货车装运货物。

表2-3　　　　　　　　货车使用限制表

序号	货物名称	车种								备注
		棚车	敞车	底开门车	有端侧板平车	无端侧板平车	有端板无侧板平车	铁地板平车	共用车	
1	散装的煤、灰、焦炭、砂、石、土、矿石、砖	×				×	×	×	×	无端侧板平车或有端板（渡板）无侧板平车（共用车除外），在使用围挡并安有支柱时，可装运煤、灰、砂、石、土、砖
2	金属块			×		×	×	×	×	无端侧板平车或有端板（渡板）无侧板平车（共用车除外），在使用围挡并安有支柱时，可装运散装的金属块
3	空铁桶				×	×	×	×	×	应加固并外罩绳网
4	木材				×	×	×	×	×	
5	超长货物	×	×	×				×		
6	超限货物	×		×				×		
7	钢轨	×		×				×		
8	组成的机动车辆	×	×	×				×		组成的摩托车、手扶拖拉机及小型车辆可使用棚车，在到站有起重能力时，可使用敞车

注：×表示不准使用的车种。

（三）货场装车作业

1．下达装车计划

货运调度员根据本班作业计划向货运员布置装车任务，确定待装货物和配空车辆的装车股道及完成装车作业的装卸工组。

2．接车对货位

货运员对线路安全距离进行检查，发现货物线上有其他作业车时应立即通知装卸工组整理原作业车内货物，撤出人员并停止原有装卸作业及撤除防护信号。货运员会同调车组对货位。

3．安设防护信号牌

货运员通知装卸工组安设防护信号牌，货运员检查确认。当同一线路上有两个及以上工组同时作业时，由最先开班作业的工组设置防护信号，作业工组应在防护信号上锁挂工组标识。在货物线两端来车方向左侧钢轨上设置带有脱轨器的红色防护信号牌，尽头线路只需在来车一端设置防护。夜间或在能见度较低的昼间作业时应使用红色信号灯。

4．装车前三检

（1）检查货物运单。检查货物运单需求联的记载内容是否符合运输要求，有无漏填和误填。

（2）检查待装货物。按照货物运单需求联记载内容认真核对待装货物的品名和货物状态是否符合要求。

（3）检查货车。检查货车是否符合使用条件；货车状态是否良好，车体、车门、窗、盖、阀是否完整良好，车内是否干净，是否被有毒物质污染；货车定检是否过期，有无扣修通知、货车洗刷回送标签或通行限制。

5．装卸班组派班

货运员抄录现车，将待装空车的信息记录在登记簿上，并与货运调度员核对待装车辆、待装货物、货位等信息，确认无误后将作业信息传达给装卸派班员。装卸派班员派班后，接到任务的装卸工组备齐工具备品、安全防护用品，并进行检查，确保性能良好。货运员填写《装卸作业单》和《派班通知单》，交给装卸工班长。

6．召开车前会

货运员组织装卸工组召开车前会，向装卸工组布置作业，说明装车要求和注意事项。

7．装车与监装作业

装卸作业人员按照分工进行装车作业，做到不错装、不漏装，巧装满载，防止偏载、偏重、超载、集重、亏吨、倒塌、坠落和超限。货运员全程进行监装作业，并使用作业记录仪拍摄作业过程。

8．货车施封

货车施封是货物（车）交接，划分货物运输责任的一项手段，是保证货物运输安全的重要措施。

（1）施封适用的情形。使用棚车、冷藏车、罐车、集装箱运输的货物，由组织单位或装箱单位负责在货车或集装箱上施封。

（2）可以不施封的情形。派有押运人的货物，需要通风运输的货物及装车单位认为不需要施封的货物。

（3）施封方法。货车施封时应使用8号或10号镀锌铁线将两侧车门的上部门扣和门鼻拧固并剪断燕尾，在每一车门下部的门扣处各施施封锁一枚，施封后须对施封锁的锁闭状态进行检查，确认落锁是否有效，车门不能拉开，并在货物运单或货车装载清单上记名F及施封号码。

（4）施封失效的情形。钢丝绳的一端可以自由拔出，锁芯可以从锁套中自由拔出；

钢丝绳断后再接，重新使用；锁套上无站名、号码和站名或号码不清、被破坏。

9．篷布苫盖

（1）篷布的分类。篷布是铁路货车辅助用具，按产权分为铁路篷布和自备篷布。铁路篷布是承运人提供的篷布，自备篷布是托运人自购自用的篷布。

（2）篷布的作用。篷布仅用于苫盖敞车装运的怕湿、易燃货物或其他需要苫盖篷布的货物。毒害品、腐蚀性物品及污染性物品不得使用铁路篷布。

（3）篷布使用要求。使用篷布时货物堆码要成屋脊形，苫盖严密，捆绑牢固。绳索余尾长度不超过300mm，接缝处要按运行最远方向顺向压紧，不能遮盖车号、车牌和手闸。篷布的质量、状态直接影响到行车和货物的安全。因此，篷布破损或绳索不齐全，应进行更换。

10．插挂表示牌

装车完毕后，按规定需要插挂表示牌的车辆应在货车两侧插挂表示牌。表示牌是给车站调车人员起提示作用，对车内所装货物按规定调车时，需要"禁止溜放"或"限速连挂"的车辆，插挂表示牌加以提示，以防违反规定发生事故。

11．装车后三检

（1）检查车辆装载。检查有无超重、偏重、超限现象，装载是否稳妥，施封是否符合要求，表示牌插挂是否正确。对装载货物的敞车，要检查车门插销、底开门搭扣，以及篷布苫盖、捆绑情况。对超限、超长、集重货物，要检查是否按规定的装载加固方案进行装载加固等。

（2）检查货物运单。检查货物运单需求联有无误填和漏填，车种、车号和运单记载是否相符。

（3）检查货位。检查货位有无误装或漏装的情况。

12．召开完工会

装车作业完成后，由最后结束作业的装卸工组撤除防护牌。货运员组织装卸工组召开完工会对装车作业进行点评，交代后期注意事项并会同装卸工班长签认装卸工作单。

动画：装车作业流程　　微课：货场装车作业

四、核算制票与承运

（一）核算制票

货运员在货票系统核对"已装车"的货物运单信息，核对无误后，按照《铁路货物运价规则》的规定计算运输费用。托运人按要求支付运费后，货运员打印货物运单发站存查联、托运人存查联、领货凭证联（收货人凭纸质领货凭证领货时）。

（二）承运

整车货物装车完毕并核收运费后，发站在货物运单上加盖车站日期戳时起，即为承运。承运表示货物运输合同成立、承诺生效，从承运时起，承托双方就要分别履行运输合同的义务和责任。因此，承运意味着铁路负责运输的开始，是承运人与托运人双方划分责任的时间线，标志着货物正式进入运输过程。

任务实施

序号	作业项目	作业内容
1	运输需求提报与受理	托运人填写货物运单、提报运输需求、提交货物运输相关资料，货运员审核后对符合运输条件的予以受理
2	进货验收与保管	货运员对受理的货物进行检查后，将其安排至合适的货区货位，不能立即装车的货物，需在货场内进行暂时仓储保管
3	货物装车作业	货场装车时，按照下列流程进行作业：下达装车作业计划—接车对货位—安设防护信号牌—装车前三检—装卸班组派班—召开车前会—装车与监装作业（需要完成对货车施封、篷布苫盖、插挂表示牌的相关作业）—装车后三检—召开完工会
4	核算制票与承运	货运员在货票系统核对“已装车”的货物运单信息，核对无误后，核算运输费用；托运人支付运费后，货运员打印货物运单发站存查联、托运人存查联、领货凭证联（收货人凭纸质领货凭证领货时）；发站在货物运单上加盖车站日期戳即完成承运工作

任务评价

评价内容	评价标准	本人自评得分（20%）	小组互评得分（20%）	校内教师评价得分（30%）	企业导师评价得分（30%）	综合得分
知识点掌握（30%）	掌握铁路整车货物发送作业的程序和内容					
技能点运用（40%）	能办理整车货物发送各环节的作业					
职业素养（30%）	树立各岗位联劳协作的团队意识；树立尊客爱货的服务意识；具备热情周到、规范作业的职业素养					
综合评价						

巩固提升

一、选择题

1. 在铁路货场中进行装卸车作业，但仍由托运人或收货人负责组织的是（　　）。

A. 电视机　　B. 超过1t的货物　　C. 活动物　　D. 大型集装箱

2. 货车施封的主要目的是（　　）。

A. 利用施封锁保证车门安全　　B. 保证押运人安全

C. 便于交接，划分运输责任　　D. 识别重车与空车

3. 使用篷布时，绳索余尾长度不得超过（　　）。

A. 150mm　　B. 200mm　　C. 250mm　　D. 300mm

4. 货物运单由（　　）组成。

A. 一式两联　　B. 一式三联　　C. 一式六联　　D. 一式七联

5. 使用（　　）运输的货物，同一到站、同一收货人的货物可以数批合并提交一份货物运单需求联。

A. 罐车　　B. 棚车　　C. 砂石车　　D. 机械冷藏车

二、判断题

1. 整车货物的发送作业是先装车后承运。（　　）

2. 货车施封时应使用8号或10号镀锌铁线将两侧车门的下部门扣和门鼻拧固并剪断燕尾，在每一车门上部的门扣处各施施封锁一枚。（　　）

任务二 整车货物途中作业

学习工具

《铁路货物运输规程》《铁路货物运输管理规则》《铁路货运检查管理规则》。

任务布置

A公司12月15日在甲站托运60t袋装小麦粉至乙站，收货人为B公司，整车运输，12月17日列车运行至丙站。丙站货运检查员如何执行货检工作？若发现敞车苫盖篷布出现大面积破裂、缺少腰绳，危及行车安全，不能在列整理时应如何处理？

相关知识

货物在运输途中发生的各项货运作业，称为货物的途中作业。途中作业包括货运交接检查、特殊作业及异常情况的处理。其中，货运交接检查是途中必须进行的正常作业；特殊作业包括整车分卸货物在分卸站的分卸作业，活动物途中上水作业，托运人或收货人提出的货物运输变更和解除的处理等；异常情况的处理是指货车运行有碍运输安全或货物完整时须作出的处理，如对货车超偏载的处理和对运输阻碍的处理等。

一、货运交接检查

货运交接检查的主要内容包括列车中货物装载加固状态，篷布苫盖状态，施封情况，货车门、窗、盖、阀关闭情况，货车票据完整情况等，发现异状的，应及时处理。但是，对于罐车和集装箱的封印、苫盖货物的篷布顶部、集装箱顶部、敞车装载的不超出端侧板货物的装载状态，在途中不进行交接检查。

（一）货运检查站

货运检查站是指列车运行途经有技术作业或无技术但停车时间在35min以上的编组站和区段站。货运检查站分为路网性货运检查站和区域性货运检查站。路网性货运检查站是指纳入国铁集团日常考核的编组站。区域性货运检查站是指除路网性货运检查站外，铁路局集团公司管内有货检作业的技术作业站，由铁路局集团公司自定并报国铁集团货运部备案。

铁路货运检查实行区段负责制，指货运检查站按规定的检查范围、技术要求和作业标准，对货物列车进行货检作业后，保证货物列车安全继运到下一个有货检作业的货运检查站，并承担相应的安全责任。

货运检查站应设置货运检查值班员岗位，负责货运检查的现场组织工作，并按照每列车双人双面检查作业的要求配齐货运检查员。

（二）货运检查的内容

（1）货物列车中货物装载、加固状态。

（2）货车篷布及篷布绳网苫盖、捆绑状态。

（3）货车施封情况。

（4）货车门、窗、盖、阀关闭情况，及罐式集装箱盖、阀关闭情况。

（5）《铁路超限超重货物运输规则》规定的事项。

（6）设备检测发现的超偏载问题。

（7）货车、货物、集装箱、篷布等顶部和敞车内货物等视频监控设备可视部位的情况。

（8）危险货物押运人押运情况。

（9）对无列检作业的车站，还应检查制动机的空重位置，不符合时应进行调整。

（10）国铁集团规定的其他事项。

（三）货运检查程序

1．计划安排和作业准备

货检值班员应及时收取班计划、阶段计划、变更计划，以及到发车次、股道、时刻、编组辆数等有关信息。货检值班员根据计划将工作内容、检查重点、安全事项及要求等向货运检查员传达、布置。货运检查员接收作业任务，应掌握到达（出发）列车车次、股道、时刻、编组内容、施封及重点车等情况，并准备好作业工具和备品。

2．到达列车预检

在列车到达前5min，货运检查员应出场立岗，在列车到达、通过时对列车进行目测预检。

3．现场检查

（1）两侧货运检查员应从车列一端同步逐车进行检查；对车列首尾的车辆，应涂打检查标记；对检查重点内容进行记录。

（2）车列检查、整理应在规定的技术作业时间内完成，车列检查整理完毕后，及时通知车站调度员（值班员）作业完成情况。

（3）发现异常情况，需拍发电报时，货检值班员应于列车到达后120min内以电报通知上一货运检查站、抄知发到站，必要时抄知有关单位和部门；需编制记录的，按规定编制；需要甩车整理的及时通知车站调度员（值班员）甩车处理。

4．发现问题的处理

货运检查过程中，发现异状时，应及时处理。问题的处理方法包括不接收，由交方编制记录、补封、处理后继运，换装整理，篷布苫盖，拍发电报等。

（四）整理、换装

1．在列整理

在列整理是指对发生装载加固、篷布苫盖、门窗盖阀等方面问题的，不需要甩车处理时，应在设置好防护后对车列内需整理货车进行整理。

2．甩车整理

对危及行车安全又不能在列整理的车辆，货运检查员应报告车站调度员（值班员）请求甩车整理。甩车整理的情形主要包括以下几种。

（1）篷布苫盖不整或缺少腰绳、篷布绳网。

（2）货物发生严重倾斜、偏载、移位、窜动、坠落、倒塌和洒漏。

（3）超限货物按普通货物办理。

（4）加固支柱折断或装载加固材料（装置）超限。

（5）棚车车门脱槽、罐车上盖张开。

（6）罐车发生泄漏或溢出。

（7）危险货物押运或施封异常等问题。

（8）货车、货物、集装箱、篷布等顶部或车体上有异物且无法在列处理。

（9）火灾、被盗。

（10）发生其他危及行车安全情况不能在列整理时。

3．换装整理

在运输中发生甩车处理的货车，不能原列安全继运的，以及因车辆技术状态不良，经车辆部门扣留需要换车时，应进行换装整理。换装整理的时间不应超过2日，如2日内未整理完毕时，应由换装站以电报通知到站，以便收货人查询。经过换装的货车，应编制普通记录，证明换装整理情况和责任单位。

微课：货运交接检查

二、货物运输合同的变更和解除

（一）运输合同变更

托运人在货物托运后，由于特殊原因需要变更的，经承运人同意，对承运后的货物可以按批在货物所在的途中站或到站办理变更到站或收货人。

遇有下列情况时，铁路不办理货物运输合同变更。

（1）违反国家法律、行政法规、物资流向、运输限制和蜜蜂的变更。

（2）变更后货物运到期限大于容许运输期限的变更。

（3）变更一批货物中的一部分。

（4）第二次变更到站。

（二）运输合同解除

整车货物在承运后挂运前，托运人可向发站提出取消托运，经承运人同意，运输合同即告解除。

三、运输阻碍的处理

因不可抗力（地震、水害、雨雪等）的原因致使行车中断，货物运输发生阻碍时，铁路局集团公司对已承运的货物，可指示绕路运输；或者在必要时先将货物卸下，妥善保管，待恢复运输时再行装车继续运输，所需装卸费用由装卸作业的铁路局集团公司负担。

因货物性质特殊，绕路运输或卸下再装，可造成货物损失时，车站应联系托运人或收货人，请其在要求的时间内提出处理办法。超过要求时间未接到答复或因等候答复使货物造成损失时，比照无法交付货物处理，所得剩余价款通知托运人领取。

任务实施

序号	作业项目	作业内容
1	计划安排和作业准备	货检值班员及时收取班计划以及到达车信息，根据计划向货运检查员传达、布置工作内容、重点及要求；货运检查员接收作业任务，准备好作业工具和备品

续表

序号	作业项目	作业内容
2	到达列车预检	在列车到达前5min，货运检查员应出场立岗，在列车到达、通过时对列车进行目测预检
3	现场检查	货运检查员从车列一端逐车进行检查；对车列首尾的车辆，涂打检查标记；检查过程中记录重点内容
4	整理	货检时篷布出现大面积破裂、缺少腰绳，危及行车安全，不能在列整理，货运检查员应报告车站调度员（值班员）甩车整理；检查车内货物现状，如发现有被盗、丢失痕迹应通知公安部门共同检查确认；货检值班员于列车到达后120min内拍发电报通知上一货检站，抄知发到站，并编制普通记录送指定地点补苫篷布

任务评价

评价内容	评价标准	本人自评得分（20%）	小组互评得分（20%）	校内教师评价得分（30%）	企业导师评价得分（30%）	综合得分
知识点掌握（30%）	掌握铁路整车货物途中作业的程序和内容					
技能点运用（40%）	能办理整车货物途中各环节的作业					
职业素养（30%）	树立各岗位联劳协作的团队意识；树立尊客爱货的服务意识；具备热情周到、规范作业的职业素养					
综合评价						

巩固提升

一、选择题

1. 货运检查站指列车运行途中有技术作业或无技术作业但停车时间在（　　）以上的编组站和区段站。

A. 15min　　B. 25min　　C. 35min　　D. 45min

2. 换装整理的时间一般不应超过（　　）。

A. 1日　　B. 2日　　C. 3日　　D. 4日

3.（　　）是途中必须进行的正常作业。

A．货运交接检查　　B．运输合同变更与解除

C．运输阻碍的处理　　D．货车超偏载的处理

4．下列哪种货物不允许办理运输合同变更（　　）。

A．整列煤炭中的一车　　B．军运物资

C．蜜蜂　　D．超级超限货物

二、判断题

1．货物运输合同的变更，只能办理变更到站或收货人。（　　）

2．铁路货检工作实行区段负责制。（　　）

3．整车货物在承运后装车前，托运人可向发站提出取消托运，经承运人同意，运输合同即告解除。（　　）

任务三

整车货物到达作业

学习工具

《铁路货物运输规程》《铁路货物运输管理规则》《货运日常工作组织办法》《铁路货物装卸安全技术规则》。

任务布置

A公司12月15日在甲站托运60t袋装小麦粉至乙站，收货人为B公司。12月20日该批货物到达乙站。请为该批货物办理到达作业。

相关知识

货物在到站所进行的各项货运作业，称为货物的到达作业。它是铁路货物运输作业过程的最后阶段，包括重车到达与票据交接、货物卸车作业、到达通知与保管、货物交付四个环节。到达作业完毕，运输合同即告终止。

一、重车到达与票据交接

货物列车到达后，车站应派人接收重车。交接货车时，应详细进行票据与现车的核对，对现车的装载状态进行检查，并与车长或机车乘务员办理重车及货运票据的交接签证。

二、货物卸车作业

卸车是整个运输过程的重要环节之一，是到站工作组织的关键。正确及时地组织卸车作业，能够缩短货车周转时间，提高货车使用效率，保证排空任务和装车的空车来源。车站应在保证货物安全的条件下，认真贯彻“一卸、二排、三装”的运输组织原则，认真做好卸车工作，以卸保排、以卸保装，同时加强夜间卸车组织。

1．下达卸车计划

货运调度员接收到达重车票据信息后，根据本班作业计划向货运员布置本班卸车任务，下达卸车计划。

2．接车对货位

货运员接到接车对货位通知后，前往货物线接车对货位。

3．安设防护牌

货运员通知装卸工组安设防护信号牌，货运员检查确认。

4．卸车前三检

（1）检查货位。检查货位是否能容纳待卸的货物、货位的清洁状态、与相邻货位的货物性质有无抵触等。

（2）检查运单。检查运单记载的到站与货物实际到站是否相符，了解待卸货物的性质、卸车及保管要求等。

（3）检查现车。检查车辆状态是否良好，篷布苫盖、货物装载状态有无异状，施封是否良好，现车与运输票据是否相符。

5．装卸班组派班

货运员将作业信息传达给装卸派班员，装卸派班员派班，货运员填写“装卸作业单”和“派班通知单”，交给装卸工班长。

6．召开车前会

货运员组织装卸工组召开车前会，向装卸工组布置作业，说明卸车要求和注意事项。

7．卸车与监卸作业

铁路组织卸车时，车站货运人员必须核对货物运单、实际货物，保证货物运单、货物相统一。要认真监卸，根据货物运单清点件数，核对标记，检查货物状态。严格按照《铁路装卸作业安全技术规则》及有关规定作业，合理使用货位，按规定码放货物。发现货物有异状，要及时按章处理。

8．卸车后三检

（1）检查运单。检查货物运单上记载的货位与实际堆放货位是否相符，货物运单上的卸车日期是否填写。

（2）检查货物。检查货物件数与货物运单记载是否相符，堆码是否符合要求，卸后货物安全距离是否符合规定。

（3）检查卸后空车。检查车内货物是否卸净及清扫干净，车门、窗、端侧板是否关闭严密，表示牌是否撤除。

动画：卸车作业流程

9．召开完工会

卸车作业完成后，货运员通知装卸工组撤除防护牌并召开完工会。

三、到达通知与保管

（一）发出到达通知

货物到达后，承运人应及时向收货人发出领货通知或到货通知，这是承运人履行运输合同应尽的义务，同时也是为了使货物尽快搬出货场，提高场库使用效率，加速货物流转。

承运人组织卸车的货物，到站应在不迟于卸车完了的次日内，用电话、短信、邮件或与收货人商定的方式等向收货人发出领货通知或送货通知，并在货物运单内记明通知的时间与方式。

（二）货物的保管

承运人在车站公共装卸场所内组织卸车的货物，收货人应于承运人发出领货通知或送货通知的次日起算（不能实行领货通知、送货通知或承运人会同收货人卸车的货物，收货人应于卸车的次日起算），2日内将货物搬出或接收货物。超出上述期间未将货物搬出或接收货物，对其超出的期间核收仓储费。规定免费仓储保管期间的目的是避免收货人长期占用货场，保持货场畅通。

四、货物交付

（一）票据交付（内交付）

收货人凭纸质领货凭证领货的，应将货物运单领货凭证联交给到站，到站核收相关费用后，打印货物运单到站存查联、收货人存查联，并加盖车站日期戳，收货人在货物运单到站存查联签章，货运员将货物运单收货人存查联交给收货人，电子运单状态变为“已交付”。

（二）现货交付（外交付）

收货人持加盖车站日期戳的货物运单收货人存查联到车站货场领取货物，货运员向收货人点交货物完毕后，在收货人存查联上加盖“货物交讫”戳记交收货人，货物凭货物运单收货人存查联出站。

由承运人组织卸车或由承运人组织装车、收货人组织卸车的货物，在向收货人点交货物或办理交接手续后，即为交付完毕；由托运人组织装车、由收货人组织卸车的货物，在货车交接地点交接完毕，即为交付完毕。货物交付完毕意味着铁路履行运输合同就此终止，铁路负责运输就此结束。

（三）无法交付货物的处理

货物运抵到站，收货人应及时领取。收货人拒绝领取货物时应出具书面说明，到站应自拒领之日起3日内通知托运人、发站，征求处理意见。托运人自接到通知之日起30日内提出处理意见答复到站。

从承运人发出领货通知次日起（不能实行领货通知时，从卸车完了的次日起），经过查找，满30日（搬家货物满60日）仍无人领取的货物或收货人拒领，托运人又未按规定期限提出处理意见的货物，承运人可按无法交付货物处理。

微课：整车货物到达作业

任务实施

序号	作业项目	作业内容
1	重车到达与票据交接	列车到达后，到站核对现车、进行货运检查，办理重车及货运票据的交接签证
2	货物卸车作业	按照卸车作业标准流程完成卸车作业，并按要求认真执行卸车前三检和卸车后三检
3	到达通知与保管	承运人组织卸车的货物，到站应在不迟于卸车完了的次日内，向收货人发出领货通知或送货通知，收货人应于承运人发出领货通知或送货通知的次日起算，2日内将货物搬出或接收货物，超出上述期间未将货物搬出或接收货物，对其超出的期间核收仓储费
4	货物交付	①票据交付：收货人将货物运单领货凭证联交给到站，到站核收相关费用后，打印货物运单到站存查联、收货人存查联，并加盖车站日期戳，收货人在货物运单到站存查联签章，货运员将货物运单收货人存查联交给收货人，即完成票据交付 ②现货交付：收货人持加盖车站日期戳的货物运单收货人存查联到车站货场领取货物，货运员向收货人点交货物完毕后，在收货人存查联上加盖“货物交讫”戳记交收货人，即完成现货交付

任务评价

评价内容	评价标准	本人自评得分（20%）	小组互评得分（20%）	校内教师评价得分（30%）	企业导师评价得分（30%）	综合得分
知识点掌握（30%）	掌握铁路整车货物到达作业的程序和内容					

续表

评价内容	评价标准	本人自评得分（20%）	小组互评得分（20%）	校内教师评价得分（30%）	企业导师评价得分（30%）	综合得分
技能点运用（40%）	能办理整车货物到达各环节的作业					
职业素养（30%）	树立各岗位联劳协作的团队意识；树立尊客爱货的服务意识；具备热情周到、规范作业的职业素养					
综合评价						

巩固提升

一、选择题

1. 整车货物作业过程不包括（　　）。

A. 货物的发送作业　　B. 货物的途中作业

C. 货物的中转作业　　D. 货物的到达作业

2. 承运人组织卸车的货物，发出领货通知的时间应不迟于（　　）。

A. 卸车完了的当日　　B. 卸车完了的次日

C. 卸车完了后12h　　D. 卸车完了后24h

3. 承运人在车站公共装卸场所内组织卸车的货物，收货人应于承运人发出领货通知或送货通知的次日起算，（　　）将货物搬出或接收货物。

A. 1日　　B. 2日　　C. 3日　　D. 4日

4. 卸车前三检是指（　　）。

A. 检查货位、检查运单、检查现车

B. 检查运单、检查货物、检查装载

C. 检查运单、检查货物、检查货位

D. 检查装载、检查货物、检查现车

二、判断题

1. 承运人组织卸车的货物，从发出领货通知之日起免费保管2日。（　　）

2. 货物在到站的交付工作分为票据交付和现货交付两部分。（　　）

项目三　集装箱与零散货物运输

项目导读

集装箱运输作为我国铁路货物运输的一种主要方式，在我国交通运输体系中扮演着举足轻重的角色。这种运输方式可以有效防止货物在运输过程中的破损和丢失，其标准化的尺寸和装载方式使货物在不同运输方式之间的转运变得更为容易，为门到门运输和多式联运提供了便利，成为推动铁路货物运输现代化的重要力量。

零散货物相较于大宗货物，具有运量小、批次多、目的地分散等特点。为适应多样化的市场需求，更好地服务经济社会和广大人民群众，铁路推出了零散货物快运业务，通过优化运输组织流程、提升装卸效率、加强信息管理，实现了零散货物快速、可靠、经济的运输目标。

思维导图

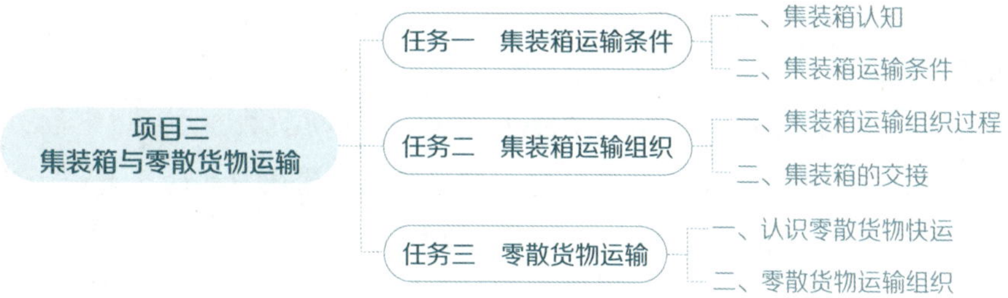

目标导学

知识目标

1. 熟悉集装箱的定义、种类、主要标记。
2. 掌握集装箱运输条件。
3. 掌握集装箱运输组织的作业程序和内容。
4. 熟悉零散货物快运办理范围。
5. 掌握零散货物运输组织的作业程序和内容。

技能目标

1. 能识别集装箱的各种标记。
2. 会利用集装箱运输条件组织集装箱运输。
3. 能办理集装箱运输各环节的作业。
4. 能办理零散货物快运各环节的作业。

素养目标

1. 培养大胆探索、勇于创新的敬业精神。
2. 树立为各类中小客户提供优质服务的意识。

素养提升

“一带一路”促共赢：中欧班列

日夜不息，驰骋万里。经过十年的探索发展，“钢铁驼队”已从“初出茅庐”变为“双向奔赴”：一边是数以万计的中国商品通过中欧班列销往世界，成为广受青睐的畅销品；另一边是来自全球的高货尖货蜂拥而来，走入更多中国寻常百姓的家中。

作为共建“一带一路”的旗舰项目和标志性品牌，中欧班列已累计开行7.7万列，通达欧洲25个国家和地区的217个城市，运送货物731万标箱，货值超3400亿美元。十余年来，新时代的“丝路驼铃”为欧洲与中国的企业带来多重机遇，进一步拓展和深化了中欧经贸关系。

当铁轨上的新丝路越跑越快，相隔千山万水的人们共同感受到了经贸互通带来的互利互惠。阡陌延展的铁路网，更是成就了一片片发展的热土，成为高质量共建“一带一路”的生动实践。

资料来源：澎湃新闻网

网址：https://www.thepaper.cn/newsDetail_forward_24990169

评析：飞驰在欧亚走廊的中欧班列传递出守望相助、休戚与共的人类命运共同体理念，为全球提振经济输送了“中国力量”。

任务一

集装箱运输条件

学习工具

《铁路集装箱运输规则》《铁路双层集装箱运输管理办法》。

任务布置

4月7日，某公司在甲站托运一批工艺品到乙站，要求门到门运输。请运用专业知识为托运人选择合适的运输方式，并确定此种运输方式的运输条件。

相关知识

一、集装箱认知

（一）集装箱定义

集装箱（图3–1），是一种用于装载货物的容器，其外观为长方形，通常由钢材或铝材制成。它的主要特点是具有高度的标准化和模块化，可以方便地装载、卸载、运输和堆放。集装箱的出现，使得货物运输变得更加高效、安全、快捷和便利。

集装箱是指具备下列条件的运输设备。

（1）具有足够的强度和刚度，在有效使用期内可以反复使用。

（2）适于一种或多种运输方式运送货物，途中无须倒装。

（3）设有供快速装卸的装置，便于从一种运输方式转到另一种运输方式。

（4）便于箱内货物装满和卸空。

（5）内容积不小于$1m^3$。

集装箱不包括车辆和一般包装。

图3–1　集装箱

（二）集装箱种类

1．按长度分类

铁路运输的集装箱按长度可分为20ft箱、40ft箱、45ft箱以及经国铁集团货运部批准运输的其他长度的集装箱。

集装箱以TEU作为统计单位，表示一个20ft的国际标准集装箱。1个40ft集装箱折合为2个TEU。

2．按箱主分类

铁路运输的集装箱按箱主分为铁路箱和自备箱。铁路箱是承运人提供的集装箱；自备箱是托运人自有或租用的集装箱。

3．按是否符合标准分类

铁路运输的集装箱按是否符合集装箱标准分为标准箱和非标箱。符合国家标准、行业标准或国铁集团企业标准的为标准箱；其他为非标箱。

4．按所装货物种类和箱体结构分类

铁路运输的集装箱按所装货物种类和箱体结构分为普通货物箱和特种货物箱。

（1）普通货物箱，包括通用箱和专用箱。

通用箱又称干（杂）货集装箱，是指全封闭式，具有刚性的箱顶、侧壁、端壁和箱底，至少在一面端壁上有箱门的集装箱。通用箱适合装运大多数普通货物，如文化用品、日用百货、医药、纺织品，工艺品、五金交电、电子仪器仪表、机器零件及化工制品等。该类集装箱占全部集装箱总数的70%～80%。

专用箱是指为便于不通过端门装卸货物或为通风等特殊用途而设有独特结构的普通货物集装箱，主要包含以下几种。

①通风集装箱：在箱壁设有与外界进行气流交换装置，主要用于装运食品等需要通风的货物。根据通风方式可分为自然通风集装箱和机械通风集装箱，根据通风强度可分为透气式集装箱和通风集装箱。

②敞顶集装箱：箱顶可以打开，货物能从上面吊装吊卸，适用于装载玻璃集装架、钢铁制品、机械等重质货物。

③台架式集装箱：无刚性侧壁和箱顶，端壁也可拆掉，只靠箱底的四个角柱承受载荷，主要用于装运长大笨重货物，如重型机械，各种钢材和木材等。

④平台集装箱：集装箱为一平台，无上部结构。该类集装箱设有底角件，并可使用与其他集装箱相同的紧固件和起吊装置，适用于装运机械，钢铁等重质、大件货物。

（2）特种货物箱，是专门适用于运输某种状态或特殊性质的货物的集装箱，主要包含以下几种。

①保温箱：具有绝热的箱壁、箱门、箱底和箱顶，能阻止集装箱内外热交换，用于装

运需要控制温度的货物，如冻鱼、冻肉、鲜奶、水果、蔬菜等。保温箱又可分为绝热集装箱、消耗制冷剂式冷藏集装箱、机械式冷藏集装箱、加热集装箱及冷藏和加热集装箱等。

②罐式箱：由箱体柜架和罐体两部分组成，专门用于装运各类酒类、油类、液体食品、化学品等液体货物的集装箱。装货时，货物由液罐顶部的装货孔装入，卸货时，货物由排出孔靠重力自行流出或由顶部装货孔吸出。罐式箱有单罐式和多罐式两种。

③干散货箱：主要用于装运无包装的固体颗粒或粉状货物，如各种散装粮食、饲料、水泥及某些化学制品等。干散货箱一般设有2～3个装货口，端门下设有2个卸货口。

④按货物命名的集装箱：专门用于装运某种货物的集装箱，包括汽车集装箱、动物集装箱、服装集装箱等。

（三）集装箱标记

为了在运输中更好地进行识别、管理和信息传递，在集装箱的箱体上涂刷各种清晰、易辨、耐久的标记。集装箱的主要标记如图3-2所示。

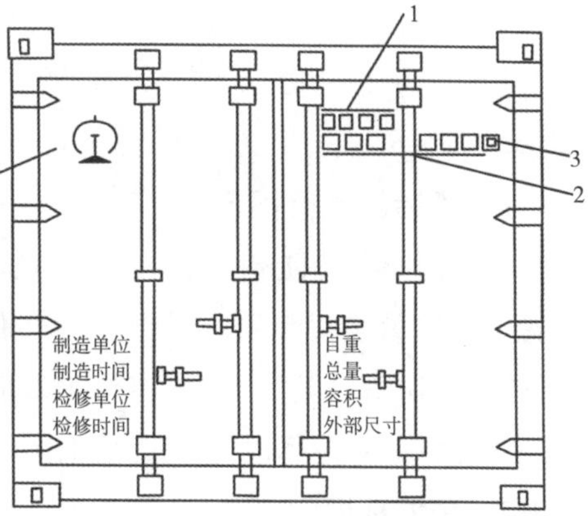

1—箱主代号；2—箱号；3—核对数字；4—路徽。

图3-2　集装箱标记

1．箱主代号

箱主代号是指集装箱所属部门代号，由四个大写拉丁字母组成。为了区别其他设备，规定第四位字母用“U”，表示集装箱。例如，我国铁路通用集装箱的箱主代号是“TBJU”，TB—铁路，J—通用集装箱，U—国际标准规定的集装箱识别标识和代码。

2．箱号

箱号又称为集装箱顺序号，由6位阿拉伯数字组成。如果有效数字不足6位时，则在有效数字前用“0”补足6位。

3．核对数字

核对数字是按规定方法计算出来的一位阿拉伯数字，专门用于计算机核对箱主代号和箱号记录的准确性，避免抄错箱号。为了与箱号区分开，铁路规定集装箱的核对数字必须用方框圈出。国内铁路使用的集装箱的核对数字按GB/T 1836–2017规定计算。

4．国家代号、尺寸类型代号

集装箱箱体上涂打的国家代号表示国家或地区，按规定用两个拉丁字母表示。例如，CN表示中国，US表示美国，HK表示中国香港。我国铁路集装箱不使用国家及地区代号。

尺寸类型代号是用来表示集装箱的尺寸和类型。尺寸代号可通过查集装箱尺寸代号表确定，其中第一位表示集装箱的箱长，第二位表示集装箱的箱宽和箱高。类型代号可从集装箱类型代号表中查得。例如，22G1指箱长为20ft（6068mm），箱宽为8ft（2438mm）和箱高为8ft 6in（2591mm），上方有透气罩的通用集装箱。

5．集装箱的总重、自重、有效载荷、容积

集装箱总重（MAX GROSS/GROSS WT/MAX G.W.）又称集装箱额定质量，是集装箱的空箱重量和箱内装载货物的最大容许重量之和。

集装箱的自重（TARE/TARE WT）是指空集装箱的重量，包括各种集装箱在正常工作状态时应备用的附件和各种设备的重量。

集装箱的有效载荷（NET/PAYLOAD）又称为集装箱的最大允许载货量。

集装箱的容积（CU）是指集装箱内部尺寸的长×宽×高。

集装箱的总重、自重、有效载荷和容积应标于箱门上。其中，集装箱的总重、自重、有效载荷均以千克（集装箱上标记为KG）和磅（集装箱上标记为LB）同时标记，集装箱的容积以立方米（集装箱上标记为CU.M）和立方英尺（集装箱上标记为CU.FT）表示。

6．集装箱通行标记

为保证集装箱能通行全国各地和顺利通过国境，必须设立各种通行证明并标识在集装箱上，这就是集装箱的通行标记。集装箱通行标记主要有安全合格牌照（CSC）、批准牌照（TIR）、检验合格徽、国际铁路联盟（UIC）认证标记等，除国际铁路联盟认证标记单独标记外，其通行标记一般标记在集装箱铭牌上。

7．其他标记

除上述标记外，还应在集装箱上选择性地标出下列标记。

（1）超高标记。凡高度超过2.6m（8ft 6in）的集装箱，均需标出超高标记。该标记为在黄色底上标出黑色数字（箱高），上面为米制，下面为英制，标志的四周为黑色边框。

（2）登箱顶触电标记。该标记为黄色底三角形，一般设在罐式集装箱和位于箱顶的扶梯处，以警告登顶者有触电危险。

所有标记均采用不同于箱体的颜色进行涂刷。我国铁路集装箱采用的是白漆涂刷。

微课：集装箱认知

二、集装箱运输条件

（一）集装箱办理站

集装箱在集装箱办理站间办理运输。集装箱办理站是指办理集装箱铁路运输业务的车站，包括国家铁路和与其办理直通运输的合资铁路、地方铁路的车站。我国铁路集装箱的办理站名和办理集装箱的专用铁路、专用线名称均在《铁路货物运价里程表》中公布。

1．集装箱办理站的分类

（1）集装箱中心站，又称集装箱物流中心，是指专业办理集装箱列车及枢纽内集装箱小运转列车到发和整列集装箱列车装卸的路网性集装箱货运站。集装箱中心站是按照集装箱发展趋势和现代化物流发展要求建设的专业化、现代化、对周边地区集装箱运输具有较强辐射作用的特大型集装箱办理站，是全国和区域铁路集装箱运输的中心。集装箱中心站具有作业量大、信息化程度高、具有先进的装卸机具和管理机制等特点。

（2）集装箱专办站，是指办理集装箱列车及枢纽或地区内集装箱小运转列车到发和整列集装箱列车装卸的地区性或区域性集装箱货运站。集装箱专办站是地区铁路集装箱运输中心，一般靠近省会城市，大型港口和主要内陆口岸站建设，应配备必要的集装箱仓储、装卸、搬运等设备。

（3）集装箱一般办理站，位于集装箱货源产生或消失地，也称集装箱代办站。集装箱一般办理站多为综合性货运站，即除办理集装箱运输业务外，可能还办理整车或零散运输业务。

2．集装箱办理站条件

集装箱办理站应具备下列条件。

（1）有与其运量相适应的，适合集装箱堆存、装卸的场地。

（2）装卸线数量和长度满足生产需要。

（3）具备集装箱称重计量条件。

（4）配备集装箱专用装卸机械，起重能力满足所装卸集装箱总重量的要求，20ft、40（45）ft箱起重量不小于35t。装卸机械宜具备称重、超偏载检测功能。仅办理罐式箱车上装箱、掏箱业务的，可不配备集装箱装卸机械，但应有充装、抽卸设施设备。仅办理干散货箱、敞顶箱车上装箱业务的，可不配备集装箱装卸机械，但应有货物装载设施设备。

（5）具备良好的硬件、软件和计算机网络环境，能够应用集装箱运输信息系统。

（6）办理特种货物箱和专用箱时，应配备相应的生产和安全设施设备（如：站台、装卸、接充电设施设备等）。

（二）集装箱上路运输条件

集装箱应符合国家标准、行业标准或国铁集团企业标准。非标铁路箱满足国铁集团货运部公布的运输条件和运输安全要求后，方可上路运输。非标自备箱海铁联运、国际铁路联运（发站或到站为港口站、国境站）以及管内运输的，由发送铁路局集团公司确认满足运输安全要求、确定运输条件后方可上路运输；其他由发送铁路局集团公司确认满足运输安全要求，提出运输条件，报国铁集团货运部批准后方可上路运输。

集装箱应按规定进行定期检验，保证质量满足铁路运输安全要求。集装箱从出厂到第一次检验的间隔期不得超过5年，以后检验的间隔期不得超过2.5年。检验时间可提前或延后3个月。

（三）集装箱运输车辆

集装箱宜使用集装箱专用平车或共用平车装运，禁止使用普通平车装运。需要使用敞车装运集装箱时，运行速度应执行有关规定。

集装箱专用平车是专门用于装运集装箱的特种车辆，有单层和双层两种。

集装箱专用平车有早期生产的X_{6A}、X_{6B}、X_{6C}型车；为适应快运生产的X_{1K}、X_{3K}、X_{4K}、X_{6K}、X_{6H}型车等。

双层集装箱专用平车有X_{2K}、X_{2H}型（图3-3），适用于20ft、40ft国际标准集装箱和45ft、48ft、50ft、53ft等长大集装箱。装后集装箱和货物总重不得超过78t，重车心高不得超过2400mm。

微课：集装箱运输条件

图3-3 双层集装箱车专用平车X_{2K}、X_{2H}型

任务实施

序号	作业项目	作业内容
1	为托运人选择合适的运输方式	托运人托运的货物是工艺品，价值高，对运输安全性要求较高，且要求门到门运输，而集装箱运输具有安全、便捷、快速、门到门的优点，因此可建议托运人选择集装箱运输

续表

序号	作业项目	作业内容
2	确定此种运输方式的运输条件	集装箱运输条件包括：①集装箱在集装箱办理站间办理运输；②集装箱应符合国家标准、行业标准或国铁集团企业标准；③集装箱宜使用集装箱专用平车或共用平车装运，禁止使用普通平车装运

任务评价

评价内容	评价标准	本人自评得分（20%）	小组互评得分（20%）	校内教师评价得分（30%）	企业导师评价得分（30%）	综合得分
知识点掌握（30%）	熟悉集装箱的定义；掌握集装的运输条件					
技能点运用（40%）	会利用集装箱运输条件组织集装箱运输					
职业素养（30%）	具备大胆探索、勇于创新的敬业精神；树立为各类中小客户提供优质服务的意识					
综合评价						

巩固提升

一、选择题

1．一个40ft集装箱折合为（　　）个TEU。

A．1　　B．2　　C．3　　D．4

2．集装箱总重表示的是（　　）。

A．集装箱空箱重量

B．集装箱自重

C．集装箱最大容许载重量

D．集装箱空箱重量与箱内所装货物的最大容许载重量之和

3．集装箱箱体上的哪一个标记表示集装箱所属部门代号？（　　）

A．箱主代号　　B．箱号

C．核对数字　　D．尺寸类型代号

4．以下哪种箱型属于特种货物集装箱？(　　)

A．敞顶集装箱　　B．台架式集装箱

C．保温箱　　D．通风集装箱

5．铁路集装箱办理站分为(　　)。

A．中心站、专办站、一般办理站　　B．技术站、中间站、编组站

C．客运站、货运站、客货运站　　D．中心站、中间站、技术站

二、判断题

1．我国铁路集装箱不使用“国家及地区代号”。(　　)

2．集装箱通行标记是保证集装箱能通行全国各地和顺利通过国境的证明标记。(　　)

3．我国铁路集装箱的标记均采用蓝漆涂刷。(　　)

4．自备箱是托运人自有或租用的集装箱。(　　)

5．集装箱可以使用敞车、平车、集装箱专用平车或共用平车装运。(　　)

任务二

集装箱运输组织

学习工具

《铁路集装箱运输规则》《铁路货物装卸安全技术规则》。

任务布置

4月7日，某公司在甲站托运一批工艺品到乙站，采用集装箱运输。请分析该批货物运输组织的作业程序和内容。

相关知识

一、集装箱运输组织过程

铁路集装箱运输应按“合理集结、多装直达、均衡运输、减少回空”的原则进行组织，采取有效措施加速集装箱周转。

（一）需求提报与受理

1．需求提报

客户通过铁路货运网上营业厅（95306网）申报集装箱运输需求。

托运人托运集装箱应按批提出货物运单。集装箱装运两种及以上品名的货物时，托运人应按箱提出物品清单。托运人对其在运单、物品清单内填记内容的真实性负责，托运人应准确填记货物名称、箱型箱类、集装箱号码、施封号码、重量等各项内容。

集装箱运输，每批须是标记总重相同的同一类型集装箱。铁路箱和自备箱不得按一批办理。

2．铁路空箱预定

铁路空箱需要在铁路货运网上营业厅预定，自备集装箱及其他箱型箱类需在铁路货运网上营业厅直接填写货物运单。

铁路空箱面向所有客户公开预订。客户通过铁路货运网上营业厅预定空箱，输入需求的箱型、箱类、箱数等相关信息，系统自动审核集装箱办理限制、箱型、箱类、箱数、专用线办理限制等。出站后重去重回的、车上装箱的不需订箱。

车站为客户安排空箱，按“先到先得”的原则自动分配，在铁路货运网上营业厅实时自动公示。配箱后自动生成运单需求联。

3．受理

车站对客户提报的运输需求进行实货核实，并受理电子运单需求联，审核发到站办理限制、起重能力、临时停限装，审核证明文件等原件并采集影印资料，添加承运人记事和运输戳记。

（二）铁路箱出站

车站在铁路集装箱运输管理信息系统安排铁路空箱，填制《铁路箱出站单》（表3-1，留存1年），安排铁路箱出站。铁路箱出站单一式两联，甲联为发站存查联，乙联为随箱联，是铁路箱出站和箱体状况交接的凭证。

表3-1 铁路箱出站单

______站存查　　　　　　　　　　　　　　　　甲联

出站填记（空重）							
托运/收货人						调度命令号	
到站/运单号		箱型箱号				接收站	
箱体状况	割伤C. 擦伤B. 破洞H. 凹损D. 破损BR. 部件缺失M. 污箱DR.				如有异状，请注明程度和尺寸		
领箱人						备注	
搬出汽车号		破损记录号		车站经办人		出站日期	
进站填记（空重）							
箱体状况	割伤C. 擦伤B. 破洞H. 凹损D. 破损BR. 部件缺失M. 污箱DR.				如有异状，请注明程度和尺寸		
还箱人						备注	
搬入汽车号		破损记录号		车站经办人		进站日期	

车站应提供状态良好的集装箱，托运人在使用前必须检查箱体状况，发现箱体状况不良时应及时提出，由车站予以更换。

托运人或收货人可自行安排集装箱汽车取送集装箱，也可委托有能力的车站办理，车站均应提供便利条件。

托运人或收货人领取铁路箱出站的，车站应与托运人或收货人签订铁路箱出站使用协议，明确免费使用期限、延期使用费、进出站检查、损坏和丢失赔偿等事项，并可收取一定的保证金。

（三）装箱与施封

1．装箱

集装箱装箱由托运人负责，根据托运人要求可在站内指定区域装箱。装箱时应注意以下几点。

（1）装箱货物的限制。集装箱所装货物应符合所用箱型适箱货物要求，不得腐蚀、损坏箱体。铁路通用箱不得装运煤、焦炭等易污染箱体的货物。易腐货物与非易腐货物、危险货物与非危险货物、性质互抵的货物、运输条件不同的货物均不得混装于同一箱内。

（2）装箱重量的规定。托运的集装箱，单箱总重不得超过其标记总重，且不得超过发站和到站的集装箱起重能力，在车上装箱、掏箱的特种货物箱、专用箱等除外。

（3）装箱技术的要求。装箱时应码放稳固，装载均衡，不超载、不集重、不偏重、不偏载、不撞砸箱体，采取防止货物移动、滚动或开门时倒塌的措施，保证箱内货物和集装箱运输安全。

2．施封

集装箱施封由托运人负责。施封时应注意以下几点。

（1）托运的重集装箱应当施封（结构上无法施封的除外）。

（2）通用集装箱施封时，确认左右箱门锁舌和把手入座后，在右侧箱门把手锁件施封孔处施封一枚。其他类型集装箱根据实际情况采取适合的施封方法。

（3）托运的空集装箱可不施封，托运人应关闭箱门，确认左右箱门锁舌和把手入座。

（4）对已施加海关封或托运人已施加自备商业封的集装箱，可不再施加铁路封。不施加铁路封时，托运人应在货物运单“托运人记事”栏内注明“交接集装箱使用××海关封（托运人自备商业封）”，施封号码填写海关封或托运人自备商业封号码。

（四）验收

发送的集装箱应于承运人约定的进站日期当日进站完毕。车站必须认真做好集装箱的验收工作。验收的内容包括以下几方面。

（1）箱体状态是否良好。这包括两方面含义，一是如果发现在装箱过程中有破坏箱体的情况，可要求托运人赔偿；二是如箱体不良可能危及货物安全的，应更换集装箱。

（2）箱门是否关好，锁舌是否落槽，把手是否全部入座，施封是否有效。

（3）核对运单上填记的箱号和施封号码与集装箱上的是否一致，箱号和施封号码是否对应，运单填记的施封号码有无涂改。

（4）集装箱货物的重量原则上由承运人确定，有称重条件的集装箱办理站（含专用线），承运人必须逐箱复查发送的集装箱重量，集装箱总重超过集装箱标记总重时，托运人应对集装箱减载后运输，并按规定核收复查产生的作业费。

（5）车站应采取开箱检查等方式，对发送集装箱货物名称、装载情况进行检查，防止出现匿报谎报货物品名、货物装载加固不良等问题。检查比例由铁路局集团公司确定。需要开箱检查货物时，在发站应通知托运人到场，在到站应通知收货人到场。

（五）核算制票与承运

货运员在系统完成计费、制票作业，录入承运人记事，核认无误后打印货物运单的发站存查联与托运人存查联。有纸质领货需求的，还应打印货物运单的领货凭证联交予托运人。

集装箱货物接收完毕并核收运费后，发站在货物运单上加盖车站日期戳时起，即为承运。

（六）装卸车作业

1．装车作业

（1）集装箱装车前，须清扫干净车地板，确认箱体、车体上无杂物。

（2）使用集装箱专用平车或共用平车时，装车前须确认锁头齐全、状态良好；装车后须确认锁头完全入位，箱门处的集装箱专用平车门挡或共用平车端板立起。

（3）使用铁路货车装运集装箱时，全车集装箱总重不得超过货车标记载重，且应符合货车装载技术条件要求，保证货车不出现超载、偏载、偏重等问题。集装箱不得与其他货物装入同一辆货车内。

（4）未安装F-TR型锁的集装箱专用平车或共用平车装运空集装箱时，须使用4股及以上8号镀锌铁线捆绑牢固。其中，使用共用平车时，将集装箱底部角件与车辆捆绑牢固；使用专用平车时，将相邻两箱底部角件捆绑在一起，仅装运一箱时，将集装箱底部角件与车辆底架捆绑牢固。

（5）集装箱装车时，不得采用在货车上焊接、钉固等损坏车辆的加固方式。

2．装卸搬运和堆码要求

（1）装卸和搬运集装箱应使用集装箱装卸搬运机械。装卸和搬运作业应稳起轻放，防止刮蹭、冲撞集装箱和货车。

（2）码放集装箱时，须关闭箱门，码放整齐。多层码放时，应角件对齐，不得超过限制堆码层数。

3．卸车作业

集装箱卸车时，货运员认真监卸，核对箱号，检查箱体和施封情况。使用特种货物箱和专用箱的，还应检查附属件。对安装F-TR型锁的集装箱专用平车或共用平车，须确认箱车完全分离后再进行后续作业。

（七）交付作业

到站应向运单记载的收货人交付集装箱。

1．票据交付与现货交付

货运员打印运单收货人存查联和到站存查联，加盖车站日期戳，按规定向收货人办理票据交付手续。

收货人持货物运单收货人存查联到货区领取集装箱和货物。货运员将集装箱和货物点交给收货人，在货物运单收货人存查联上加盖“货物交讫”戳记，收货人凭此将货物及自备箱搬出站。铁路箱在外掏箱时凭铁路箱出站单作为出站和箱体状况交接的凭证。

2．掏箱作业

到达的集装箱，应于铁路局集团公司发出领货通知的次日起算，2日内领取集装箱货物，并于领取的当日内将箱内货物掏完或将集装箱搬出。站内掏箱时，应于领取的当日内掏完。

集装箱的掏箱由收货人负责。铁路箱掏空后，应清扫干净，将箱门关闭良好，清除与本次运输有关的附加标记，有污染的须洗刷除污；车站应对交回的空箱进行检查，发现未清扫或未洗刷的，应在清扫或洗刷干净后接收。

二、集装箱的交接

（一）交接地点和方法

（1）在车站装卸车。车站与托运人或收货人交接集装箱时，施封的凭箱号、封印和箱体外状，不施封的凭箱号和箱体外状交接。

（2）在专用线、专用铁路装（卸）车。在铁路专用线、专用铁路装卸车的集装箱，交接办法由车站与铁路专用线、专用铁路的产权单位商定，并在铁路专用线、专用铁路运输协议中明确。

（二）异常情况处理

1．集装箱异常

发站在接收集装箱时，检查发现箱号或封印内容与运单记载不符或未按规定关闭箱门、施封的，应由托运人改善后接收。箱体损坏危及货物和运输安全的不得接收。

收货人在接收集装箱时，按运单核对箱号，检查施封状态、封印内容和箱体外状；发现不符或有异状时，在接收当时向车站提出，由车站及时处理。

2．箱体和铭牌号码不一致

发现箱体和铭牌号码不一致的，不得继续使用。若为铁路箱，由发现站上报铁路局集团公司货运部门，铁路局集团公司货运部门通知铁路箱产权单位处理，并将有关情况报国铁集团货运部。

3．铁路箱损坏、丢失

铁路箱发生损坏、丢失时，车站编制《铁路箱破损记录》（表3–2）作为责任划分和赔偿依据，由责任者签认，并按实际发生费用（包括修理费、修理回送费、延期使用费及装卸费等）赔偿。

表3–2 **铁路箱破损记录**

甲联

No.××××××

箱型________ 箱号________

1．发站________ 发局________ 托运人________

2．到站________ 到局________ 收货人________

3．运单号________ ______年______月______日承运

4．车种车号________

5．发现集装箱损坏地点________

6．损坏部位。按下面符号所示内容填在视图上。

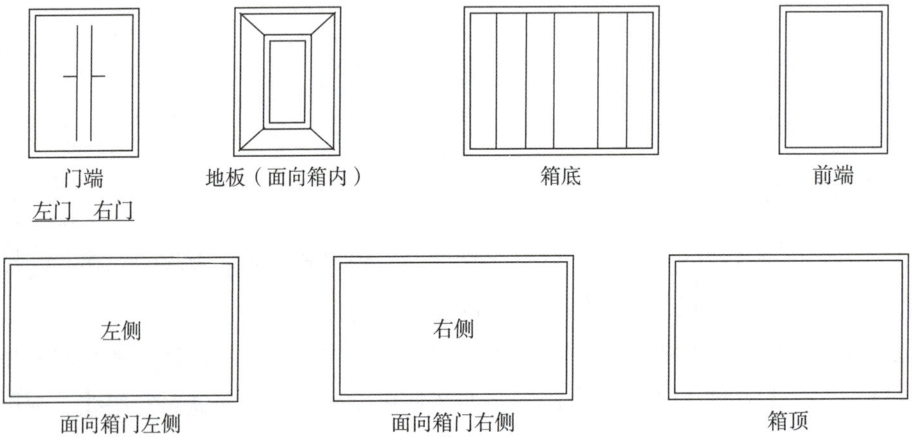

状态代号：割伤C.擦伤B.破洞H.凹损D.破损BR.部件缺失M.污箱DR.

7．损坏原因和程度____________________

8．责任者（签章）____________________

9．车站（签章）____________________

10．______年______月______日

（三）交接责任的划分

1．基本原则

交接前由交方承担，交接后由接方承担。但运输过程中由于托运人责任造成的事故和损失由托运人负责；因集装箱质量发生的问题，责任由箱主或集装箱承租人负责。

集装箱在承运人的运输责任期内，箱体没有发生危及货物安全的变形或损坏，箱号、施封号码与运单记载一致，施封有效时，箱内货物由托运人负责。

2．铁路箱损坏责任划分

（1）到站卸车发现损坏。到站认为集装箱损坏为发站责任的，应于卸车或站内掏箱24h内拍照，编制《铁路箱破损记录》并通过集装箱运输信息系统发给发站和产权单位。

除卸车作业导致损坏、能判明其他责任者、发站证明没有责任以外的，由发站赔偿；站内掏箱发现集装箱地板、端侧壁、顶部等内部损坏，除掏箱作业导致损坏及能判明其他责任者以外，由发站赔偿。

（2）在站发现损坏。集装箱在车站（包括站内、站外、铁路专用线、专用铁路等）发生损坏，车站应拍照并编制《铁路箱破损记录》，承担赔偿责任。属于托运人、收货人、铁路专用线、专用铁路、接取送达单位等责任的，车站按规定索赔。

（3）在站外发生损坏。到达的集装箱在站外发生损坏，由收货人或接取送达单位赔偿。收货人认为属托运人装箱等原因导致地板、端侧壁、顶部等内部损坏的，由收货人向托运人索赔。

3．自备箱损坏责任划分

自备箱损坏、丢失时，车站应编制货运记录，按《铁路货物损失处理规则》的规定处理。

微课：集装箱运输组织

任务实施

序号	作业项目	作业内容
1	需求提报与受理	客户通过铁路货运网上营业厅申报集装箱运输需求——铁路空箱预定——车站进行实货核实，并受理电子运单需求联
2	铁路箱出站	车站在铁路集装箱运输管理信息系统安排铁路空箱，填制铁路箱出站单，安排铁路箱出站
3	装箱与施封	托运人负责集装箱的装箱与施封
4	验收	托运人装箱后，交给车站，车站进行集装箱的验收工作

续表

序号	作业项目	作业内容
5	核算制票与承运	货运员在系统完成计费、制票作业，打印货物运单的发站存查联与托运人存查联，加盖车站日期戳，即为承运
6	装卸车作业	按照要求执行集装箱装卸车作业
7	交付作业	车站与收货人进行集装箱交付——收货人负责集装箱掏箱作业

任务评价

评价内容	评价标准	本人自评得分（20%）	小组互评得分（20%）	校内教师评价得分（30%）	企业导师评价得分（30%）	综合得分
知识点掌握（30%）	掌握集装箱运输组织的作业程序和内容					
技能点运用（40%）	能办理集装箱运输各环节的作业					
职业素养（30%）	具备大胆探索、勇于创新的敬业精神；树立为各类中小客户提供优质服务的意识					
综合评价						

巩固提升

一、选择题

1. 集装箱施封由（　　）负责。

A. 托运人　B. 承运人　C. 收货人　D. 物流企业

2. 集装箱装箱由（　　）负责。

A. 托运人　B. 承运人　C. 收货人　D. 物流企业

3. 集装箱掏箱由（　　）负责。

A. 托运人　B. 承运人　C. 收货人　D. 物流企业

4. 铁路箱进出站和箱体状况交接的凭证是（　　）。

A. 货物运单　B. 铁路箱出站单

C. 集装箱货车装载清单　D. 铁路箱破损记录

5. 自备箱损坏、丢失时，车站应按（　　）的规定处理。

A.《铁路集装箱运输规则》　B.《铁路货物运输管理规则》

C.《铁路货物损失处理规则》　D.《铁路货物运输规程》

二、判断题

1. 铁路箱和自备箱不得按一批办理。（　　）
2. 煤、焦炭等易污染箱体的货物不得使用铁路箱装运。（　　）
3. 托运的重集装箱应当施封（结构上无法施封的除外），托运的空集装箱可不施封。（　　）
4. 集装箱交接前由接方承担责任，交接后由交方承担责任。（　　）

任务三 零散货物运输

学习工具

《铁路零散货物快运管理暂行规则》。

任务布置

5月10日，某食品公司到甲站办理了一批零散快运货物（箱装老陈醋30件，单件重10kg），到站为乙站。请分析该批货物运输组织的作业程序和内容。

相关知识

一、认识零散货物快运

零散货物是指大宗货物以外的货物。零散货物快运是在铁路实行企业化管理，为适应市场需求，提高铁路运输的竞争力而推出的一项货运服务。

（一）零散货物快运办理范围

对于批量零散货物快运品类的货物，一批重量不足40t且体积不足80m^{3}的，可按零散货物快运办理；对于非批量零散货物快运品类的货物，不足整车时，可按零散货物快运办理，但以下情况除外。

（1）散堆装货物。

（2）危险货物、超限超重和超长货物。

（3）活动物及需冷藏、保温运输的易腐货物。

（4）易于污染其他货物的污秽货物。

（5）军运、国际联运、需在米轨与准轨换装运输的货物。

（6）在专用线（专用铁路）装卸车的货物。

（7）国家法律法规明令禁止运输的货物。

（8）其他不宜作为零散货物运输的货物。

零散货物按货物实际重量（体积）进行受理和承运。

对于单件重量超过1.5t、体积超过2m³或长度超过5m的零散货物，以及有特殊运输需求的零散货物，由发到站确认后受理，并明确装运条件。

（二）零散货物快运车站

零散货物快运车站是指办理零散货物快运业务的车站，按其在零散货物运输中所承担的主要任务不同，分为中心站、作业站、接续站、办理站和无轨站。

1. 中心站

零散货物快运中心站简称中心站，是指铁路局集团公司管内环线列车和跨局快运列车的发到站和集中作业站，负责铁路局集团公司管内环线列车和跨局快运列车的货物中转、集散分拨、解编取送、车流交换、设备整备等作业。中心站应为具有货场的编组站或靠近编组站的货运站，原则上每个铁路局集团公司设置1～2个中心站，应具备车流交换、货物分拣、码放、配装作业、安全检查等设施。

2. 作业站

零散货物快运作业站简称作业站，是指铁路局集团公司管内环线列车图定停车站，负责零散货物的受理、承运、制票、集结、保管、装卸、交付等作业。作业站应具备货物快运列车停靠、进出货、装卸车作业、货物集结、安全检查和防雨雪等基本条件，不受车站性质限制。

3. 接续站

零散货物快运接续作业站简称接续站，是指相邻两局管内环线列车交汇点，负责邻局间货物的中转交换作业。接续站应具备货物快运列车停靠、装卸车作业，或车流交换等基本条件，原则上应为中心站或作业站。

4. 办理站

零散货物快运办理站简称办理站，是指铁路零散货物受理网点，负责零散货物的受理、保管、制票等作业。办理站应具备货物存放、检斤计量、制票收款等条件，既有货运营业站应全部纳入办理站。

5. 无轨站

零散货物快运无轨办理站简称无轨站，是指在铁路车站营业场所以外的货源集散地设立的铁路物流经营服务网点。无轨站应具备揽货功能、营销功能和服务功能。

（三）零散货物快运分类

1. 环线快运

环线快运指以客车化模式开行的货物快运列车装运零散货物的装运方式，主要装运小批量零散货物。管内环线列车停靠作业站站台后直装、直卸，并在零散货物快运中心站与跨局快运列车中转交换或与其他管内环线列车跨环交换。

2．点对点快运

点对点快运指同车所装零散货物全部为同一到站且一站直达的装运方式。一般在具有货场的作业站进行，利用最近的货物列车挂运，不通过零散货物快运中心站中转交换。采用点对点快运方式，装运零散的货物原则上每车不低于10t。

二、零散货物运输组织

（一）需求提报与受理

零散货物按货物实际重量与体积办理运输。托运人托运零散货物时，应按批提出“零散货物快运需求单”（即运单需求联）一份，还应按批提交“物品清单”，签署“货物托运安全承诺书”。

承运人通过“零散快运平台”受理零散货物运输需求，审核运输需求（运单需求联）信息，添加承运人记事标记、运输戳记，使用高拍仪采集证明文件资料等。

（二）进货与验收

货运员依照货物运单需求联记载件数逐件清点货物，对填记品名与实际货物不符、无包装标识、包装上无中文品名标识、不能确认物理化学性质的货物不得进货。

零散货物要按批堆码、留有通道，在每件货物上标明清晰明显、方向向外的标记（货签）。标记（货签）应用坚韧材料制作，在每件货物两端各粘贴或钉固一个，包装不适宜粘贴或钉固时可使用拴挂的办法。不适宜用纸制标记的货物，应使用油漆在货件上书写标记或用金属、木质、布、塑料板等材料制成的标记。

零散货物安全检查采用人工或人机结合的方式，每批货物只安检一次，实行经办人负责制，即谁安检、谁签字、谁负责。安全检查合格后由安检人员签字或盖章，对拒绝接受检查或发现可疑物品的，车站不得办理货物运输。

（三）核算制票与承运

货运员在系统完成计费、制票作业，打印货物运单的发站存查联与托运人存查联，加盖车站日期戳，即为承运。承运人与托运人完成货物运单签章交接，将货物运单的发站存查联交由车站留存，托运人存查联交由托运人留存。

零散货物承运后不得办理变更到站手续。

（四）装卸车作业

1. 装卸车责任划分

货物快运列车值班员负责零散快运列车装卸车作业的统一指挥工作。到发量较小的零散货物快运作业站由随车人员为主承担装卸作业，到发量较大的零散货物快运作业站由车站人员为主承担装卸作业。

2. 装卸车作业要求

装卸零散货物应轻拿轻放、大不压小、重不压轻、长不压短、码放稳固、标签向外，符合包装指示标志要求。非同一到站时，以“远途到站装两端、近途到站装中间”的原则，按环线类别、到站顺序合理配装。

装车时，应将零散货物均衡装载在车地板上，货物码放与车门距离不得小于100mm，不超载、不偏载、不偏重、不集重，易滚动、窜动、倒塌的货物不得装在车门处或车内上层，并采用可靠的防滚动、防窜动、防倒塌措施。

在客运站台装卸作业不得影响客车运行和旅客乘降。

装卸车作业完毕，货物快运列车值班员应组织人员检查确认货物装载和车门（窗）关（锁）闭状况是否良好、线路上有无坠落物，防止影响列车开行。

（五）交付作业

1. 票据交付

货运员在系统录入货物交付信息后，打印货物运单收货人存查联与到站存查联，并加盖车站日期戳，收货人在到站存查联上签章后，货运员将收货人存查联交予收货人。

2. 现货交付

客户取货时，零散货物快运车站作业人员使用手持设备扫描货签条形码进行货物交付确认。上门送货时，零散货物快运车站作业人员在车站与送货人员进行货物交接，同步使用手持设备扫描货签条形码进行交接确认。

微课：零散货物运输

任务实施

序号	作业项目	作业内容
1	需求提报与受理	托运人按批提出“零散货物快运需求单”（即运单需求联）及“物品清单”，签署《货物托运安全承诺书》——车站通过“零散快运平台”受理、审核运输需求信息
2	进货与验收	货运员依照货物运单需求联记载组织零散货物进货验收，并对货物进行安全检查

续表

序号	作业项目	作业内容
3	核算制票与承运	货运员在系统完成计费、制票作业，打印货物运单的发站存查联与托运人存查联，加盖车站日期戳，即承运
4	装卸车作业	按照要求执行零散货物装卸车作业
5	交付作业	车站与收货人进行票据交付与现货交付

任务评价

评价内容	评价标准	本人自评得分（20%）	小组互评得分（20%）	校内教师评价得分（30%）	企业导师评价得分（30%）	综合得分
知识点掌握（30%）	掌握零散货物运输组织的作业程序和内容					
技能点运用（40%）	能办理零散货物快运各环节的作业					
职业素养（30%）	具备大胆探索、勇于创新的敬业精神；树立为各类中小客户提供优质服务的意识					
综合评价						

巩固提升

一、选择题

1.（　　）可按零散货物快运办理。

A．散堆装货物　　B．重28t，体积为50m³的批量零散货物品类

C．危险货物　　D．活动物

2. 下列零散货物快运车站，（　　）是指在铁路车站营业场所以外的货源集散地设立的铁路物流经营服务网点。

A．作业站　　B．接续站　　C．办理站　　D．无轨站

二、判断题

1. 零散货物按货物实际重量（体积）进行受理和承运。（　　）

2. 集装箱与零散货物运输都是先承运后装车。（　　）

项目四　铁路货物装载加固

项目导读

货物装载加固状况是铁路运输工作中至关重要的环节，它不仅关系到列车的运行安全，还直接影响到货物的完好无损。在铁路运输工作中，货物的装载加固必须严格按照规定进行，既要经济、合理地装载货物，又要确保运行中货物的稳定性和安全性。加强货物的装载加固工作，可以有效地减少安全隐患，有效地保护货物，提高铁路运输企业的信誉和客户的满意度。

思维导图

- 项目四 铁路货物装载加固
  - 任务一　货物装载加固的基本技术条件
    - 一、装运阔大货物的车辆
    - 二、货物装载加固的基本技术条件
  - 任务二　货车载重与局部承载的技术条件
    - 一、货车容许载重量
    - 二、集重货物的概念
    - 三、平车装载货物免于集重的技术条件
  - 任务三　货物重心水平合理位置与重车重心高
    - 一、货物重心在车辆纵向的合理位置
    - 二、货物重心在车辆横向的合理位置
    - 三、确定重车重心高
  - 任务四　超长货物装载的技术条件
    - 一、超长货物的定义
    - 二、超长货物装载的技术条件
  - 任务五　检验货物稳定性
    - 一、力的产生
    - 二、力的计算
    - 三、货物稳定性的检验
  - 任务六　选择加固材料与加固方法
    - 一、常用加固材料与加固装置
    - 二、拉牵加固方法及加固强度计算
    - 三、铁路货物装载加固方案

目标导学

知识目标

1. 掌握货物装载加固的基本技术条件。
2. 掌握货车载重和局部承载的技术条件。
3. 掌握货物重心合理位置和重车重心高的计算。
4. 掌握超长货物装载的技术条件。
5. 掌握运行中作用于货物的各种力的计算和货物稳定性的检验。
6. 熟悉常用的装载加固材料及加固装置的类型及用途。
7. 理解拉牵加固方法及加固强度的计算。

技能目标

1. 能判断货物的装载加固方案是否符合技术条件要求。
2. 能分析货物受到的各种力，并判断货物的稳定性情况。
3. 能为不同的货物选择经济、合理的装载加固方案。

素养目标

1. 培养科学计算、精益求精的工匠精神。
2. 树立安全第一的责任意识。
3. 具备严谨细致、一丝不苟的职业素养。

素养提升

王卫东：货物运输安全的“技术靠山”

在合肥货运中心，提及“王大师”，莫不称赞有加。他是货物装载加固领域的“行家里手”，他是货运一线职工心中的“技术大拿”，他就是合肥货运中心安全技术科主任业务员王卫东。

40年货运生涯，他安全“送走”货车76500辆，检查卸空车47600辆，处理换装整理车560辆，面对日益娇贵精细的货物，他以精湛的技术成功化解一道道装载难题。

变卧装为立装，妙招化解装车难。“急货主所急”是王卫东的口头禅。厚度仅有0.3mm的生产家电用冷轧卷钢若选择卧装，运输途中因颠簸，不到30h就会由圆形变成椭圆形，造成塌卷，从而导致无法上线生产。对于货主提出卷钢立装的要求，王卫东把装载方案列为课题进行攻关，先后解决了支垫匹配、防水包装、秘贴装载等一系列难题，让娇贵的家电卷钢实现了乘火车远行。

变滚装为散装，巧载赢得回头客。面对运输条件无法满足客户需求的难题，善于动脑筋的王卫东多次用“奇思妙想”成功破解难题。一批出口中亚的新能源公交车用铁路平板车滚装，属于二级超限，为防窜动需大量耗费加固材料和人工费，装载时间长达3h。王卫东琢磨出卸下车轮以降低高度的方法，让公交车由超限货物变身为普通货物运输，并设计了以横垫木和方木垫底，钢丝绳拉纤加固的方法，同时使用敞车运输。不仅有利于加固方案的实施，有效防止车体窜动，而且解决了平车车源不足的难题，变整车“滚装”为拆散后运输，大幅度减少装载加固时间。

王卫东是出了名的“杠头”，遇到业务难题总要想出办法。过去一辆平车只能装一台小型挖掘机，运输成本居高不下。他经过力值计算，设计出一辆平车装两台的加固方案，此举不仅使运费折半，还显著减少押运费用。大喜过望的货主至今已通过铁路发运挖掘机1300余台。

努力钻研装载加固技术，把每一次装载加固从方案设计到现场捆扎都当成一次艺术实践般反复揣摩、精雕细刻，对于王卫东而言已成为自觉行动。

资料来源：搜狐网

网址：https://www.sohu.com/a/281070045_120053512

评析：不断接受挑战，成功破解每一次的装载加固难题是对货主的责任，对企业的担当，也包含对自己的严格要求，王卫东以自己的实际行动兑现了“装一辆重车，保一路平安，卸一辆空车，保一路畅通”的庄严承诺。

任务一 货物装载加固的基本技术条件

学习工具

《铁路货物装载加固规则》。

任务布置

甲站承运一件均重货物，重48t，长12000mm，宽3000mm，高2800mm。拟用N_{17T}型平车（标重60t，自重19.5t）一辆装运。装车后，车辆前后两转向架所承受的货物重量分别为22t、26t，货物重心横向偏移量为75mm，且货物重量均匀地分布在整个车地板上，货物不集重。请根据《铁路货物装载加固规则》判断该装载方案是否符合装载加固基本技术条件的要求。

相关知识

一、装运阔大货物的车辆

在铁路运输中，阔大货物一般包括超长、超限、超重货物。了解阔大货物运输车辆的特点、使用和技术参数，正确地使用车辆，按照《铁路货物装载加固规则》的技术要求合理地确定货物装载方案是保证列车运行安全和货物安全的前提。

装运阔大货物的车辆除必须满足普通货物装载的一般要求外，还应满足货物重量大、体积大、长度长的要求。车辆应具有足够的强度，尤其是承受集中载荷的能力强；要便于对货物进行装载加固，对于超限货物还应有利于降低超限等级，以保证运输安全和车辆的正常使用。

当前，我国铁路装运阔大货物主要使用平车和长大货物车，部分货物也可使用敞车装载。

（一）平车及其技术参数

我国铁路平车主要车型包括N_6、N_{16}、N_{17}、N_{60}、NX_{17}、NX_{70}等。平车属于底架承载

结构，底架的主要部件有中梁、侧梁、枕梁、横梁及纵向辅助梁。部分平车根据装运货物的需要设有可以全部翻下的活动墙板。为了提高平车承受集中载荷的能力，部分平车车底架采用了鱼腹形梁。为便于货物加固，侧梁外侧装设绳栓和柱插。

文档：平车技术参数

平车的主要参数有车辆自重、车辆标记载重量（即标重）、钩舌内侧距离、车地板长度、车地板宽度、车地板高度、转向架中心距（即销距）、固定轴距、空车重心高度等，如图4–1所示。

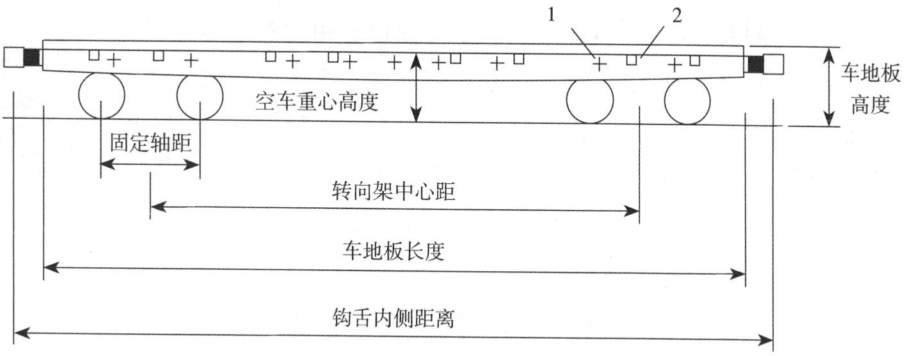

1—绳栓（丁字铁）；2—柱插（支柱槽）。

图4–1　平车主要参数及加固部件名称

（二）长大货物车及其技术参数

长大货物车是铁路运输中的一类特种货车，主要供装运平车无法装运的阔大货物。按照车体结构不同，我国现有的长大货物车可分为凹底平车、长大平车、落下孔车、双联平车和钳夹车五种。

1．凹底平车

凹底平车的结构特点是转向架或转向架群分布于车辆的两端，中部为装载货物的凹底架，其优点是结构简单、使用方便、运行安全可靠，是长大货物车中适运货物范围最广的车型。但由于凹底平车的承载面有一定的高度，且凹底长度有限，因此凹底平车所装货物高度不能太高、长度不能过长。

2．长大平车

长大平车从底架结构形式上看与通用平车基本上相同，但其车底架长度和地板面距轨面高度都比较大。适合装运电杆、桥梁等形状较长的货物。

3．落下孔车

落下孔车的底架中部开有一定长度和宽度的落孔，装货时货物落入孔内，货物的重量由两根截面高度较大的侧梁承担。它自重系数较小，能充分利用铁路限界的高度，适合运输截面尺寸很高的货物。

4．双联平车

双联平车无承载底架，由两个安装于两转向架群中央心盘上的可回转鞍座支承货物。货物一般比较长，跨装在两个转向装置上。为了使货物免受过大纵向冲击力的作用，在两节车之间装有缓冲装置。它自重系数小，且货物支承点可根据货物长度进行调节，适合运输细长、较重、有自承载能力的货物。

5．钳夹车

钳夹车由两个对称的半节车构成，运输时货物被悬挂在两个钳形梁之间，货物与钳形梁构成了一个整体，货物成为整个车辆的一部分。

钳夹车具有独特的超限运输能力，它能有效地利用铁路限界空间，不仅能运输有自承载能力的货物，而且通过附加的装备也可运输那些没有自承载能力的货物。它可装有多导向、侧移机构，以解决车辆在宽度方向的极度超限；大多数钳夹车设有液压起升、下降机构，且钳夹车结构无承货的地板面，使装载货物最大限度地利用限界高度。

文档：长大货物车技术参数

（三）敞车及其技术参数

除平车及长大货物车外，铁路运输的部分阔大货物也可使用敞车装载。我国铁路敞车主要车型包括C_{62}、C_{62A}、C_{62B}、C_{64K}、C_{70}、C_{70B}、C_{70H}、C_{76H}等。敞车是有端壁、侧壁、地板而无车顶的货车，主要装运煤炭、矿石、矿建物资、木材、钢材等大宗货物，也可用来装运重量不大的机械设备，但其承载集中载荷的能力远不如平车。

文档：敞车技术参数

微课：装运阔大货物的车辆

二、货物装载加固的基本技术条件

（一）货物装载加固的基本要求

《铁路货物装载加固规则》（以下简称《加规》）是铁路货物装载加固的基本依据。《加规》规定，货物装载加固的基本技术要求是使货物均衡、稳定、合理地分布在车地板上，不超载、不偏载，不偏重、不集重；能够经受正常调车作业及列车运行中所产生的各种力的作用，在运输全过程中，不发生移动、滚动、倾覆、倒塌或坠落等情况。

（二）货物装载的基本技术条件

1．对车辆和货物重量的要求

装载货物应正确选择车辆，遵守货车使用限制表及有关规定，定检不过期。货物装载时应充分利用货车的载重力和容积，但不得超过货车容许载重量，即不超载。

2．货物重心水平位置的要求

装车后货物重心的投影应位于货车纵、横中心线的交叉点上。必须偏移时，横向偏移量不得超过100mm；纵向偏移时，每个车辆转向架所承受的货物重量不得超过货车容许载重量的二分之一，且两转向架承受重量之差不得大于10t。货物重心横向偏移超过要求为偏载，货物重心纵向偏移超过要求为偏重。

货运检查中，货车超偏载情况分为一般、严重两级，具体分级标准见表4-1。

表4-1 货车超偏载分级标准表

项目	一般等级	严重等级
偏载	货物总重心投影距车辆纵中心线距离大于100mm	货物总重心投影距车辆纵中心线距离大于150mm
偏重	货车两转向架承受重量之差大于10t	货车两转向架承受重量之差大于15t
超载	大于货车容许载重量5t	大于货车容许载重量10t

3．重车重心高的要求

重车重心高是指货物装在车上后，货物和货车作为一个整体，其总重心由轨面起算的高度。重车重心高一般不得超过2000mm，超过时，可采取配重措施降低重车重心高，否则应限速运行。

装运危险货物的罐车重车重心高限制高度不得超过2200mm，双层集装箱专用平车装车后重车重心高不得超过2400mm。

4．货物重量分布的要求

货物重量应均匀地分布在整个车地板上，对于单个重量大、支重面小的货物不能均匀分布时，需要考虑局部装载，应遵守《加规》的有关规定，使货物不集重。

5．货物突出车辆端梁的长度要求

使用平车装载长度超过车地板的货物，或由于其他原因，货物必须突出车辆端梁装载时，如果突出端货物半宽小于或等于车地板半宽，每端各允许突出车辆端梁300mm；突出端货物半宽大于车地板半宽时，每端各允许突出车辆端梁200mm。超过此限，应加挂游车或采用跨装运输。

6．货物的装载高度、宽度和计算宽度要求

除超限货物外，货物的装载高度、宽度和计算宽度，均不得超过机车车辆限界基本轮廓和特定区段装载限制。

（三）货物加固的一般要求

装载货物时，应使用必要的装载加固材料及装置。禁止使用菱苦土（菱镁混凝土）、水泥、砖、石等材料作为装载加固材料和制作装载加固装置。篷布、篷布绳网、篷布支架不能作为装载加固材料。

常用的装载加固方法有拉牵加固、挡木或钢挡加固、围挡加固、掩挡加固、腰箍下压式加固、整体捆绑等。

（1）拉牵可采用八字形、倒八字形、交叉、又字形或反又字形或兜头等方式。

（2）使用多股镀锌铁线、盘条加固时，为了使多股镀锌铁线多股合成一股，需用绞棍绞紧，但绞紧程度不能损伤铁线、盘条。

（3）使用钢丝绳加固时，应采用配套的钢丝绳夹。使用紧线器作连接装置时，紧线器与钢丝绳的强度应匹配。

（4）使用挡木或钢挡加固时，其高度不宜过大，与车地板之间要有足够的联结强度。

（5）掩挡的有效高度应符合要求，掩挡与车地板的联结强度必须足以保证掩挡自身不发生移动或倾覆。

（6）使用腰箍下压式加固时，每道腰箍的预紧力必须达到设计要求。

（7）必要时，加固线与货物、车辆棱角接触处应采取防磨措施。

微课：货物装载加固的基本技术条件

任务实施

序号	作业项目	作业内容
1	明确《铁路货物装载加固规则》对货物装载加固的基本技术要求	使货物均衡、稳定、合理地分布在车地板上，不超载、不偏载，不偏重、不集重；能够经受正常调车作业及列车运行中所产生的各种力的作用，在运输全过程中，不发生移动、滚动、倾覆、倒塌或坠落等情况
2	判断该装载方案是否偏重	装车后，车辆前后两转向架所承受的货物重量分别为22t、26t，符合“货物重心纵向偏移时，每个车辆转向架所承受的货物重量不得超过货车容许载重量的二分之一，且两转向架承受重量之差不得大于10t”的技术要求，确定该装载方案不偏重
3	判断该装载方案是否偏载	装车后货物重心横向偏移量为75mm，符合“货物重心横向偏移量不得超过100mm”的技术要求，确定该装载方案不偏载
4	判断该装载方案是否超载	货物重48t，没有超过货车容许载重量，确定该装载方案不超载
5	判断该装载方案是否集重	装车后货物重量均匀地分布在整个车地板上，货物不集重，确定该装载方案不集重

任务评价

评价内容	评价标准	本人自评得分（20%）	小组互评得分（20%）	校内教师评价得分（30%）	企业导师评价得分（30%）	综合得分
知识点掌握（30%）	掌握货物装载加固的基本技术条件					
技能点运用（40%）	能判断货物的装载加固方案是否符合技术条件要求					
职业素养（30%）	具备科学计算、精益求精的工匠精神；树立安全第一的责任意识；具备严谨细致、一丝不苟的职业素养					
综合评价						

巩固提升

一、选择题

1. 货物重心横向偏移超过要求时，为（　　）。

A．偏载　　B．超载　　C．偏重　　D．集重

2. 支重面小的货物如果直接装车，货物重量大于所装车辆负重面长度的最大容许载重量时，为（　　）。

A．偏载　　B．超载　　C．偏重　　D．集重

3. 装车后货物重心的投影应位于车地板的纵横中心线的交叉点上，必须偏移时，横向偏移不得超过（　　）。

A．50mm　　B．100mm　　C．150mm　　D．200mm

4. 装车后货物重心的投影应位于车地板的纵横中心线的交叉点上，必须纵向偏移时，每个车辆转向架所承受的货物重量不得超过（　　）。

A．10t　　B．30t

C．货车容许载重量的1/2　　D．货车容许载重量

5. 以下哪个不属于长大货物车？（　　）

A．凹底平车　　B．长大平车

C．落下孔车　　D．平集两用车

二、判断题

1. 阔大货物只能使用平车和长大货物车装运，不能用敞车装运。(　　)
2. 空车重心高是自轨面起车地板的高度。(　　)
3. 重车重心高是自轨面起重车重心的高度。(　　)
4. 为了提高平车承受集中载荷的能力，部分平车车底架采用了鱼腹形梁。(　　)
5. 货车两转向架承受重量之差大于10t，小于15t为一般偏重。(　　)

任务二
货车载重与局部承载的技术条件

学习工具

《铁路货物装载加固规则》。

任务布置

甲站承运一件均重货物，重50t，支重面长2100mm。拟用N_{17K}型平车（标重60t，自重19.7t）一辆装运。为避免集重，该货物应如何装载？

相关知识

一、货车容许载重量

（一）货车容许载重量

货车容许载重量指铁路运输中货车的最大装载重量，包括以下三部分。

（1）货车的标记载重量（$P_{标}$），即标记在货车车体上的载重量。

（2）特殊情况下可以多装的重量（$P_{特}$），即货物包装、防护物重量或机械装载不易计算件数的货物，装车后减吨有困难时可以多装，但多装部分不得超过货车标记载重量的2%。

（3）货车的增载量（$P_{增}$），即为做好货车满载工作，在条件允许的情况下多装的重量，具体增载规定按《铁路货车增载规定》执行。

货车容许载重量$P_{容}$的计算公式如下。

$$P_{容}=P_{标}+P_{特}+P_{增} \tag{4-1}$$

（二）货车增载规定

1．允许增载的情形

（1）允许增载货车车型、适装货物品类及允许增载重量，见表4-2。

表4-2　　增载货车车型、适装货物品类及允许增载重量表

序号	增载货车车型	适于增载货物品类	最大允许增载量
1	C_{62BK}、C_{62BT}、C_{64A}、C_{64H}、C_{64K}、C_{64T}型敞车	《铁路货物运价规则》附件一中01类煤，03类焦炭，04类金属矿石中0410铁矿石、0490其他金属矿石，05类0510生铁，06类非金属矿石中0610硫铁矿、0620石灰石、0630铝矾土、0640石膏，07类磷矿石，08类矿物性建筑材料中0811中泥土、0812砂、0813石料、0898灰渣等中的散堆装货物	3t
2	C_{62BK}、C_{62BT}、C_{64A}、C_{64H}、C_{64K}、C_{64T}型敞车	除序号1所述品类外的其他适合敞车装运的货物	2t
3	C_{62AK}、C_{62AT}型敞车	适合敞车装运的货物	2t
4	企业自备车中标记载重60吨级敞车	《铁路货物运价规则》附件一中01类煤	2t
5	P_{62NK}、P_{62NT}、P_{63}（含P_{63K}）、P_{64}（含P_{64A}、P_{64AK}、P_{64AT}、P_{64GH}、P_{64GK}、P_{64GT}、P_{64K}、P_{64T}）、P_{65}（含P_{65S}）型棚车	适合棚车装运的货物	1t（快速货物班列中P_{65}的装载重量按有关规定执行）

对符合《铁路货物运输规程》第26条特定情况的货物，还可以多装，多装部分不得超过货车标记载重量的2%。

（2）使用60t平车装运军运特殊货物，允许增载10%。

（3）国际联运的中、朝、越铁路货车（C_{70}型系列、C_{76}型系列、C_{80}型系列货车除外），以标记载重量加5%为货车容许载重量。

2．禁止增载的情形

（1）涂打有禁增标记的货车。

（2）企业自备车中标记载重60t级敞车外的其他车种车型。

（3）P_{62K}、P_{62T}、P_{70}等型棚车。

（4）N_{17K}、N_{17AK}、N_{17AT}、N_{17GK}、N_{17GT}、N_{17T}等型平车。

（5）罐车（G）、矿石车（K）、家畜车（J）、水泥车（U）、粮食车（L）、保温车（B）、集装箱车（X）、共用车（NX）、毒品车（W）、长大货物车（D）以及长钢轨运输车（T）。

（6）C_{70}（含C_{70H}、C_{70A}、C_{70C}、C_{70E}、C_{70EH}、C_{70EF}、C_{70B}、C_{70BH}）、C_{76}（含C_{76H}、C_{76A}、C_{76B}、C_{76C}）、C_{80}（含C_{80H}、C_{80A}、C_{80AH}、C_{80B}、C_{80BH}、C_{80BF}、C_{80C}、C_{80CA}）型敞车。

【例4-1】计算下列情况下的货车容许载重量。

（1）使用60t P_{63K}型棚车装载精密仪器。

（2）使用61t C_{64T}型敞车装载机械零件。

（3）使用60t C_{64A}型敞车装载石灰石。

【**解**】货车容许载重量分别为：

（1）$P_{容}=P_{标}+P_{特}+P_{增}=60+0+1=61$（t）

（2）$P_{容}=P_{标}+P_{特}+P_{增}=61+0+2=63$（t）

（3）$P_{容}=P_{标}+P_{特}+P_{增}=60+60\times2\%+3=64.2$（t）

二、集重货物的概念

（一）支重面长度与负重面长度

支重面长度$L_{支}$是指支承货物重量的货物底面长度，负重面长度K是指承担货物重量的货车地板长度。如图4–2所示。

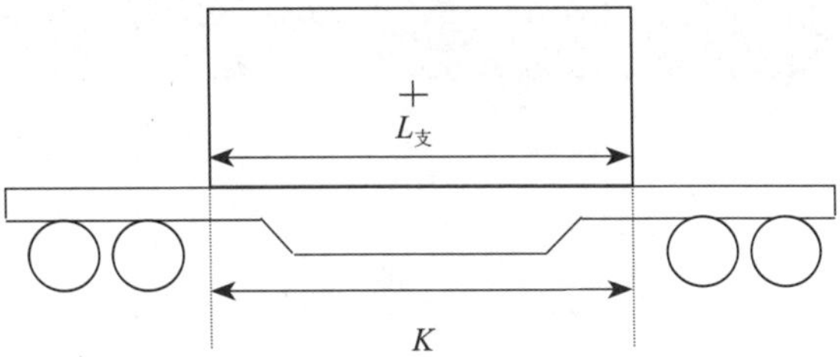

图4-2 支重面长度与负重面长度

当货物直接装在车地板上时，支重面长度等于负重面长度；当货物使用横垫木时，负重面长度等于两横垫木中心线距离的两倍；当货物使用纵垫木时，负重面长度等于纵垫木长度。

（二）集重货物的概念

当所装货物的重量超过车辆负重面长度的最大容许载重量时，属于集重货物。不同的车辆由于其车底架的材质及结构的不同，决定了该车辆一定负重面长度的最大容许载重量的不同，因此判断某件货物是否为集重货物，需要考虑三个因素：货物支重面的长度、货物重量和所使用的车辆。

集重货物的重量不能均匀地分布在车地板上，会导致车地板局部承受货物的重量过大，容易酿成事故，造成车毁货损。在实际工作中，对于集重货物，必须采取避免集重的措施。

三、平车装载货物免于集重的技术条件

（一）平车局部承载货物重量的规定

车辆横中心线两侧等距离范围内承受均布载荷或对称集中载荷时，容许载重量如表4–3所示。

表4–3 平车局部地板面承受均布载荷或对称集中载荷时容许载重量表

地板负重面长度（mm）	两横垫木中心线间最小距离（mm）	最大容许载重量（t）				
		N_{17AK}、N_{17AT}、N_{17GK}、N_{17GT}、N_{17K}、N_{17T}	NX_{17AK}、NX_{17AT}、NX_{17K}、NX_{17T}	NX_{17BK}、NX_{17BT}、NX_{17BH}	NX_{70}、NX_{70H}	NX_{70A}
1000	500	25	25	25	30	40
2000	1000	30	30	30	35	50
3000	1500	40	40	40	45	62
4000	2000	45	45	45	50	66
5000	2500	50	50	50	55	70
6000	3000	53	53	53	57	
7000	3500	55	55	55	60	
8000	4000	57	57	57	63	
9000	4500	60	60	61	65	
10000	5000				70	

注：当负重面长度介于上表两数之间时，可采用线性插入法确定容许载重量。

【例4–2】使用NX_{17K}装载货物一件，货物重42t，支重面长3000mm。判断该货物是否为集重货物。

【解】查表4–3，货物支重面长3000mm，直接装在车地板上，车辆负重面长度为3000mm，可承载货物重量40t。货物重量42t，已超过所装平车地板负重面长度的最大容许载重量，所以该货物是集重货物。

【例4–3】使用NX_{70}装载货物一件，货物重42t，支重面长3000mm。判断该货物是否为集重货物。

【解】查表4–3，货物支重面长3000mm，直接装在车地板上，车辆负重面长度为3000mm，可承载货物重量45t。货物重量42t，未超过所装平车地板负重面长度的最大容许载重量，所以该货物不是集重货物。

（二）平车免于集重的装载方法

1．直接装载

当车型一定、货物重量一定，货物支重面长度大于或等于平车地板负重面长度时（$L_{支} \geqslant K$），货物可直接装在车地板上，其最大容许载重量遵守表4–3的规定。装载方法如图4–3所示。

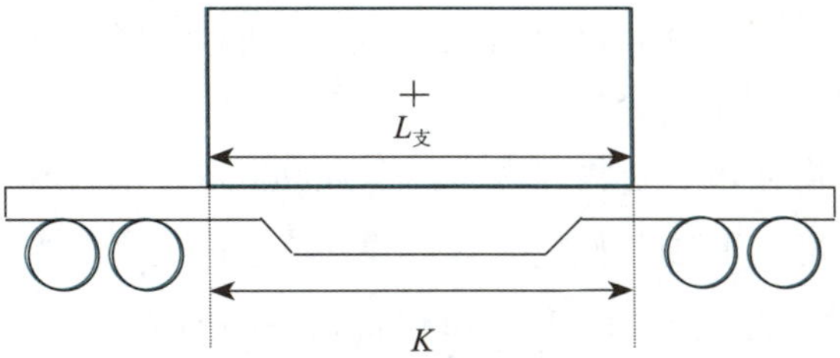

图4–3　直接装载

2．加横垫木装载

当车型一定、货物重量一定，货物支重面长度小于平车地板负重面长度且大于规定的两横垫木中心线间最小距离K_1时（$K_1 \leqslant L_{支} \leqslant K$），需要使用横垫木，并使两横垫木中心线间最小距离$K_1$符合表4–3的规定。装载方法如图4–4所示。

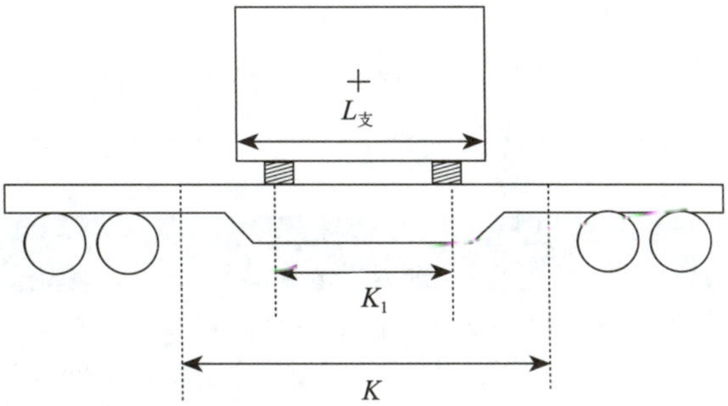

图4–4　加横垫木装载

3．加纵横垫木装载

当车型一定、货物重量一定，货物支重面长度小于所需两横垫木之间的最小距离时（$L_{支} \leqslant K_1$），可按需要先铺设两根横垫木，然后在横垫木上加纵垫木，将货物均衡地装在纵垫木上，使两横垫木中心线间最小距离符合表4–3的规定。装载方法如图4–5所示。

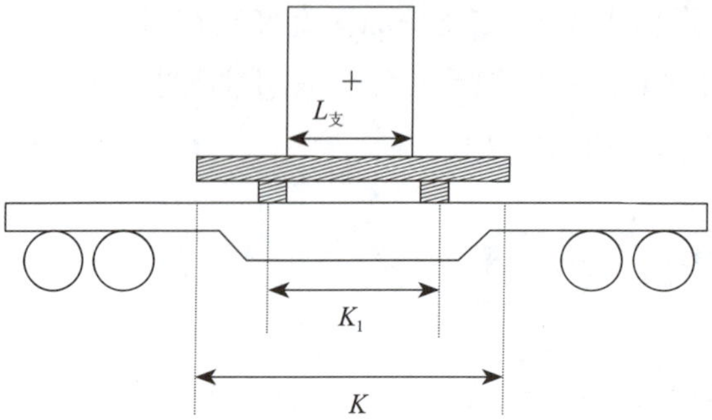

图4-5 加纵横垫木装载

【**例4-4**】一件货物重45t，货物支重面长度为4200mm，使用N_{17AK}应如何装载？

【**解**】查表4-3，货物重45t，使用N_{17AK}装载，负重面长度至少为4000mm。货物支重面长4200mm，符合直接装载的条件。

【**例4-5**】一件货物重45t，货物支重面长度为3200mm，使用N_{17AK}应如何装载？

【**解**】查表4-3，货物重45t，使用N_{17AK}装载，负重面长度至少为4000mm。货物支重面长3200mm，不符合直接装载的条件，可在货物底部加两根横垫木，并使两横垫木中心线间距不小于2000mm。

【**例4-6**】一件货物重45t，货物支重面长度为1800mm，使用N_{17AK}应如何装载？

【**解**】查表4-3，货物重45t，使用N_{17AK}装载，负重面长度至少为4000mm。货物支重面长1800mm，不符合直接装载的条件，可在货物底部加两根横垫木，并使两横垫木中心线间距不小于2000mm。由于货物支重面长1800mm，所以还需在横垫木上加纵垫木，然后将货物均衡地装在纵垫木上。

微课：平车装载货物免于集重的技术条件

任务实施

序号	作业项目	作业内容
1	查询N_{17K}型平车局部地板面承载的技术条件	查“平车局部地板面承受均布载荷或对称集中载荷时容许载重量表”，N_{17K}型平车局部地板面承载50t货重时，所需地板负重面长度至少应为5000mm，两横垫木中心线间距应不小于2500mm
2	确定货物装载方案	货物支重面长2100mm，小于所需两横垫木之间的最小距离2500mm，为避免集重，可按需要先铺设两根横垫木，然后在横垫木上加纵垫木，将货物均衡地装在纵垫木上，使两横垫木中心线间最小距离不小于2500mm

任务评价

评价内容	评价标准	本人自评得分（20%）	小组互评得分（20%）	校内教师评价得分（30%）	企业导师评价得分（30%）	综合得分
知识点掌握（30%）	掌握平车局部承载的技术条件					
技能点运用（40%）	能为集重货物选择经济、合理的装载方案					
职业素养（30%）	具备科学计算、精益求精的工匠精神；树立安全第一的责任意识；具备严谨细致、一丝不苟的职业素养					
综合评价						

巩固提升

一、选择题

1. 《货规》规定，特殊情况下可以多装的重量不得超过货车标记载重的（　　）。

A．1%　　B．2%　　C．3%　　D．4%

2. （　　）是指承担货物重量的货车地板长度。

A．负重面长度　　B．支重面长度

C．货车长度　　D．货物长度

3. 使用NX_{17B}装载一件25t货物时，若货物支重面长1100mm，则该货物采取（　　）的装载方法。

A．直接放车地板　　B．加横垫木

C．加纵垫木　　D．先加横垫木，再加纵垫木

4. 使用NX_{17B}装载一件40t货物时，若货物支重面长2000mm，则该货物采取（　　）的装载方法。

A．直接放车地板　　B．加横垫木

C．加纵垫木　　D．先加横垫木，再加纵垫木

5. 使用NX_{17B}装载一件50t货物时，若货物支重面长2300mm，则该货物采取（　　）的装载方法。

A．直接放车地板　　B．加横垫木

C．加纵垫木　　D．先加横垫木，再加纵垫木

二、技能训练题

1. 使用60tP_{63}型棚车装载袋装大豆时，其容许载重量是多少？
2. 使用61tC_{64T}型敞车装载袋装大豆时，其容许载重量是多少？
3. 使用60tC_{62BK}型敞车装载矿物性建筑材料泥土时，其容许载重量是多少？

任务三
货物重心水平合理位置与重车重心高

学习工具

《铁路货物装载加固规则》。

任务布置

甲站承运一件均重货物，重45t，长11000mm，宽3200mm，高2600mm。拟用N_{17T}型平车（标重60t，自重19.5t，车底架长13000mm，转向架中心距9000mm，空车重心高723mm，地板面至轨面的高度1209mm）一辆装运。装车后，货物重心横向偏移量为66mm，纵向偏移量为600mm。判断该装载方案是否符合货物重心水平合理位置及重车重心高的技术要求。

相关知识

一、货物重心在车辆纵向的合理位置

货物装车时，一般情况下应使货物重心或总重心在地板上的投影落在车地板横纵中心线的交叉点上，这时货物既不偏重，也不偏载。特殊情况下允许货物重心或总重心投影在车辆纵向有所偏移，但偏移后必须保证每个转向架承载重量不超过货车容许载重量的二分之一，且两转向架承载量之差不大于10t。

（一）一车装载一件货物

设货车容许载重量为$P_{容}$，车辆两转向架承受货物的重量分别为R_A、R_B，且$R_A>R_B$，如图4–6所示，则两转向架承受的货物重量应满足以下条件。

$$R_A \leqslant \frac{P_{容}}{2} \tag{4-2}$$

$$R_A - R_B \leqslant 10 \tag{4-3}$$

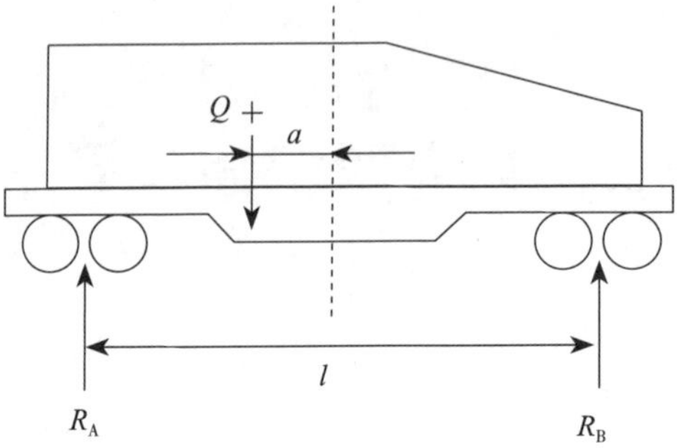

图4-6 货物重心纵向偏移示意图

根据力矩平衡原理可得：

（1）当$P_{容}-Q<10t$时：

$$a_{容}=\left(\frac{P_{容}}{2Q}-0.5\right)l \tag{4-4}$$

（2）当$P_{容}-Q\geqslant 10t$时：

$$a_{容}=\frac{5l}{Q} \tag{4-5}$$

式中：$a_{容}$为重心（总重心）纵向最大容许偏移量，mm；$P_{容}$为车辆的容许载重量，t；l为车辆转向架中心距，mm；Q为车辆所装货物重量，t。

在实际工作中，使用货车的标重代替其容许载重量来计算$a_{容}$。根据装载方案确定货物重心纵向实际偏移量的大小$a_{实}$，当$a_{实}$小于等于$a_{容}$时，则货物重心在车辆上的纵向位置是合理的。

【例4-7】一件货物重量为48t，当使用标记载重为60t的N_{17AK}平车装载时，货物重心纵向最大容许偏移量是多少？若装车以后，货物重心纵向的实际偏移量为500mm，试确定此装载方案是否合理？已知：N_{17AK}型车的转向架中心距为9000mm。

【解】$P_{容}-Q=60-48=12(t)>10t$

货物重心纵向最大容许偏移量：$a_{容}=\frac{5l}{Q}=\frac{5\times 9000}{48}\approx 938(mm)$

货物重心纵向的实际偏移量为500mm，则$a_{实}<a_{容}$。

因此，货物重心在车辆上的纵向偏移量符合规定，此装载方案是合理的。

（二）一车装载多件货物

一车装载多件货物时（图4-7）需要解决两个问题：一是确定多件货物的总重心偏离车辆横中心线的距离$a_{总}$；二是确定货物总重心纵向最大容许偏移量$a_{容}$。

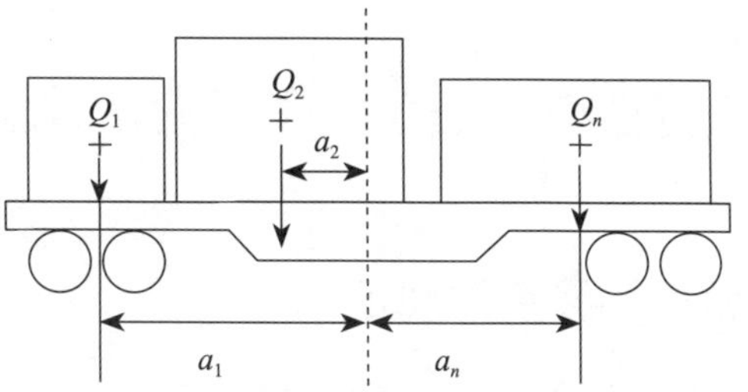

图4-7　多件货物重心纵向偏移示意图

以车辆横中心线为作用轴，根据力矩平衡原理可得：

$$a_{总}(Q_1+Q_2+\cdots+Q_n)=\pm a_1Q_1\pm a_2Q_2\pm\cdots\pm a_nQ_n$$

$$a_{总}=\frac{\pm a_1Q_1\pm a_2Q_2\pm\cdots\pm a_nQ_n}{Q_1+Q_2+\cdots+Q_n} \tag{4-6}$$

式中，Q_1，Q_2，…，Q_n为每件货物的重量，t；a_1，a_2，…，a_n为每件货物重心偏离车辆横中心线的距离，以货车横中心线为准，一侧取正号，另一侧取负号，mm；$a_{总}$为多件货物总重心偏离车辆横中心线的距离，mm。

多件货物总重心纵向最大容许偏移量仍按一车一件的方法使用式（4–4）和式（4–5）计算，此时，$Q=Q_1+Q_2+\cdots+Q_n$。

若装载方案中多件货物总重心纵向实际偏移量$|a_{总}|$小于或等于多件货物总重心纵向最大容许偏移量$a_{容}$，则该装载方案的货物总重心纵向偏移量符合规定。

【例4–8】三件货物使用一辆60t N_{17AK}型平车装运，转向架中心距为9000mm，装载有关数据如下：Q_1=20t，a_1=850mm；Q_2=15t，a_2=–4000mm；Q_3=10t，a_3=4000mm。试判断此装载方案的货物总重心纵向偏移量是否符合规定。

【解】首先，确定多件货物总重心纵向实际偏移量：

$$a_{总}=\frac{\pm a_1Q_1\pm a_2Q_2\pm a_3Q_3}{Q_1+Q_2+Q_3}=\frac{20\times850-15\times4000+10\times4000}{20+15+10}=-67(\text{mm})$$

其次，计算多件货物总重心纵向最大容许偏移量：

$$P_{容}-Q=60-(20+15+10)=15(\text{t})>10\text{t}$$

$$a_{容}=\frac{5l}{Q}=\frac{5\times9000}{45}=1000(\text{mm})$$

最后，判断多件货物总重心纵向偏移合理性：

$|a_{总}|<a_{容}$，则此装载方案的货物总重心纵向偏移量符合规定。

微课：货物重心在车辆纵向的合理位置

二、货物重心在车辆横向的合理位置

（一）货物重心横向容许偏移量的规定

货物重心（总重心）的投影位于车辆的纵中心线上时，同一转向架两侧轮压相同，有利于平稳运行。若某件货物是不规则货物，其重心所在的纵向垂直平面两侧的宽度不等，如果重心落在车辆纵中心线上，可能超限，甚至受限界的限制无法运输。为了避免超限或降低超限程度，可以采用将货物重心偏离纵中心线的装载方案。

货物重心偏离车辆纵中心线时，将使车辆一侧弹簧负荷较大，容易使货物在运行中发生横向移动或倾覆；当偏移量过大时，运行中可能造成一侧旁承压死，影响车辆顺利通过曲线，严重时可能导致重车的倾覆。实践证明，货物重心横向偏移量不超过100mm时，不致影响运行安全，即货物重心横向最大容许偏移量$b_{容}$=100mm。

当一车装一件货物时，根据装载方案，确定货物重心横向实际偏移量的大小$b_{实}$，当$b_{实}$小于等于$b_{容}$（即100mm）时，则货物重心在车辆上的横向位置符合装载技术条件的要求，如图4-8所示。

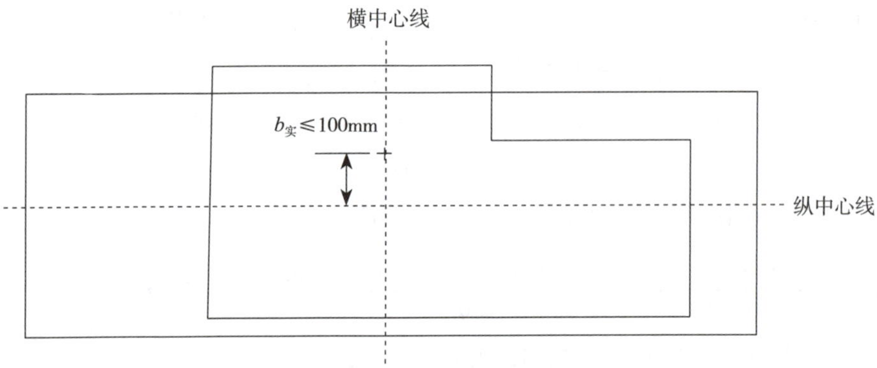

图4-8 货物重心横向偏移示意图

（二）一车装载多件货物时货物总重心在车辆横向的合理位置

当一车装载多件货物时，如图4-9所示，若多件货物总重心的横向偏移量$|b_{总}|$小于或等于货物重心横向容许偏移量$b_{容}$（即100mm），则货物总重心在车辆上的横向位置符合装载技术条件的要求。

以车辆纵中心线为作用轴，根据力矩平衡原理可得：

$$b_{总}(Q_1+Q_2+\cdots+Q_n)=\pm b_1Q_1\pm b_2Q_2\pm\cdots\pm b_nQ_n$$

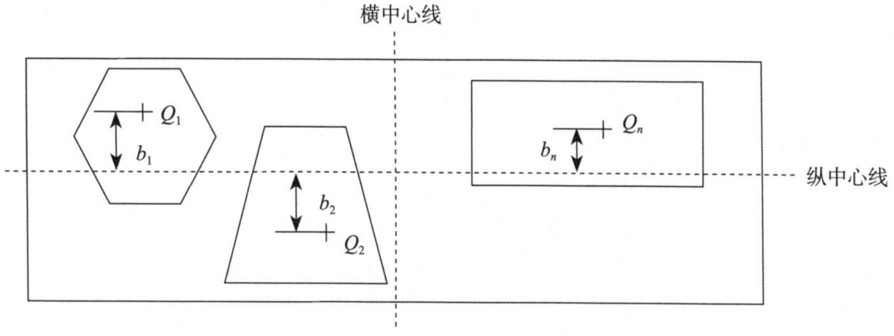

图4-9 多件货物重心横向偏移示意图

$$b_{总}=\frac{\pm b_1Q_1 \pm b_2Q_2 \pm\cdots\pm b_nQ_n}{Q_1+Q_2+\cdots+Q_n} \tag{4-7}$$

式中，Q_1，Q_2，…，Q_n为每件货物的重量，t；b_1，b_2，…，b_n为每件货物重心偏离车辆纵中心线的距离，以货车纵中心线为准，一侧取正号，另一侧取负号，mm；$b_{总}$为多件货物总重心偏离车辆纵中心线的距离，mm。

【例4-9】三件货物使用一辆60t N_{17AK}型平车装运，装载有关数据如下：Q_1=20t，Q_2=15t，Q_3=10t；b_1=–120mm，b_2=100mm，b_3=160mm。试判断此装载方案的货物总重心横向偏移量是否符合规定。

【解】多件货物总重心横向实际偏移量：

$$b_{总}=\frac{\pm b_1Q_1 \pm b_2Q_2 \pm b_3Q_3}{Q_1+Q_2+Q_3}=\frac{-20\times120+15\times100+10\times160}{20+15+10}\approx16(\text{mm})$$

多件货物总重心横向最大容许偏移量：$b_{容}$=100mm。

$|b_{总}|<b_{容}$，则此装载方案的货物总重心横向偏移量符合规定。

（三）配重货物重量和配重货物重心偏移量的确定

当实际工作中遇到货物总重心偏离车辆纵中心线的距离超过100mm，改变货物的装载方法无法使横向偏移量调整到规定的范围内时，为了确保行车和货物的安全，必须采取配重措施，即在车辆纵中心线的另一侧配装其他货物，使配装后货物的总重心落在车辆纵中心线上或使偏移量不超过100mm。

如图4–10所示，设$Q_{主}$为原货物重量，$b_{主}$为原货物重心横向偏移量，$Q_{配}$为配重货物重量，$b_{配}$为配重货物重心横向偏移量，$Q_{总}$为配重后货物总重量，$b_{总}$为配重后货物总重心横向偏移量。式（4–7）$b_{总}$的计算公式变换为：

$$b_{总}=\frac{Q_{主}b_{主}-Q_{配}b_{配}}{Q_{主}+Q_{配}} \tag{4-8}$$

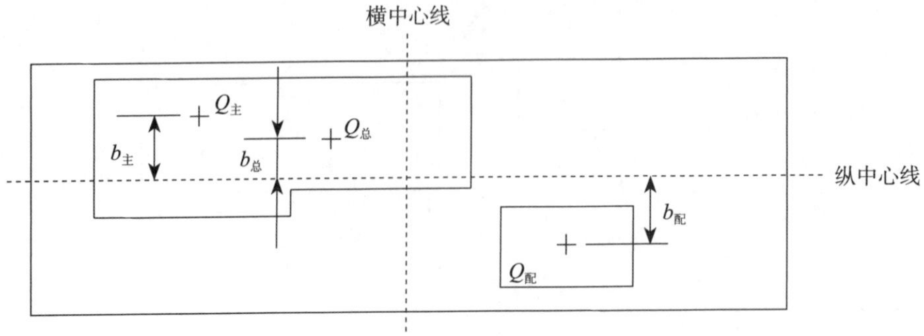

图4-10 配重后货物总重心横向水平位移示意图

由此可分别计算出$Q_配$或$b_配$：

$$Q_{配}=\frac{Q_{主}(b_{主}-b_{总})}{b_{总}+b_{配}} \tag{4-9}$$

$$b_{配}=\frac{Q_{主}b_{主}-b_{总}(Q_{主}+Q_{配})}{Q_{配}} \tag{4-10}$$

式中相关参数应满足的条件：$|b_总|\leqslant 100$mm，$Q_{配}\leqslant P_{标}-Q_{主}$，$b_{配}\leqslant\frac{B_{车}}{2}$（$B_车$为货车车地板宽度）。

【例4-10】一件货物重45t，使用一辆60t N_{17AK}型平车装载，装车后货物重心横向偏移200mm，另有配重货物12t。试确定配重货物重心距货车纵中心线多少mm处，才能使货物总重心横向偏移量符合装载要求？

【解】若使货物总重心横向偏移量符合装载要求，则$0\leqslant b_总\leqslant 100$mm。

①当$b_总$=0时：

$$b_{配}=\frac{Q_{主}b_{主}-b_{总}(Q_{主}+Q_{配})}{Q_{配}}=\frac{45\times 200}{12}=750(\text{mm})$$

②当$b_总$=100mm时：

$$b_{配}=\frac{Q_{主}b_{主}-b_{总}(Q_{主}+Q_{配})}{Q_{配}}=\frac{45\times 200-100\times(45+12)}{12}=275(\text{mm})$$

微课：货物重心在车辆横向的合理位置

因此，配重货物重心距货车纵中心线275～750mm处，才能使货物总重心横向偏移量符合装载要求。

三、确定重车重心高

重车重心高是指货物装在车上后，货物和货车作为一个整体，其总重心由轨面起算的高度。重车重心高是铁路运输的一项基本技术指标，它是影响重车运行稳定性和运行安全的主要因素之一。重车重心越高，运行稳定性越差。为了保证重车运行安全，我国铁路规定，重车重心高一般不得超过2000mm，超过此限，有条件时，应配装重心较低的货物降低重车重心高，否则，应按规定限速运行。

（一）一车装载一件货物

一车装载一件货物重车重心高的计算，如图4-11所示，根据势能相等原理，则：

$$H=\frac{Q_{车}h_{车}+Q_{货}h_{货}}{Q_{车}+Q_{货}} \tag{4-11}$$

式中，H为重车重心高度，mm；$h_{车}$为车辆重心由轨面起算的高度，mm；$h_{货}$为货物重心由轨面起算的高度，mm；$Q_{车}$为车辆自重，t；$Q_{货}$为货物重量，t。

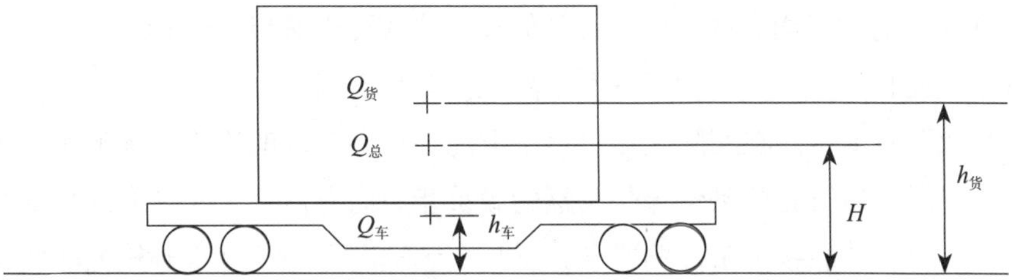

图4-11　一车装载一件货物重车重心高示意图

（二）一车装载多件货物

一车装载多件货物重车重心高的计算，如图4-12所示，根据势能相等原理：

$$H=\frac{Q_{车}h_{车}+Q_1h_1+Q_2h_2+\cdots+Q_nh_n}{Q_{车}+Q_1+Q_2+\cdots+Q_n} \tag{4-12}$$

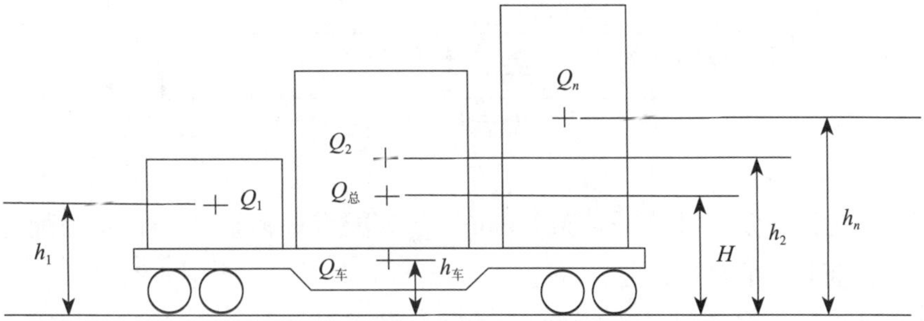

图4-12　一车装载多件货物重车重心高示意图

式中，Q_1，Q_2，…，Q_n为每件货物的重量，t；h_1，h_2，…，h_n为装车后每件货物重心由轨面起算的高度，mm。

【例4-11】三件货物使用一辆60t N_{17K}型平车装运，装载有关数据如下：Q_1=28t，重心高1500mm；Q_2=15t，重心高1500mm；Q_3=8t，重心高1000mm。已知N_{17K}型车的转向架中心距9000mm，车辆自重20.2t，空车重心高723mm，地板面至轨面的高度1211mm。试计算重车重心高。

【解】重车重心高：

$$H=\frac{Q_{车}h_{车}+Q_1h_1+Q_2h_2+Q_3h_3}{Q_{车}+Q_1+Q_2+Q_3}$$

$$=\frac{20.2\times723+28\times(1211+1500)+15\times(1211+1500)+8\times(1211+1000)}{20.2+28+15+8}\approx2091(\text{mm})$$

（三）重车重心高超过规定的应对措施

1．降低重车重心高

（1）选择合适的车辆。从重车重心高的计算公式可以看出，选择空车重心高度和车地板高度较低而自重较大的车辆，有利于降低重车重心高。

（2）采取配重措施。在实际工作中可采取配装重心较低的货物，降低重车重心高。采取配重措施时，应符合的条件一是车辆的载重能力尚有富余；二是车地板上有可供装载的位置，且符合装载技术条件的要求；三是有到达同一到站且重心较低的货物。

如图4-13所示，配重后重车重心高的计算公式为：

$$H'=\frac{Q_{车}h_{车}+Q_{货}h_{货}+Q_{配}h_{配}}{Q_{车}+Q_{货}+Q_{配}} \tag{4-13}$$

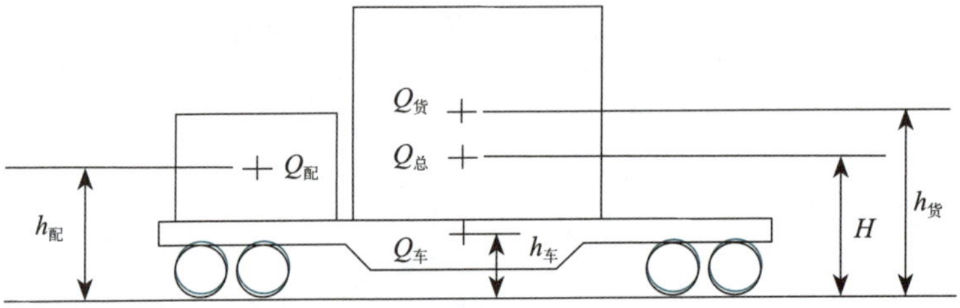

图4-13　配重后重车重心高示意图

式中，H'为配重后的重车重心高，mm；$Q_{配}$为配重货物重量，t；$h_{配}$为配重货物装车后重心由轨面起算的高度，mm。

欲使配重后，重车重心高降至2000mm以内，配重货物的最小重量的计算公式为：

$$Q_{配}=\frac{Q_{总}(H-2000)}{2000-h_{配}} \tag{4-14}$$

式中，$Q_{总}$为车辆自重与原货重量之和，t；H为配重前的重车重心高，mm。

结合货车载重量的规定，配重货物的重量应同时满足$Q_{配}\leqslant P_{标}-Q_{货}$与式（4-14）

计算值的要求。

2．限速运行

当重车重心高超过2000mm，且无法降低重车的重心高度至规定要求以内时，按《铁路货物装载加固规则》规定应限速运行。限速运行表见表4–4。

表4–4 重车重心高超过2000mm时限速运行表

重车重心高度H（mm）	区间限速（km/h）	通过侧向道岔限速（km/h）
$2000<H\leqslant 2400$	50	15
$2400<H\leqslant 2800$	40	15
$2800<H\leqslant 3000$	30	15

【例4–12】 用标重60t的N_{17GK}型平车装一件箱型货物，货重40t，货物重心高1520mm。已知N_{17GK}型车自重19.7t，空车重心高723mm，地板面至轨面的高度1211mm。试确定：①重车重心高是多少？②若重车重心高超过规定，计划选用一件重心高570mm的货物配重，以降低其重车重心高度，其配重货物的重量范围是多少？

【解】 ①重车重心高：

$$H=\frac{Q_{车}h_{车}+Q_{货}h_{货}}{Q_{车}+Q_{货}}=\frac{19.7\times 723+40\times(211+1520)}{19.7+40}\approx 2068(\text{mm})$$

②欲使配重后重车重心高降至2000mm以内，配重货物的最小重量：

$$Q_{配}=\frac{Q_{总}(H-2000)}{2000-h_{配}}=\frac{(19.7+40)\times(2068-2000)}{2000-(570+1211)}\approx 18.5(\text{t})$$

根据货车载重量的规定，配重货物的最大重量：

$$Q_{配}=P_{标}-Q_{货}=60-40=20(\text{t})$$

因此，配重货物的重量范围为18.5～20t。

微课：确定重车重心高

任务实施

序号	作业项目	作业内容
1	判断货物重心在车辆纵向的位置是否合理	货物重心纵向的实际偏移量为600mm，因$P_{容}-Q>10$t，则货物重心纵向最大容许偏移量$a_{容}=\frac{5l}{Q}=\frac{5\times 9000}{45}=1000(\text{mm})$，所以$a_{实}<a_{容}$，因此，确定货物重心在车辆纵向的位置是合理的

续表

序号	作业项目	作业内容
2	判断货物重心在车辆横向的位置是否合理	货物重心横向的实际偏移量为66mm，而货物重心横向最大容许偏移量$b_{容}$为100mm，则$b_{实}<b_{容}$，因此，确定货物重心在车辆横向的位置是合理的
3	判断重车重心高是否合理	货物重心高1300mm，空车重心高723mm，计算得重车重心高 $H=\dfrac{Q_{车}h_{车}+Q_{货}h_{货}}{Q_{车}+Q_{货}}=\dfrac{19.5\times723+45\times(1300+1209)}{45+19.5}\approx1969(\text{mm})$，小于2000mm，因此，确定该装载方案符合重车重心高的技术要求

任务评价

评价内容	评价标准	本人自评得分（20%）	小组互评得分（20%）	校内教师评价得分（30%）	企业导师评价得分（30%）	综合得分
知识点掌握（30%）	掌握货物重心合理位置和重车重心高的计算					
技能点运用（40%）	能判断货物的重心位置和重车重心高是否符合技术条件要求					
职业素养（30%）	具备科学计算、精益求精的工匠精神；树立安全第一的责任意识；具备严谨细致、一丝不苟的职业素养					
综合评价						

巩固提升

一、选择题

1. 货物总重心在车地板上的投影位于车地板横中心线一侧时，造成车辆转向架承重之差超过规定限度，称为（　　）。

A. 偏载　　B. 超载　　C. 偏重　　D. 集重

2. 货物总重心在车地板上的投影位于车地板纵中心线一侧时，且偏离超过限度，称为（　　）。

A. 偏载　　B. 超载　　C. 偏重　　D. 集重

3. 以下哪项措施不利于降低重车重心高？（　　）

A．选用车辆重心高度较低的货车　　B．选用车地板高度较低的货车
C．选用自重较小的货车　　D．配装重心较低的货物

4．当重车重心高为2655mm时，区间限速应为（　　）。

A．20km/h　　B．30km/h　　C．40km/h　　D．50km/h

二、技能训练题

使用NX_{17AK}型平车装运圆柱形货物一件，两端均衡突出，货物长18m，直径2.6m，货重35t，重心高1.55m，支座高210mm，试计算重车重心高。若重车重心高超过规定，计划选用一件重心高300mm的货物配重，以降低其重车重心高度，其配重货物的重量范围是多少？已知车辆技术参数：NX_{17AK}型平车标记载重60t，自重22.5t，车地板距钢轨面高1211mm，车辆重心高768mm。

任务四
超长货物装载的技术条件

学习工具

《铁路货物装载加固规则》。

任务布置

甲站承运均重钢板制化工设备一件，重24t，长17.2m，宽2.8m，高2.6m，拟使用N_{17AT}型平车装运。请为该货物确定经济、合理的装载方案，并确定横垫木的最小高度（f=10mm）。已知车辆技术参数：N_{17AT}型平车标重60t，自重19.7t，车底架长13000mm，车底架宽2980mm，转向架中心距9000mm，车地板距钢轨面高1211mm，轴距为1750mm。

相关知识

一、超长货物的定义

（一）超长货物

超长货物是指一车负重，突出车端，需要使用游车或跨装运输的货物。

（二）判定超长货物

当货物半宽小于或等于车地板半宽时，货物突出车辆端部超过300mm，或当货物半宽大于车地板半宽时，货物突出车辆端部超过200mm，该货物即为超长货物。

二、超长货物装载的技术条件

（一）超长货物一车负重装载

1．一车负重装载的方法

超长货物一车负重装载是指货物的全部重量由一辆货车承担，在负重车的一端或两端加挂游车的装载方法。

具体装载形式有三种：一端突出使用游车、两端突出使用游车、一端突出共用游车，如图4-14所示。

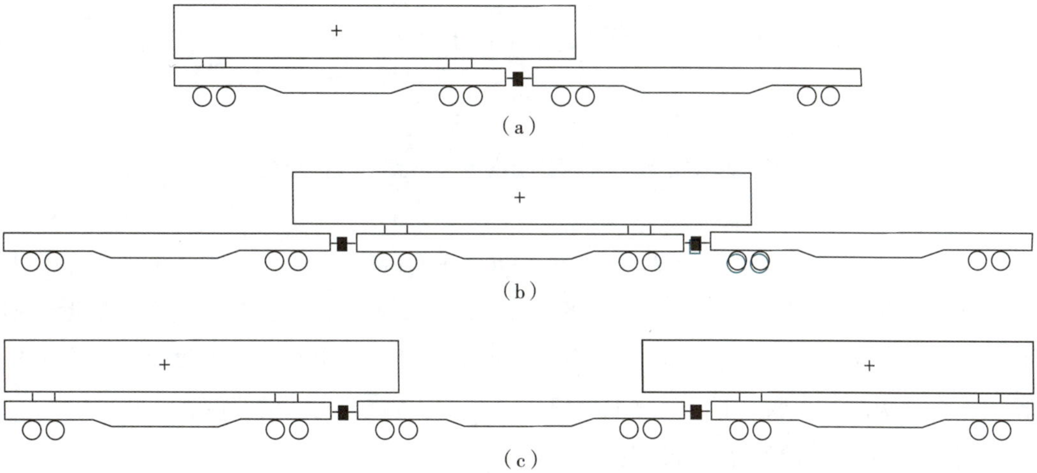

图4-14　超长货物一车负重装载

2．一车负重装载的技术条件

（1）均重货物使用60t、61t平车两端均衡突出时，其装载量不得超过表4-5的规定。

表4-5　　60t、61t平车两端均衡突出装载量

突出车端长度 L（mm）	$L<1500$	$1500\leqslant L<2000$	$2000\leqslant L<2500$	$2500\leqslant L<3000$	$3000\leqslant L<3500$	$3500\leqslant L<4000$	$4000\leqslant L<4500$	$4500\leqslant L\leqslant 5000$
容许载重量（t）	58	57	56	56	55	54	53	52

（2）货物一端突出端梁装载时，重心纵向最大容许偏移量应根据计算确定。

当$P_{容}-Q<10t$时：$a_{容}=\left(\frac{P_{容}}{2Q}-0.5\right)l$ (mm)

当$P_{容}-Q\geqslant 10t$时：$a_{容}=\frac{5l}{Q}$(mm)

（3）所用横垫木或支（座）架的高度应计算确定。为使装有超长货物的连挂车组通过线路纵向变坡点时，货物突出部分的底部不与游车车地板相接触，以保证行车安全和货物安全，垫木或支（座）架高度应通过计算得出最低高度，如图4–15所示。

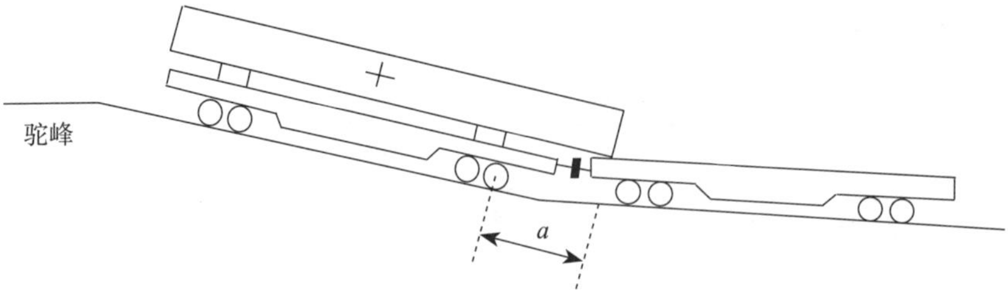

图4–15　超长货物连挂车组使用横垫木或支（座）架高度计算

$$H_{垫}=0.031a+h_{车差}+f+80 \tag{4–15}$$

式中，$H_{垫}$为横垫木或支座（架）的高度，mm；a为货物突出端至负重车最近轮轴轴心所在垂直平面的距离，mm；$h_{车差}$为游车地板高度与负重车地板高度差，游车地板比负重车地板高时，取正值，反之取负值，mm；f为货物突出端的挠度，mm。

式（4–15）中a值的计算公式为：

$$a=y_{端}+\frac{L_{车}-l-l_{轴}}{2} \tag{4–16}$$

式中，$y_{端}$为货物突出负重车端梁较长一端的长度，mm；$L_{车}$为负重车车地板长度，mm；l为负重车转向架中心距，mm；$l_{轴}$为负重车固定轴距，mm。

若货物突出车端部分底部低于其支重面时，垫木高度还应加上该突出部分低于货物支重面的尺寸；如果货物突出车端部分底部高于货物支重面时，垫木高度还应减去货物突出车端部分高于货物支重面的尺寸。

（4）共用游车时，两货物突出端间距不小于500mm，如图4–16所示。

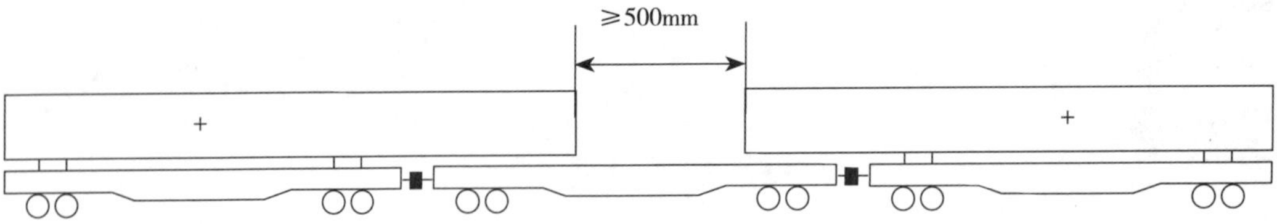

图4–16　共用游车时货物的间距

（5）游车上装载的货物，与货物突出端间距不小于350mm，如图4-17所示，货物突出部分的两侧不得装载货物。

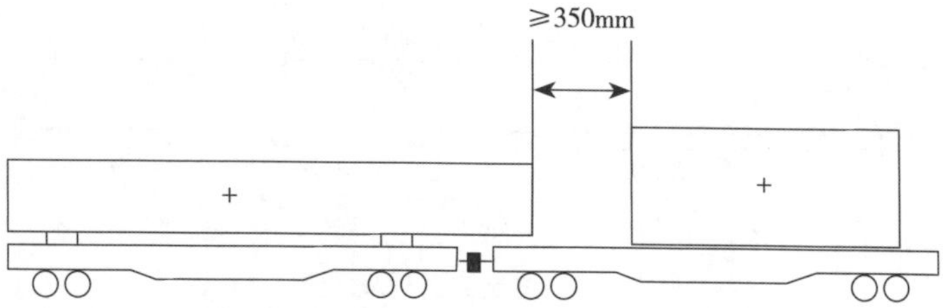

图4-17　利用游车装载货物时货物的间距

【例4-13】均重平底货物一件重55t，长16.4m，若使用一辆NX_{17BK}型平车一端突出装载，另一端与车地板平齐，并使用同型号平车一辆做游车。试确定：①货物重心纵向偏移量是否符合规定？②使用横垫木的最小高度（f=0）。已知车辆技术参数：NX_{17BK}型平车标记载重61t，车底架长15400mm，转向架中心距为10920mm，车地板距钢轨面高1214mm，轴距为1750mm。

【解】①货物重心纵向实际偏移量：

$$a_{实}=\frac{16400}{2}-\frac{15400}{2}=500(\text{mm})$$

货物重心最大容许偏移量：

$$a_{容}=\left(\frac{P_{容}}{2Q}-0.5\right)l=\left(\frac{61}{2\times55}-0.5\right)\times10920\approx596(\text{mm})$$

计算结果表明$a_{容}>a_{实}$，因此货物重心纵向偏移量符合规定。

②$y_{端}=16400-15400=1000(\text{mm})$

$$a=y_{端}+\frac{L_{车}-l-l_{轴}}{2}=1000+\frac{15400-10920-1750}{2}\approx2365(\text{mm})$$

使用横垫木的最小高度：

$$H_{垫}=0.031a+h_{车差}+f+80=0.031\times2365+0+0+80\approx153(\text{mm})$$

（二）超长货物跨装装载

1．跨装装载的方法

超长货物跨装装载是指货物重量由两辆负重车承载的装载方法。

具体装载形式有四种：两车负重，不加挂游车，如图4-18（a）所示；两车负重，中间加挂游车，中间加挂游车数不允许超过1辆，如图4-18（b）所示；两车负重，两端均加挂游车，各端加挂游车不允许超过1辆；两车负重，中间及两端均加挂游车，跨装车组的车辆总数不允许超过5辆。

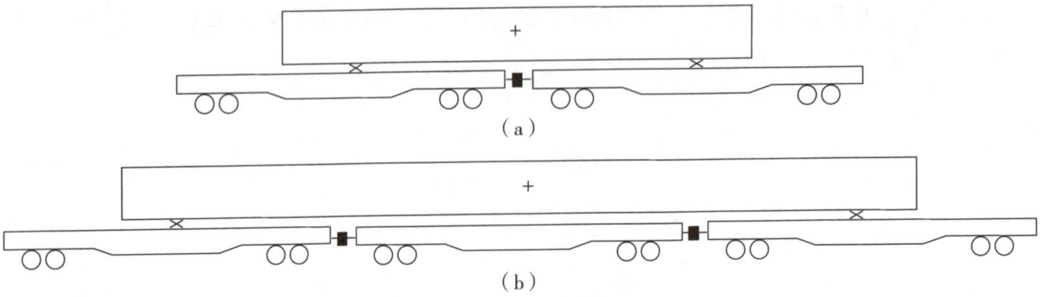

图4-18　超长货物跨装装载

2．跨装装载的技术条件

（1）跨装货物只准两车负重。负重车车地板高度应相等，如高度不等时，需要垫平。

（2）对未达到容许载重量的货车，可以加装货物，但不得加装在货物的两侧，与跨装货物端部间距不小于400mm。

（3）在两辆负重车的中间只准加挂一辆游车。

（4）跨装货物应使用货物转向架，货物转向架下架体的重心投影应位于货车纵横中心线的交叉点上，必须纵向位移时，应符合货物重心偏离货车横中心线的最大容许距离$a_{容}$的规定。

（5）货物转向架上架体与跨装货物，下架体与车辆分别固定在一起。对货物及货物转向架的加固不得影响车辆通过曲线，并将提钩杆用镀锌铁线捆紧。

（6）中间加挂游车的跨装车组通过9号及以下道岔时不得推送调车。遇设备条件不容许或尽头线时，可以不超过5km/h的速度匀速推进。

（7）跨装车组应使用车钩缓冲停止器，安装应在车钩自然状态下进行。

（8）跨装车组禁止溜放。

微课：超长货物装载的技术条件

任务实施

序号	作业项目	作业内容
1	设计装载方案一	货物重心投影落在车辆中央，货物两端突出车辆端部各为2100mm，需使用一辆负重车，两辆游车装载
2	设计装载方案二	货物两端突出装载，一端突出车辆端部300mm，另一端突出车辆端部3900mm，需使用一辆负重车，一辆游车装载，此时货物重心纵向实际偏移1800mm，小于货物重心纵向最大容许偏移量1875mm
3	选择经济、合理的装载方案	方案一与方案二的货物重心纵向偏移量均符合装载技术条件的要求，但方案一需要两辆游车，方案二需要一辆游车，因此，应选择方案二，且使用与主车相同的车型做游车

续表

序号	作业项目	作业内容
4	确定横垫木的最小高度	$y_{端}=3900\text{mm}$，$a=5025\text{mm}$，f=10mm，$h_{车差}$=0，计算可得横垫木最小高度 $H_{垫}=0.031a+h_{车差}+f+80\approx246(\text{mm})$

任务评价

评价内容	评价标准	本人自评得分（20%）	小组互评得分（20%）	校内教师评价得分（30%）	企业导师评价得分（30%）	综合得分
知识点掌握（30%）	掌握超长货物装载的技术条件					
技能点运用（40%）	能为超长货物选择经济、合理的装载加固方案					
职业素养（30%）	具备科学计算、精益求精的工匠精神；树立安全第一的责任意识；具备严谨细致、一丝不苟的职业素养					
综合评价						

巩固提升

一、选择题

1. 超长货物共用游车时，两货物突出端间距不小于（　　）。

   A．250mm　B．350mm　C．400mm　D．500mm

2. 游车上装载货物，与货物突出端间距不小于（　　）。

   A．250mm　B．350mm　C．400mm　D．500mm

3. 当货物半宽小于等于车地板半宽时，每端各允许突出车辆端梁的长度为最大（　　），不用加挂游车或采用跨装运输。

   A．200mm　B．300mm　C．350mm　D．500mm

4. 以下说法不正确的是（　　）。

   A．跨装车组中间只准加挂一辆游车　B．跨装车组禁止溜放

   C．跨装车组两端不得加挂游车　D．跨装车组应使用车钩缓冲停止器

二、技能训练题

现有设备一台（均重货物），货物重量25t，长15.5m，宽3m，高2.5m，拟使用一辆N_{17T}型平车作负重车，一端突出车端，另一端与车地板平齐，并使用一辆同型号平车做游车装载（f=10mm）。试确定：①货物重心纵向偏移量是否符合规定？②使用横垫木的最小高度。③重车重心高是多少？已知车辆技术参数：N_{17T}型平车自重20.7t，标记载重60t，车底架长13000mm，转向架中心距为9000mm，空车重心高723mm，车地板距钢轨面高1209mm，轴距为1750mm。

任务五
检验货物稳定性

学习工具

《铁路货物装载加固规则》。

任务布置

甲站承运均重钢板制圆柱体化工设备一件，重28t，长17m，直径3.5m，使用一辆NX_{17T}型平车负重，两端突出均衡顺装，使用两辆同样车型作游车，货物重心位置在车辆纵横中心线的交叉点上，在车辆枕梁上铺高度为150mm、凹口深为8mm凹木。试计算各种力值，检验货物稳定性。已知车辆技术参数：NX_{17T}型车标重60t，自重22.5t，转向架中心距9000mm。

相关知识

一、力的产生

运行中的货物之所以受到各种外力的作用，均缘于列车在运行时，由于运动状态改变使车辆产生较大的纵向加速度，以及由于线路和车辆动力的相互作用而导致货物随着车体产生各种复杂的振动。另外，还有外界环境的影响，如风力。车辆的主要振动形态有：摇头振动、点头振动、侧滚振动、沉浮振动、伸缩振动和侧摆振动，如图4–19所示。

（一）摇头振动

车轮踏面倾斜，轮对安装不正确以及同一轮对两车轮滚圆直径大小不同等原因使车辆蛇行，将使车体围绕其垂直中心线z轴的回转振动，如图4–19（a）所示。在这种情况下，车体及货物各点具有不同的横向水平加速度，并且离开振动（回转）中心的距离越远，加速度值越大。

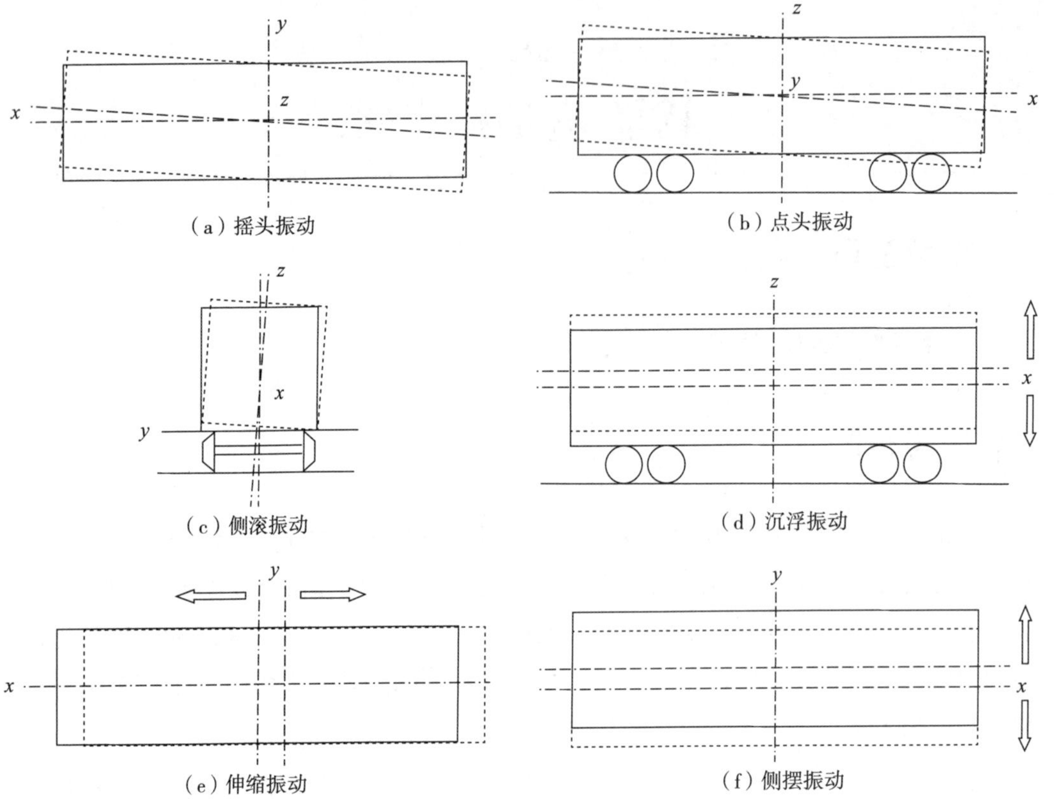

图4-19　运行中车辆振动的主要形态

（二）点头振动

当车辆行经钢轨接缝处，轮对受到冲击或因车轮踏面擦伤、线路冻害以及轮对偏心而引起的冲击，使车体围绕横向水平y轴的回转振动，如图4-19（b）所示。这种振动使车体连同所装货物的各点具有不同的垂直加速度，在车辆纵向上，离开车辆横中心线的距离越远，垂直加速度值越大。

（三）侧滚振动

车辆行经相互错开的钢轨接缝上的冲击，左右轨面由于线路冻害或养护不良高度不等，以及某一车轮踏面擦伤，或车辆行经道岔、曲线时离心力的作用，车体围绕其纵向水平x轴的回转振动，如图4-19（c）所示。在这种情况下，车体及货物各点具有不同的垂直及横向水平加速度。距振动（回转）中心轴越远的点，其加速度值越大。

（四）沉浮振动

车辆运行中，由于车体与走行部之间弹簧的伸缩，使车体产生沿z轴方向的垂直振动，这种振动称为沉浮振动，如图4-19（d）所示。沉浮振动将使车体及装在车上的货物各点获得相同的垂直加速度。

（五）伸缩振动

列车在启动、制动、变速、上下坡道及调车作业时，在车辆之间产生牵引和压缩冲击力，并通过车钩缓冲装置作用于车辆底架，使车体产生沿水平x轴方向的前后伸缩振动，如图4-19（e）所示。这种振动使车体连同所装的货物各点具有相同的纵向水平加速度。

（六）侧摆振动

当车辆经过道岔、曲线或与左右错开的钢轨接缝相冲击，在横向力的作用下，使车体产生沿横向y轴方向的左右侧摆振动，如图4-19（f）所示。这种振动也称为横向水平振动。这种振动使车体连同所装的货物各点具有相同的横向水平加速度。

动画：运行中车辆振动的主要形态

二、力的计算

列车运行时，货物可能受到各种外力的作用，这些力主要有纵向惯性力T、横向惯性力N、垂直惯性力$Q_{垂}$、风力W、摩擦力（包括纵向摩擦力$F_{纵摩}$和横向摩擦力$F_{横摩}$），各种力的作用点及作用方向如图4-20所示。

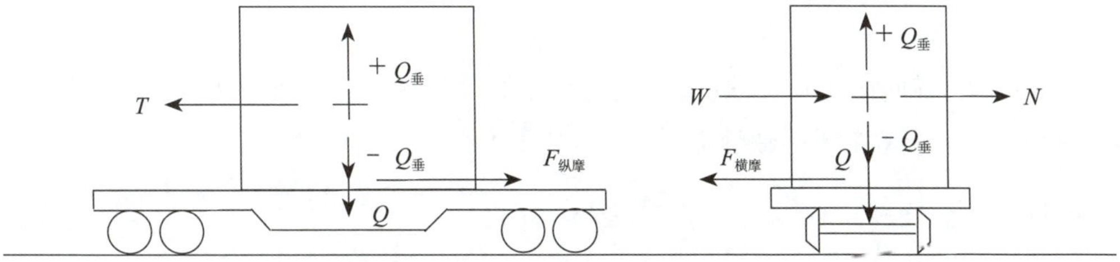

（a）纵向惯性力　　（b）横向惯性力

图4-20　各种力的作用点及作用方向

（一）纵向惯性力

在列车启动以及在运行中加速、制动、机车连挂车组，或在调车作业中溜放的车辆与线路上停留的车辆冲撞时所产生的作用在货物上的力称为纵向惯性力。纵向惯性力的作用点在货物的重心处，在直线区段，该力的作用方向与线路中心线平行；在曲线区段，该力的作用方向为曲线的切线方向。

纵向惯性力的计算公式为：

$$T=t_0Q \tag{4-17}$$

式中，T为纵向惯性力，kN；t_0为每吨货物的纵向惯性力，kN/t；Q为货物重量，t。

其中每吨货物的纵向惯性力t_0是通过多次运行冲击试验确定的，其大小与采用的加固种类有相当大的关系。

1．柔性加固

柔性加固指采用抗拉强度小的加固材料进行拉牵加固或下压式捆绑等的弹性加固，此时每吨货物的纵向惯性力t_0为：

$$t_0=0.0012Q_{总}^2-0.32Q_{总}+29.85 \tag{4-18}$$

式中，$Q_{总}$为重车总重，t，采用跨装运输时，按跨装车组总重计算。当130t≤$Q_{总}$≤150t时，t_0=6.78kN/t；当$Q_{总}$＞150t时，t_0=5.88kN/t。

2．刚性加固

刚性加固指采用角钢焊接或螺栓进行加固的方式，此时每吨货物的纵向惯性力t_0为：

$$t_0=26.69-0.13Q_{总} \tag{4-19}$$

式中，$Q_{总}$为重车总重，t，当$Q_{总}$＞130t时，$Q_{总}$按130t计算。

（二）横向惯性力

车辆运行过程中由于摇头振动、侧摆振动、侧滚振动，从而使车上货物产生横向惯性力。横向惯性力的作用点在货物的重心处，垂直作用于列车运行方向。

横向惯性力的计算公式为：

$$N=n_0Q \tag{4-20}$$

式中，N为横向惯性力，kN；n_0为每吨货物的横向惯性力，kN/t；Q为货物重量，t。

其中，每吨货物的纵向惯性力n_0为：

$$n_0=2.82+2.2\frac{a}{l} \tag{4-21}$$

式中，a为货物重心偏离车辆横中心线的距离，mm；l为负重车转向架中心距，mm。

（三）垂直惯性力

当列车行经钢轨接缝处、线路下沉处，或车体与走行部之间弹簧的伸缩时，使得车辆出现沉浮振动、点头振动和侧滚振动，从而使车上的货物产生垂直惯性力。垂直惯性力的作用点在货物的重心处，向上或向下交替变化。

垂直惯性力的计算公式为：

$$Q_{垂}=q_{垂}Q \tag{4-22}$$

式中，$Q_{垂}$为垂直惯性力，kN；$q_{垂}$为每吨货物的垂直惯性力，kN/t；Q为货物重量，t。

（1）使用敞车和普通平车装载时，每吨货物的垂直惯性力$q_{垂}$为：

$$q_{垂}=3.54+3.78\frac{a}{l} \quad (4-23)$$

（2）使用长大货物车装载时，每吨货物的垂直惯性力$q_{垂}$为：

$$q_{垂}=4.53+7.84\frac{a}{l} \quad (4-24)$$

式中，a为货物重心偏离车辆横中心线的距离，mm；l为负重车转向架中心距，mm。

（四）风力

列车在运行中，车上的货物将受到纵向、横向的风力作用。由于在纵向货物受到前后车辆及车上所装货物的阻挡，因此纵向风力很小，对货物的影响也小，可忽略不计。但横向风力对货物的影响很大，特别是当横向风力和横向惯性力方向一致时，很容易导致货物在车辆上产生横向位移，因此应考虑该力对货物的影响。

风力的计算公式为：

$$W=qF \quad (4-25)$$

式中，W为风力，kN；q为侧向风压，受风面为平面时，q=0.49kN/m^2，受风面为圆球体或圆柱体侧面时，q=0.245kN/m^2；F为侧向迎风面的投影面积，m^2。

（五）摩擦力

列车在运行中，货物支重面与车地板或垫木间会产生摩擦力，该力的方向与作用在货物上的其他外力的合力方向相反，是阻止货物在车上发生水平移动的力，对货物稳定性起着有利的作用。摩擦力分为纵向摩擦力与横向摩擦力，其大小与货物本身的自重及相互摩擦物体表面的性质有关。

纵向摩擦力：

$$F_{纵摩}=9.8\mu Q \quad (4-26)$$

横向摩擦力：

$$F_{横摩}=\mu(9.8Q-Q_{垂}) \quad (4-27)$$

式中，$F_{纵摩}$与$F_{横摩}$分别为纵向摩擦力和横向摩擦力，kN；Q为货物重量，t；$Q_{垂}$为垂直惯性力，kN；μ为摩擦因数，按表4–6中取值。

表4-6 铁路常用摩擦因数

摩擦接触面	摩擦因数	摩擦接触面	摩擦因数
木与木	0.45	橡胶垫与木	0.60
木与钢板	0.40	橡胶垫与钢板	0.50
木与铸钢	0.60	稻草绳把与钢板	0.50
钢板与钢板	0.30	稻草绳把与铸钢	0.55
履带走行机械与车辆木地板	0.70	稻草垫与钢板	0.44
橡胶轮胎与车辆木地板	0.63	草支垫与钢板	0.42

【**例4-14**】一件重52t的钢质货物，外形尺寸12500mm×4000mm×3400mm，重心高1600mm，使用NX_{17K}型车装载，货物重心投影落在车地板中央，采用柔性加固，摩擦因数为0.4。试计算作用于货物上的各种力。已知车辆技术参数：NX_{17K}标重60t，车辆自重22.4t，转向架中心距9000mm。

【**解**】各种力值计算：

（1）纵向惯性力

$$Q_{总}=52+22.4=74.4(\text{t})$$

$$t_0=0.0012Q_{总}^2-0.32Q_{总}+29.85=0.0012\times74.4^2-0.32\times74.4+29.85\approx12.684(\text{kN/t})$$

$$T=t_0Q=12.684\times52=659.568(\text{kN})$$

（2）横向惯性力

$$n_0=2.82+2.2\frac{a}{l}=2.82(\text{kN/t})$$

$$N=n_0Q=2.82\times52=146.640(\text{kN})$$

（3）垂直惯性力

$$q_{垂}=3.54+3.78\frac{a}{l}=3.54(\text{kN/t})$$

$$Q_{垂}=q_{垂}Q=3.54\times52=184.080(\text{kN})$$

（4）风力

$$W=qF=0.49\times12.5\times3.4=20.825(\text{kN})$$

（5）摩擦力

$$F_{纵摩}=9.8\mu Q=9.8\times0.4\times52=203.840(\text{kN})$$

$$F_{横摩}=\mu(9.8Q-Q_{垂})=0.4\times(9.8\times52-184.080)=130.208(\text{kN})$$

微课：力的计算

三、货物稳定性的检验

列车在运行时，车上的货物受到多种力的作用，这些力除摩擦力和重力是稳定力外，其余均为不稳定力，能使货物产生倾覆、滚动和水平移动。因此在对货物进行加固之前，必须先检验货物在受到这些力作用时的稳定情况。如不稳定，则需加固。

货物稳定性的检验是通过稳定系数来确定的。稳定系数是指稳定性力产生的稳定力矩与不稳定力产生的不稳定力矩的比值，该比值通常为不小于1.25（或1）。

稳定性的检验包括倾覆方面稳定性的检验、滚动方面稳定性的检验和水平移动方面稳定性的检验。

（一）倾覆方面稳定性的检验

货物在纵向受到纵向惯性力的作用，若货物重力形成的稳定性力矩与纵向惯性力形成的纵向倾覆力矩（不稳定力矩）之比不能达到稳定条件，货物会发生纵向倾覆。

如图4–21所示，货物免于纵向倾覆的稳定条件如下：

$$\eta_{纵倾}=\frac{稳定力矩}{不稳定力矩}=\frac{9.8Qa}{Th}\geqslant 1.25 \tag{4–28}$$

式中，Q为货物重量，t；a为货物重心所在横向垂直平面至货物倾覆点之间的距离，mm；T为货物的纵向惯性力，kN；h为货物重心自倾覆点所在水平面起算的高度，mm。

若通过计算得出的纵向倾覆系数小于1.25，则说明货物在纵向上容易发生倾覆性，需要采取加固措施。

货物在横向受到横向惯性力和横向风力的作用，若货物重力形成的稳定性力矩与横向惯性力、风力形成的横向倾覆力矩（不稳定性力矩）之比不能达到稳定条件，货物会发生横向倾覆。

同理，如图4–21所示，货物免于横向倾覆的稳定条件如下：

$$\eta_{横倾}=\frac{稳定力矩}{不稳定力矩}=\frac{9.8Qb}{Nh+Wh_{风}}\geqslant 1.25 \tag{4–29}$$

式中，Q为货物重量，t；b为货物重心所在纵向垂直平面至货物倾覆点之间的距离，mm；N为货物的横向惯性力，kN；h为货物重心自倾覆点所在水平面起算的高度，mm；W为货物的风力，kN；$h_{风}$为风力合力作用点自倾覆点所在水平面起算的高度，mm。

若通过计算得出的横向倾覆系数小于1.25，则说明货物在横向上容易发生倾覆性，需要采取加固措施。

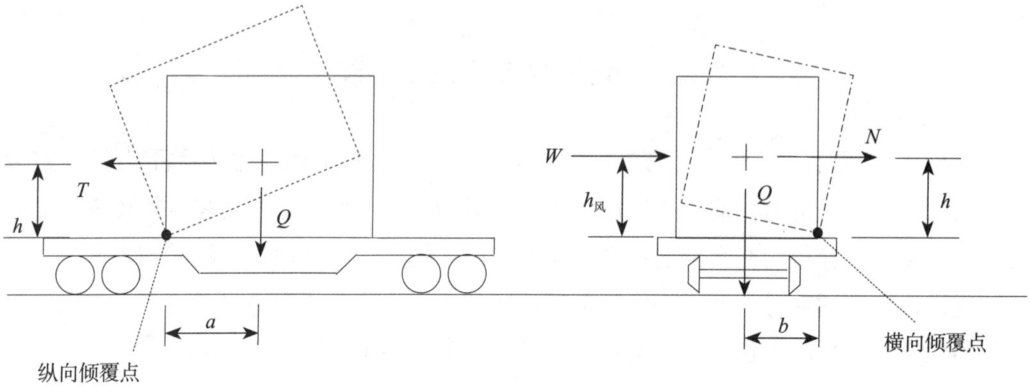

图4-21 货物在车地板上的倾覆趋势示意图

【例4-15】木质箱装货物一件，重15t，外形尺寸6000mm × 3000mm × 3500mm，重心高1500mm，使用NX_{17K}型车装载，货物重心投影落在车地板中央，采用柔性加固。试确定货物是否会发生倾覆。已知车辆技术参数：NX_{17K}标重60t，车辆自重22.4t，转向架中心距9000mm。

【解】首先，计算各种力值：

（1）纵向惯性力

$$Q_{总}=15+22.4=37.4(\text{t})$$

$$t_0=0.0012Q_{总}^2-0.32Q_{总}+29.85=0.0012\times37.4^2-0.32\times37.4+29.85\approx19.561(\text{kN/t})$$

$$T=t_0Q=19.561\times15=293.415(\text{kN})$$

（2）横向惯性力

$$n_0=2.82+2.2\frac{a}{l}=2.82(\text{kN/t})$$

$$N=n_0Q=2.82\times15=42.300(\text{kN})$$

（3）风力

$$W=qF=0.49\times6\times3.5=10.290(\text{kN})$$

其次，检验货物倾覆方面的稳定性：

$$\eta_{纵倾}=\frac{9.8Qa}{Th}=\frac{9.8\times15\times3000}{293.415\times1500}\approx1.00<1.25$$

$$\eta_{横倾}=\frac{9.8Qb}{Nh+Wh_{风}}=\frac{9.8\times15\times1500}{42.300\times1500+10.290\times1750}\approx2.71>1.25$$

因此，该货物纵向会发生倾覆，横向不会发生倾覆。

（二）滚动方面稳定性的检验

圆柱形、球形、带轮子的货物，装在车上，若不进行任何加固，货物将产生滚动现象，因此此类货物必须使用三角挡、凹木或掩木等加固材料进行加固。

如图4–22所示，货物免于滚动的稳定条件如下：

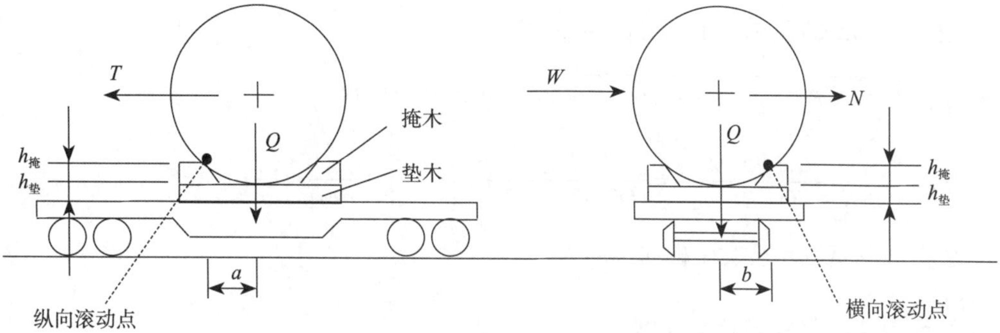

图4–22 货物在车地板上的滚动趋势示意图

纵向：

$$\eta_{纵滚}=\frac{稳定力矩}{不稳定力矩}=\frac{9.8Qa}{T(R-h_{掩})}\geqslant 1.25 \qquad (4–30)$$

横向：

$$\eta_{横滚}=\frac{稳定力矩}{不稳定力矩}=\frac{9.8Qb}{(N+W)(R-h_{掩})}\geqslant 1.25 \qquad (4–31)$$

式中，Q为货物重量，t；a为货物纵向滚动点至重心所在纵向垂直平面的距离，mm；b为货物横向滚动点至重心所在纵向垂直平面的距离，mm；N为货物的横向惯性力，kN；W为货物的风力，kN；R为货物或轮子的半径，mm；$h_{掩}$为掩木或三角挡与货物接触点自货物或轮子最低点所在水平面起算的高度，mm。

根据图4–22所示，公式中的a、b可用式（4–32）计算：

$$a=\sqrt{R^2-(R-h_{掩})^2} 或 b=\sqrt{R^2-(R-h_{掩})^2} \qquad (4–32)$$

若通过计算得出的滚动系数小于1.25，则表明所使用的掩木或三角挡高度不够，需要采取其他加固措施。

【例4–16】 铸钢结构圆柱形均重货物一件，重20t，长12m，直径2800mm，使用NX_{17K}型车装载，均匀顺向卧装，下垫高190mm的掩木，货物重心投影落在车地板中央。试确定货物是否会发生滚动。已知车辆技术参数：NX_{17K}标重60t，车辆自重22.4t，转向架中心距9000mm。

【解】 该货物是顺向卧装，只有可能发生横向方面的滚动，故只需检验横向方面的滚动稳定性。

首先，计算各种力值：

（1）横向惯性力

$$n_0=2.82+2.2\frac{a}{l}=2.82(\text{kN/t})$$

$N=n_0Q=2.82\times20=56.400(\mathrm{kN})$

（2）风力

$W=qF=0.245\times12\times2.8=8.232(\mathrm{kN})$

其次，检验货物横向滚动方面的稳定性：

$$b=\sqrt{R^2-(R-h_{掩})^2}=\sqrt{1400^2-(1400-190)^2}\approx704.20(\mathrm{mm})$$

$$\eta_{横滚}=\frac{9.8Qb}{(N+W)(R-h_{掩})}=\frac{9.8\times20\times704.20}{(56.400+8.232)\times(1400-190)}\approx1.76>1.25$$

因此，该货物不会发生横向滚动。

（三）水平移动方面稳定性的检验

货物所受到的摩擦力对其起稳定作用，但当货物的纵向惯性力大于纵向摩擦力时，货物会发生纵向水平移动。为了防止货物的纵向水平移动，必须采取一定的加固措施。

货物免于纵向水平移动的条件：

$$\Delta T=T-F_{纵摩}\leqslant0 \tag{4-33}$$

当货物的横向惯性力与风力之和的1.25倍大于横向摩擦力时，货物会发生横向水平移动。为了防止货物的横向水平移动，必须采取一定的加固措施。

货物免于横向水平移动的条件：

$$\Delta N=1.25(N+W)-F_{横摩}\leqslant0 \tag{4-34}$$

【例4-17】一件重52t的钢质货物，外形尺寸12500mm × 4000mm × 3400mm，重心高1600mm，使用NX_{17K}型车装载，货物重心投影落在车地板中央，采用柔性加固，摩擦因数为0.4。试确定货物是否会发生移动。已知车辆技术参数：NX_{17K}标重60t，车辆自重22.4t，转向架中心距9000mm。

【解】首先，计算各种力值：

纵向惯性力 T=659.568kN，横向惯性力 N=146.640kN，风力 W=20.825kN，纵向摩擦力 $F_{纵摩}$=203.840kN，横向摩擦力 $F_{横摩}=130.208\mathrm{kN}$。

动画：货物稳定性的检验

其次，检验货物水平移动方面的稳定性：

$\Delta T=T-F_{纵摩}=659.568-203.840>0$

$\Delta N=1.25(N+W)-F_{横摩}=1.25\times(146.640+20.825)-130.208>0$

因此，该货物纵向和横向均可能发生水平移动。

微课：货物稳定性的检验

任务实施

序号	作业项目	作业内容
1	计算各种力值	计算得T=469.000kN，N=78.960kN，$Q_{垂}$=99.120kN，W=14.578kN，$F_{纵摩}$=109.760kN，$F_{横摩}$=70.112kN
2	检验货物稳定性	首先检查货物滚动方面的稳定性，因该货物是顺向卧装，故只需检验横向方面的滚动稳定性，计算得$\eta_{横滚}=0.28<1.25$，则货物会发生横向滚动；其次检验货物水平移动方面的稳定性，计算得$\Delta T>0$，$\Delta N>0$，则货物会发生纵横方向水平移动

任务评价

评价内容	评价标准	本人自评得分（20%）	小组互评得分（20%）	校内教师评价得分（30%）	企业导师评价得分（30%）	综合得分
知识点掌握（30%）	掌握运行中作用于货物的各种力的计算和货物稳定性的检验					
技能点运用（40%）	能分析货物受到的各种力，并判断货物的稳定性情况					
职业素养（30%）	具备科学计算、精益求精的工匠精神；树立安全第一的责任意识；具备严谨细致、一丝不苟的职业素养					
综合评价						

巩固提升

一、选择题

1. 计算稳定力矩时，公式中$9.8Qa$中a的含义是（　　）。

A. 货物重心的纵向偏移量

B. 货物突出端端部至车辆最近轮轴轴心的水平距离

C. 货物重心至货物纵向倾覆支点的水平距离

D. 货物突出车辆端梁的长度

2．受力大小与货物重量无关的力是（　　）。

A．风力　　B．摩擦力

C．横向惯性力　　D．垂直惯性力

3．运行中作用在货物上的各力中，（　　）是使货物保持稳定的力，能阻止货物的倾覆、滚动、移动。

A．风力　　B．摩擦力

C．横向惯性力　　D．垂直惯性力

4．当车辆行经钢轨接缝处，轮对受到冲击或因车轮踏面擦伤、线路冻害以及轮对偏心而引起的冲击，使车体围绕横向水平y轴的回转振动为（　　）。

A．摇头振动　　B．点头振动

C．侧滚振动　　D．侧摆振动

二、技能训练题

木质箱装均重货物一件，重45t，长12.8m，宽3.2m，高2.2m。拟用NX_{17BK}装载，货物重心投影落在车地板中央，采用柔性加固，摩擦因数为0.45。要求：计算作用在货物上的各种力并验算货物的稳定性。已知车辆技术参数：NX_{17BK}标重61t，自重22.9t，转向架中心距10920mm。

任务六

选择加固材料与加固方法

学习工具

《铁路货物装载加固规则》。

任务布置

一件重51t的钢质均重规则货物，外形尺寸9500mm × 1800mm × 1600mm。使用NX_{17BK}型车（自重22.9t）装载，装车以后货物重心无偏移。试确定加固方法及加固材料的强度。

相关知识

为了保证运输安全，货物装载以后，当检验出货物会发生倾覆、水平移动、滚动等现象时，需对货物进行必要的加固，以保证货物的运行安全。在货物稳定性检查的基础上，选择合适的加固材料，确定出合理的加固方法，才能达到经济、合理的加固货物的目的。

一、常用加固材料与加固装置

按加固方式不同，加固材料主要有拉牵捆绑类材料、衬垫类材料、掩挡类材料、其他材料。

（一）拉牵捆绑类材料

包括镀锌铁线、盘条、钢丝绳和钢丝绳夹、固定捆绑铁索、绳索、螺旋式紧线器、84型紧固器、腰箍等。

1．镀锌铁线

镀锌铁线是一种适应性比较强，应用广泛的加固材料。它主要用于拉牵、加固、捆绑货物，可防止货物产生倾覆、水平移动和滚动。

镀锌铁线使用时，一般应数股拧成一根，禁止使用已受损、捆绑过货物的铁线。常用的镀锌铁线为6～12号，拉牵用的镀锌铁线直径不得小于4mm（8号），捆绑用的镀锌铁线直径不得小于2.6mm（12号）。镀锌铁线不得用作腰箍下压式加固，一般不用作整体捆绑。加固货物常用镀锌铁线的破断拉力和许用拉力值见表4–7。

表4–7 常用镀锌铁线的破断拉力和许用拉力

线号	6	7	8	9	10	11	12
直径（mm）	5.0	4.5	4.0	3.5	3.2	2.9	2.6
破断拉力（kN）	6.7	5.4	4.3	3.29	2.75	2.26	1.82
许用拉力（kN）	3.35	2.7	2.15	1.64	1.37	1.13	0.91

2．盘条

盘条也是一种适应性比较强，应用广泛的加固材料，用于拉牵、加固、捆绑货物，可防止货物产生倾覆、水平移动和滚动。

盘条的使用方法基本同镀锌铁线，不得用作腰箍下压式加固，但可用作整体捆绑。常用盘条的破断拉力和许用拉力见表4–8。

表4–8 常用盘条的破断拉力和许用拉力

直径（mm）	5.5	6	6.5
破断拉力（kN）	7.96	9.47	11.12
许用拉力（kN）	3.98	4.73	5.56

3．钢丝绳和钢丝绳夹

钢丝绳可用于拉牵加固、腰箍下压式加固和整体捆绑。使用钢丝绳加固时，钢丝绳头应用钢丝绳夹固定。固定单股钢丝绳头时，应不少于3个钢丝绳夹；两根钢丝绳搭接时，应不少于4个钢丝绳夹。推荐使用公称抗拉强度1670MPa（N/mm^2）的$6\times19_{(b)}$（1+6+12）型钢丝绳，其破断拉力和许用拉力见表4–9。

表4–9 公称抗拉强度1670MPa（N/mm^2）规格$6\times19_{(b)}$（1+6+12）型钢丝绳的破断拉力和许用拉力

钢丝绳直径（mm）	6	7	7.7	8	9	9.3	10	11	12	12.5	13
最小破断拉力（kN）	18.5	25.1	31.7	32.8	41.6	45.6	51.3	62	73.8	81.04	86.6
许用拉力（kN）	9.25	12.55	15.85	16.4	20.8	22.8	25.65	31	36.9	40.52	43.3
钢丝绳直径（mm）	14	15.5	16	17	18	18.5	20	22	24	26	28
最小破断拉力（kN）	100	126.6	131	153.27	166	182.37	205	248	295	346	402
许用拉力（kN）	50	63.3	65.5	76.63	83	91.18	102.5	124	147.5	173	201

4．固定捆绑铁索

固定捆绑铁索主要用来配合支柱作腰线拦护货物，长度为2600mm，由8号镀锌铁线4股制成，铁索两端的环状铁线必须拼齐缠绕。

5．绳索

绳索应采用优质棕、麻或尼龙丝制作，是一种价廉、实用、易操作的加固材料。绳索的破断拉力不得小于7.84kN，加固轻浮货物时其破断拉力不得小于2.94kN，80%破断拉力时的伸长率不大于15%。

根据货物装载情况，绳索可采用横向下压捆绑、纵向下压捆绑、端部交叉捆绑和货件的串联捆绑等形式。

6．腰箍

腰箍是将货物捆绑（箍）在车辆上的加固材料，可用钢丝绳制成，也可用扁钢带制成。腰箍加固主要是通过下压捆绑增大货物与车地板或垫木间的摩擦力，以达到防止货物滚动或移动的目的。主要用于加固顺装的圆柱体货物，也可用于加固箱型货物。

（二）衬垫类材料

包括垫木和隔木、条形草支垫、稻草绳把、稻草垫、橡胶垫。

1．垫木和隔木

装运货物时增大货物支重面的长度和宽度、降低超限等级或避免超长货物突出部分底部与游车车地板接触，必要时可使用纵、横垫木。在分层装载货物时，特别是金属制品，为防止层间货物滑动，必须使用隔木。

横垫木和隔木的长度一般不应小于货物装载宽度，但不大于车辆的宽度；垫木的宽度不得小于高度。

2．条形草支垫、稻草绳把、稻草垫、橡胶垫

条形草支垫、稻草绳把、稻草垫用于支撑货物并起防滑作用，既可置于车地板上，也可置于货物层间，均限一次使用。橡胶垫可起到防滑、防磨、缓冲作用，使用时应采取防脱落措施。

（三）掩挡类材料

包括支柱、挡木、钢挡、掩挡、围挡及挡板（壁）等。

1．支柱

支柱是用来拦护货物的加固材料，加固货物的支柱包括木支柱、钢管支柱和竹支柱。

木支柱一般用来加固原木、木材制品及轻浮货物。制作木支柱必须选用坚实圆直的木材，并将其大头加工成四方形，紧插于支柱槽内，并适当露出支柱槽下，露出长度不超过200mm，敞车使用木、竹支柱时必须倒插。

钢管支柱一般用来加固钢管。要求钢管壁厚不小于4mm，禁止使用铸铁管作支柱。钢管的下部应有焊接处，可用铁线将其与支柱槽捆绑；顶部应有孔，可用来穿封顶线。

竹支柱仅限装运竹子及轻浮货物时使用。需用节密、囊厚、圆直的竹子制成，不得有腐朽、虫眼和裂缝。

各种支柱的长度均为3000mm，若是内插支柱和装运重质货物或轻浮货物所用支柱，可根据货物实际装载高度确定支柱的长度，但是最长不得超过货物的装载限界。

2．挡木、钢挡

挡木主要用来加固平支重面货物，防止货物移动或倾覆。装载平支撑面货物时，可以在货物两端或两侧加挡木或钢挡。挡木、钢挡一般采用钉固或螺栓连接的方式固定，钢挡还可以采用直接焊接的方式固定。

3．掩挡（三角挡、掩木、方木、凹木）

三角挡、掩木、方木、凹木用来加固圆柱形货物及轮式货物。其规格应根据货物的重量、直径（轮径）等确定。它们通常与铁钉、扒锔钉配合使用，以增强货物在车地板上的稳定性。

4．围挡及挡板（壁）

用于挡固敞车装载焦炭的起脊部分，其材质有竹笆、竹板、箭竹、钢网、木板。板、方材挡板（壁）、竹篱挡壁装在敞车两端。围挡及挡板（壁）安装均不得超限。

（四）其他材料

包括绳网、焦炭网、绞棍、圆钢钉、扒锔钉等。

1．绳网、焦炭网

绳网一般用于加固起脊装运的成件包装货物或袋装货物，分上封式和下捆式，由网筋、围筋和系绳组成。采用优质棕、熟麻和丙纶等材料制成。

焦炭网为运输焦炭时防坠落的下捆式苫盖网，一般采用尼龙等聚合料绳纺织制成。

2．绞棍

绞棍用于将缠绕后的镀锌铁线、盘条绞紧，直径一般为50mm，长度为600mm。

绞棍使用时应置于镀锌铁线、盘条的中部，绞拧不宜过紧和过松，不得损伤拉牵捆绑线。绞棍留用时须固定，且不得超限，不留用时须采取措施防止捆绑线回松。

3．圆钢钉、扒锔钉

圆钢钉、扒锔钉用于钉固挡木、三角挡、垫木、轮挡等加固材料。主要是利用它与车地板之间的剪切应力和木材之间的握裹力来加固货物。

加固用圆钢钉一般直径不小于5mm。使用圆钢钉应交错布置、垂直钉入，并应避开车地板的缝隙或木板裂纹。圆钢钉的长度必须保证能够接近于将地板钉穿，但禁止使用锈蚀、无钉尖的圆钢钉。

常用扒锔钉规格（长×直径×钉脚长度）为200mm×10mm×（50～60）mm。钉固扒锔钉时应上下、左右均匀敲打，逐步推进，使加固材料与货物、车地板贴实贴紧，避免钉在木制加固材料同一横纹上，同时避开车地板的缝隙或木制裂纹。

（五）常用加固装置

包括货物转向架、车钩缓冲停止器、货物支架、座架等。

1．货物转向架

货物跨装运输时，必须使用货物转向架。货物转向架每副两个，一个具有死心盘，中心销孔为一圆孔；另一个具有活心盘，中心销孔为一长孔。每个转向架由上架体和下架体组成，上架体必须具有能对货物实施加固的部件，下架体必须具有能与车体加固的部件。

货物转向架分为普通型和专用型。普通型指通用的货物转向架；专用型指只为某种超长货物专门制备的货物转向架。普通货物转向架又依其活心盘孔长度和能否加挂中间游车分为跨装货物无中间游车和两车负重有中间游车两种。

2．车钩缓冲停止器

跨装货物应使用车钩缓冲停止器。车钩缓冲停止器由钢板、木板和螺杆等部件组成，其钢板厚度不小于20mm，螺杆直径不小于16mm。

在车钩自然状态下，将车钩缓冲停止器安装在车辆端梁的冲击座和车辆的钩头背之间，用以限制列车运行、车组连挂过程中车辆间相互距离的急剧变化。

3．货物支架、座架

货物支架、座架用钢、木制作，用以支撑球形、卧装圆柱形及支重面需使用支架、座架的货物。应根据货物形状、重量、使用车辆等条件制作，其强度、规格、防滑及加固措施应满足安全运输的要求。

二、拉牵加固方法及加固强度计算

（一）拉牵加固方法

拉牵加固使用镀锌铁线、钢丝绳等线材加固货物，防止其产生移动、滚动或倾覆。拉牵可采用八字形、反八字形、交叉、下压式等方式，如图4–23所示。

各种拉牵方式可单独使用，也可两种或两种以上组合使用。拉牵应尽可能对称，拉牵绳与车地板的夹角一般为45°。若加固主要用于防止货物水平移动，则拉牵绳与车地板的夹角可小于45°；若加固主要用于防止货物倾覆，则拉牵绳与车地板的夹角应适当大于45°，如图4–24所示。

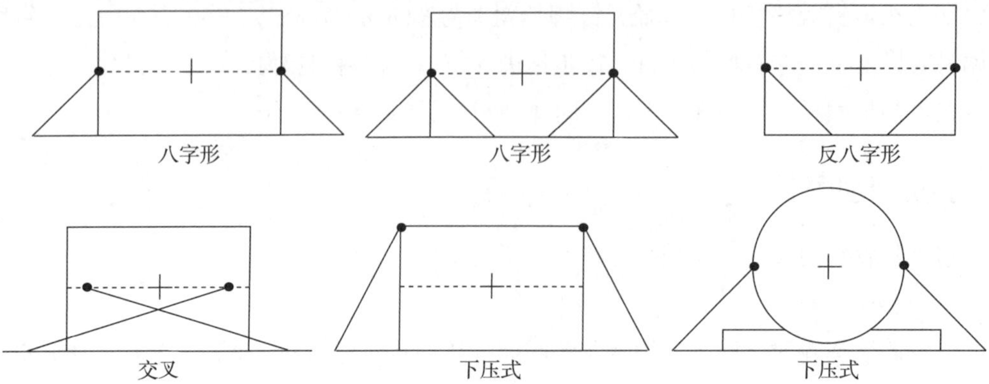

图4-23 拉牵加固方式

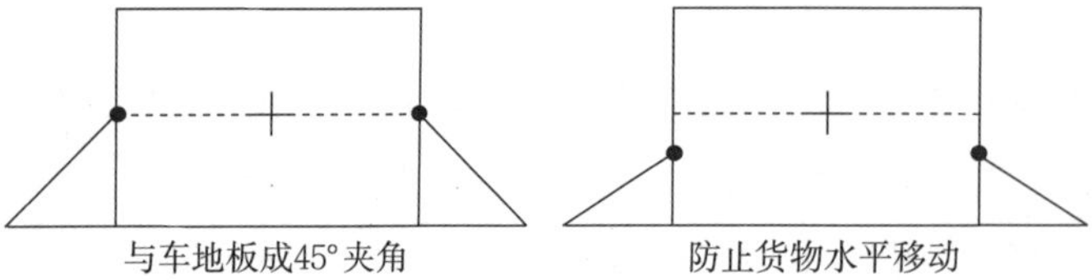

图4-24 拉牵绳与车地板的夹角

（二）拉牵加固强度计算

平底货物使用镀锌铁线、钢丝绳对称拉牵加固，如图4-25所示。

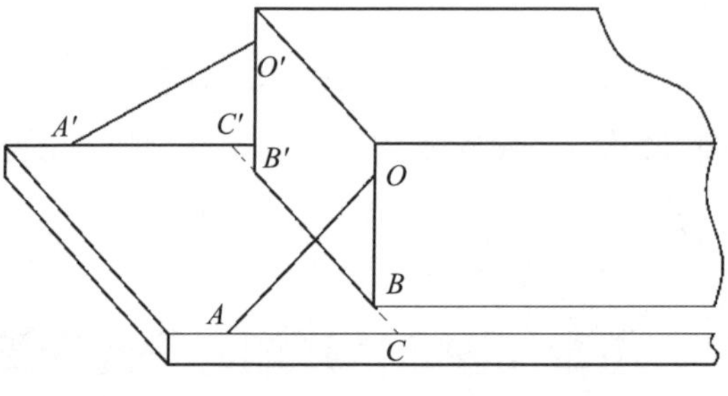

图4-25 平底货物对称拉牵加固示意图

如图4-25所示，A为拉牵绳在车辆上的栓结点，O为拉牵绳在货物上的栓结点，B为O点在车地板上的投影，BC为O点所在纵向垂直平面至车辆边线的距离。

当同一方向有n道拉牵绳时，每道拉牵绳应承受的拉力值$S_{拉}$的计算如下：

防止货物纵向倾覆时：

$$S_{纵倾}=\frac{1.25Th-9.8Qa}{n(l_{纵}+AC)BO}\sqrt{AC^2+BO^2+BC^2} \qquad (4-35)$$

防止货物横向倾覆时：

$$S_{横倾}=\frac{1.25(Nh+Wh_{风})-9.8Qb}{n(l_{横}+BC)BO}\sqrt{AC^2+BO^2+BC^2} \quad (4\text{–}36)$$

防止货物纵向移动时：

$$S_{纵移}=\frac{\Delta T}{n\times AC}\sqrt{AC^2+BO^2+BC^2} \quad (4\text{–}37)$$

防止货物横向移动时：

$$S_{横移}=\frac{\Delta N}{n\times BC}\sqrt{AC^2+BO^2+BC^2} \quad (4\text{–}38)$$

式中，$l_{纵}$为货物纵向倾覆点至拉牵绳在货物上拴结点所在横向垂直平面的距离，mm；$l_{横}$为货物横向倾覆点至拉牵绳在货物上拴结点所在纵向垂直平面的距离，mm；h为货物重心自倾覆点所在水平面起算的高度，mm；$h_{风}$为风力合力作用点自倾覆点所在水平面起算的高度，mm。$S_{纵倾}$、$S_{横倾}$、$S_{纵移}$、$S_{横移}$单位均为kN。

因为拉牵绳既要防止货物倾覆，又要防止货物水平移动，所以，每道拉牵绳应承受的力S应是上述四个力中最大的一个分力，即：

$$S\geqslant\max\{S_{纵倾}，S_{横倾}，S_{纵移}，S_{横移}\}$$

1．**使用镀锌铁线做拉牵绳**

需要将镀锌铁线数股铁线拧成一根使用，由于每股受力不均匀，所以，每股铁线的拉力值应取其许用拉力的90%。因此，需要的镀锌铁线的股数n为：

$$n=\frac{S}{0.9P_{许}} \quad (4\text{–}39)$$

式中，$P_{许}$为镀锌铁线的许用拉力，kN。

由于镀锌铁线的抗拉能力较小，不宜作为重量较大的货物的捆绑加固使用，一般当计算所需的单道拉牵镀锌铁线在14股以上时，应改用钢丝绳加固。

2．**使用钢丝绳做拉牵绳**

钢丝绳的破断拉力不得小于$2S$，即：

$$P_{破}\geqslant 2S \quad (4\text{–}40)$$

【例4–18】一件重36t的木箱包装均质货物，外形尺寸为长5000mm×宽1400mm×高1200mm，使用N_{17AK}标重60t木底平车装载（车辆自重20.2t），货物重心投影落在车辆纵横中心线上。计划使用直径为22mm的钢丝绳在货物两侧各用2股拉牵2个八字形加固。该加固是否符合要求？已知摩擦因数μ=0.45，拉牵绳拴结后AC=4000mm，BC=800mm，BO=1200mm。

【解】第一步，计算各种力值：

（1）纵向惯性力

$Q_{总}=36+20.2=56.2$（t）

$t_0=0.0012Q_{总}^2-0.32Q_{总}+29.85=0.0012\times56.2^2-0.32\times56.2+29.85\approx15.656$（kN/t）

$T=t_0Q=15.656\times36=563.616$（kN）

（2）横向惯性力

$n_0=2.82+2.2\dfrac{a}{l}=2.82$（kN/t）

$N=n_0Q=2.82\times36=101.520$（kN）

（3）垂直惯性力

$q_{垂}=3.54+3.78\dfrac{a}{l}=3.54$（kN/t）

$Q_{垂}=q_{垂}Q=3.54\times36=127.440$（kN）

（4）风力

$W=qF=0.49\times5\times1.2=2.940$（kN）

（5）摩擦力

$F_{纵摩}=9.8\mu Q=9.8\times0.45\times36=158.760$（kN）

$F_{横摩}=\mu(9.8Q-Q_{垂})=0.45\times(9.8\times36-127.440)=101.412$（kN）

第二步，检验货物稳定性：

（1）倾覆方面的稳定性

$$\eta_{纵倾}=\frac{9.8Qa}{Th}=\frac{9.8\times36\times2500}{563.616\times600}\approx2.61>1.25$$

$$\eta_{横倾}=\frac{9.8Qb}{Nh+Wh_{风}}=\frac{9.8\times36\times700}{101.520\times600+2.940\times600}\approx3.94>1.25$$

因此，该货物纵向和横向均不会发生倾覆。

（2）水平移动方面的稳定性

$\Delta T=T-F_{纵摩}=563.616-158.760=404.856$（kN）>0

$\Delta N=1.25(N+W)-F_{横摩}=1.25\times(101.520+2.94)-101.412=29.163$（kN）>0

因此，该货物纵向和横向均可能发生水平移动。

第三步，根据确定的拴结位置计算每道拉牵绳需提供的拉力值：

AC=4000mm，BC=800mm，BO=1200mm，n=4

$$S_{纵移}=\frac{\Delta T}{n\times AC}\sqrt{AC^2+BO^2+BC^2}=\frac{404.856}{4\times4000}\sqrt{4000^2+1200^2+800^2}\approx107.592\text{（kN）}$$

$$S_{横移}=\frac{\Delta N}{n\times BC}\sqrt{AC^2+BO^2+BC^2}=\frac{29.163}{4\times 800}\sqrt{4000^2+1200^2+800^2}\approx 38.751(\text{kN})$$

因此，每道拉牵绳需提供的拉力值$S\geqslant \max\{S_{纵移},\ S_{横移}\}\geqslant 107.592\text{kN}$。

第四步，根据计算的数值确定加固材料：

当选用钢丝绳拉牵时，钢丝绳的破断拉力不得小于$2S$，即不得小于215.184kN。查表4–9，直径为22mm的钢丝绳的破断拉力为248kN，大于$2S$，因此该加固材料符合要求。

微课：拉牵加固方法及加固强度计算

三、铁路货物装载加固方案

（一）装载加固方案的种类和作用

铁路货物装载加固方案分为装载加固定型方案、装载加固暂行方案与装载加固试运方案。

1. 装载加固定型方案

定型方案是《加规》附件1，所列方案是铁路明定品名与规格的货物装载加固定型方案，此方案系列化程度较强，覆盖范围也较广泛，是一个规范性的文件，是执行“按方案装车”和“装车质量签认”制度的基本依据。托运人和承运人都应该严格遵守和执行。

2. 装载加固暂行方案

暂行方案是铁路局集团公司审批报国铁集团备案的铁路局集团公司明定的货物装载加固定型方案，是对定型方案的有效补充，这些方案很可能在适当时机被纳入定型方案。同时，暂行方案不应与定型方案相抵触，也不应重复。

3. 装载加固试运方案

试运方案是《加规》附件6，效力同《加规》，各试运方案规定了相应的试运行范围（站名、托运人等）。

（二）装载加固定型方案的内容

装载加固定型方案涉及货物装载品类千余种，包括11类50项。具体分为：01类成件包装货物，02类集装箱、集装件及箱装设备，03类水泥制品、料石及箱装玻璃，04类木材、竹子，05类起重机梁及钢结构梁、柱、架，06类轧辊、轮对、电缆、钢丝绳、变压器及卧式锅炉，07类金属材料及制品，08类轮式、履带式货物，09类圆柱形、球形货物，10类大型机电设备，11类口岸站进口设备。对这些货物需依据相应的方案内容选择货车、按方案的要求装载货物、按方案要求的方法、材料、装置来进行正确加固。

每个货物用一个编号来编码。编号由6位阿拉伯数字组成，从左至右，第1、2位为类别代码，第3、4位为项别代码，第5、6位为顺序码。

每个品名的定型方案都包括以下内容。

（1）货物装载加固定型方案示意图。

（2）货物规格：包括货物的重量范围、外形尺寸情况及货物性质。

（3）准用货车：包括车辆的使用限制情况。

（4）加固材料（装置）：包括所用加固材料的种类。

（5）装载方法：确定出了合理、具体的装车方案。

（6）加固方法：确定了装车后，具体的加固措施。

（7）其他要求：装载加固的特殊规定或强调装载加固后的附属工作。

（三）装载加固方案的执行

凡使用铁路敞车、平车、长大货物车及敞、平车类专用货车装运的成件货物，有定型方案、暂行方案、试运方案的，一律严格按方案装车。无方案的，由托运人在托运货物之前向装车站申报计划装载加固方案和相关资料，装车站按规定报批，装车单位按批准的方案组织装车。

与定型方案和暂行方案中货物规格相近，装载加固方法相同并且使用相同车辆装载的货物，托运人可向装车站申请比照该定型方案或暂行方案，经发送铁路局集团公司审查批准后方可实施。试运方案和超过有效期的暂行方案不得比照。

（四）装载加固方案的有效期

定型方案长期有效；试运方案不跨年度，连续试运期限一般不应超过3年；暂行方案有效期及比照方案有效期由铁路局集团公司规定。

凡需继续执行的暂行方案（比照方案）和试运方案，方案执行单位须在有效期结束前一个月将方案执行情况（试运方案为试运总结）和下一步运用请求逐级审核上报方案批准单位，经审查批准后方可继续实施。逾期未申报者，原暂行方案（比照方案）和试运方案自行废止。

微课：铁路货物装载加固方案

任务实施

序号	作业项目	作业内容
1	计算各种力值	计算得 $T=650.505\text{kN}$，$N=143.820\text{kN}$，$Q_{垂}=180.540\text{kN}$，$W=7.448\text{kN}$，$F_{纵摩}=199.920\text{kN}$，$F_{横摩}=127.704\text{kN}$

续表

序号	作业项目	作业内容
2	检验货物稳定性	首先检查货物倾覆方面的稳定性，计算得$\eta_{纵倾}$与$\eta_{横倾}$均大于1.25，故货物不会发生纵横向倾覆；其次检验货物水平移动方面的稳定性，计算得$\Delta T>0$，$\Delta N>0$，则货物会发生纵横方向水平移动，需进行加固
3	初步选择加固方法与加固材料	计划使用钢丝绳在货物两侧各拉牵2个八字形进行加固，n=4，拉牵绳拴结后AC=3000mm，BC=400mm，BO=1000mm
4	计算拉牵绳应提供的力值	由公式计算，$S_{纵移}=119.686\text{kN}$，$S_{横移}=122.282\text{kN}$，所以每道拉牵绳应提供的力$S\geqslant\max\{S_{纵移}, S_{横移}\}\geqslant 122.282\text{kN}$
5	选择加固材料的规格	选择直径为22mm的钢丝绳，其破断拉力值为248kN，大于2S

任务评价

评价内容	评价标准	本人自评得分（20%）	小组互评得分（20%）	校内教师评价得分（30%）	企业导师评价得分（30%）	综合得分
知识点掌握（30%）	理解拉牵加固方法及加固强度的计算					
技能点运用（40%）	能为货物选择合适的加固方法与加固材料					
职业素养（30%）	具备科学计算、精益求精的工匠精神；树立安全第一的责任意识；具备严谨细致、一丝不苟的职业素养					
综合评价						

巩固提升

一、选择题

1．下列加固材料可用做腰箍下压式加固的是（　　）。

A．钢丝绳　　B．镀锌铁线

C．麻绳　　D．固定捆绑铁索

2. 加固计算后需要钢丝绳提供的拉力为23.6kN，则应选择直径为（　　）的钢丝绳最为经济合理。

A．10mm　　B．14mm　　C．6mm　　D．9mm

3. 当数股镀锌铁线拧成一根使用时，由于每股受力不均匀，所以每股铁线的拉力值应取其许用拉力的（　　）。

A．95%　　B．90%　　C．85%　　D．80%

4. 装载加固试运方案不跨年度，连续试运期限一般不应超过（　　）。

A．4年　　B．3年　　C．2年　　D．1年

5. 固定捆绑铁索主要用来配合支柱作腰线拦护货物，长度为2600mm，由8号镀锌铁线（　　）制成，铁索两端的环状铁线必须拼齐缠绕。

A．4股　　B．5股　　C．6股　　D．7股

二、判断题

1. 为提高运输效益，降低运输成本，运输卷钢时防滑衬垫用的稻草垫可回送再次利用。（　　）

2. 采用拉牵加固的方法如用于防止货物水平移动时栓结点尽可能低些，防止倾覆时栓结点应适当高些。（　　）

3. 镀锌铁线可数股拧成一股作为腰箍下压式加固。（　　）

4. 袋装粮食使用敞车起脊装载时，应使用篷布加固。（　　）

5. 装载加固定型方案是一个规范性的文件，托运人和承运人都应该严格遵守和执行。（　　）

项目五　铁路货物运输费用核算

项目导读

铁路在完成货物的运送过程中，需要相应人员的劳务付出以及设备的消耗，铁路运输企业按照国家规定向货主收取相应费用，以补偿运输生产所消耗的社会劳动量，这就是铁路货物运输费用。正确核算不同运输种类、不同运输条件下的货物运费和其他运输费用，对于保证铁路运输收入有着重要意义。

思维导图

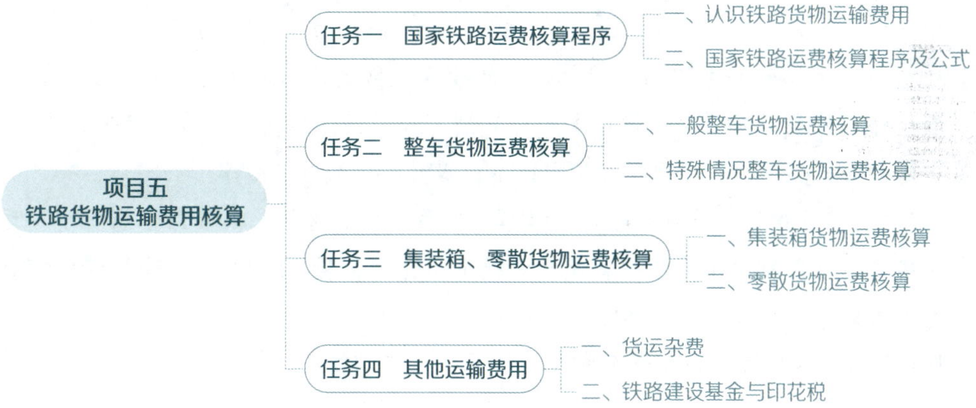

目标导学

知识目标

1. 熟悉核算铁路货物运输费用依据的主要规章。
2. 掌握国家铁路运费核算程序及公式。
3. 掌握整车货物、集装箱货物和零散货物运费核算规定。
4. 掌握其他运输费用核算规定。

技能目标

1. 会查表确定货物适用的运价号、运价率、发到站间的货运运价里程。
2. 能按规章正确核算整车运输、集装箱运输和零散运输的货物运费。
3. 能按规章正确核算其他运输费用。

素养目标

1. 培养专注、认真、执着的工匠精神。
2. 树立规范收费、保证货主利益的服务意识。

素养提升

改机制、优服务、引活水——铁路货运三招降成本

物流作为实体经济的"经络"，连通生产与消费，降低全社会物流成本是为经济"舒筋活血"的关键。随着降成本专项行动推进，铁路部门以三招实策破解物流痛点。

第一招：衔接前后"一公里"，铁路"包邮"全链条降本。铁路推广物流总包服务，为客户定制物流方案，解决短驳运输难题，集成储存、装卸、搬运、包装等环节，实现"门到门""生产线到生产线""厂—站—库—经销商店"的全链路覆盖。这种一体化服务省去客户分段运输的衔接成本，通过流程整合降低综合物流服务成本，让企业省心省力。

第二招：铁海联运"一单制"，数据互通实现无缝衔接。多式联运"一单制"的核心在于铁运与水运的系统对接。铁路部门搭建海运订舱系统，以"翻译"功能解决数万条货物品名、港口码头名称等基础数据的转换互认问题，同时优化空箱调配、车辆配空、编组挂运流程，按船期倒排列车开行计划，确保铁海运输各环节无缝衔接。"一单到底"的模式减少货物中转损耗与时间成本，提升跨区域物流效率。

第三招："运费贷"凭数据融资，破解中小微企业资金困局。铁路创新推出"运费贷"金融产品，以货运历史数据替代传统抵押担保，实现7×24小时线上申请、审批、放款全流程数字化。该产品利率低、门槛低、放款快，助力中小微物流企业综合融资成本下降约30%，有效缓解企业资金压力，降低资金使用成本。

资料来源： 人民网

网址： https://paper.people.com.cn/rmrb/pc/content/202507/04/content_30084779.html

评析： 三招联动下，铁路货运既通过服务优化打通物流链条"堵点"，又以金融创新解决企业融资"难点"，为降低全社会物流成本、激活实体经济注入动能。

任务一
国家铁路运费核算程序

学习工具

《铁路货物运价规则》。

任务布置

甲站承运发到乙站水泥电杆一批，整车运输，货物重55t，使用标记载重为60t的N_{17}一辆装载。核算这批货物运费的程序有哪些？

相关知识

一、认识铁路货物运输费用

（一）铁路货物运输费用的概念及收费项目

铁路货物运输费用是对铁路运输企业所提供的各项生产服务消耗的补偿，包括车站费用、运行费用、服务费用和额外占用铁路设备的费用等。

铁路货物运输费用的收费项目（含代收款）主要包括国家铁路运费（含电气化附加费）、货运杂费、铁路建设基金、京九分流费、合资地铁运费、特价线运费、特定加价运费、印花税等。

（二）核算铁路货物运输费用依据的主要规章

核算铁路货物运输费用依据的主要规章是《铁路货物运价规则》及其附件。

1.《铁路货物运价规则》

《铁路货物运价规则》（以下简称《价规》）是计算国家铁路货物运输费用的依据，承运人、托运人和收货人必须遵守本规则的规定。它规定了计算货物运输费用的基本条件、各种货物运费杂费的计算办法，以及国际联运国内区段运费和特定运价的计算办法。

国铁营业线的货物运输，除军事运输（后付）、国际铁路联运过境运输及其他国铁集团另有规定的货物运输费用外，都按《价规》计算货物运输费用。

《价规》包括四个附件：附件一为《铁路货物运输品名分类与代码表》、附件二为《铁路货物运价率表》、附件三为《铁路货物运输品名检查表》、附件四为《货物运价里程表》。

2.《铁路货物运输品名分类与代码表》（以下简称《分类与代码表》）

《分类与代码表》是用来判定货物的类别代码和确定运价号的工具，由代码、货物品类、运价号、说明四项组成。

代码由4位阿拉伯数字组成，是类别码，对应运价号，第1、2位数字代表货物品类的大类，第3位数字代表中类，第4位数字代表小类。《分类与代码表》是按照大类、中类、小类的顺序排列的。

3.《铁路货物运价率表》（以下简称《运价率表》）

《运价率表》是用来查找不同运价号的货物的运价率的工具。

4.《铁路货物运输品名检查表》（以下简称《检查表》）

《检查表》也是用来判定货物类别代码和确定运价号的工具，由品名、拼音码、代码、运价号四项组成。

代码由7位阿拉伯数字组成，在《分类与代码表》的4位代码后面又加3位品名码。

拼音码由不超过5个汉语拼音字母、阿拉伯数字、英文字母构成。根据品名，由左向右，汉字一般是取每字拼音的首音，构成拼音码。有的品名带有括号说明，其拼音码包括括号内首字汉语拼音首音或第一位阿拉伯数字，如氨水（化肥）的拼音为ASH，机动车（3～4m）的拼音码为JDC3，（异）丁烷的拼音码为YDW。

5.《货物运价里程表》（以下简称《里程表》）

《里程表》是用来查找发站至到站间的货物运价里程的工具，包括使用说明、全国铁路管辖线路分界示意图、货物运价里程接算站示意图、货物运价里程最短径路示意图、铁路和水路货物联运换装站到码头线里程表、国际联运国境站到国境线里程表、轮渡线里程等内容。

二、国家铁路运费核算程序及公式

国家铁路运费核算程序包括：第一步确定发到站间的运价里程，第二步确定货物适用的运价号，第三步根据运价号查找对应的运价率，第四步确定计费重量，第五步根据公式计算运费，第六步将电气化附加费并入运费。

（一）确定发到站间的运价里程

发到站间的运价里程根据《里程表》，按照发站至到站间国铁正式营业线最短径路计算，但《里程表》内或国铁集团规定有计费径路的，按规定的计费径路计算运价里程。

1. 最短径路

最短径路是指发站至到站间运价里程最小的经由路线。当发站与到站在同一铁路营业线上时，用两站到本站起点站或终点站的里程相减，即可求得两站间的运价里程；当发站与到站不在同一铁路营业线上时，应首先参照货物运价里程接算站，查明发站至到站的最短径路，再将发站本线至接算站、到站本线至接算站里程与经由接算站间里程相加，求得发到站间的运价里程。

【例5-1】计算大同东站至集宁南站的运价里程。

【解】首先从站名音序索引表或首字笔画索引表中，查出大同东站和集宁南站均在京包线上，查出两站在京包线里程表中的页数。然后分别用两站至本线起点（北京北）的里程相减或两站至本线终点（包头东）的里程相减，即为两站间的运价里程。

从里程表中查出，大同东至北京北的运价里程为353km，集宁南至北京北的运价里程为483km，则大同东至集宁南的运价里程为483-353=130（km）。

也可查出大同东至包头东的运价里程为437km，集宁南至包头东的运价里程为307km，则大同东至集宁南的运价里程为437-307=130（km）。

【例5-2】计算太原北站至集宁南站的运价里程。

【解】首先从站名音序索引表或首字笔画索引表中，查出太原北站和集宁南站不在同一铁路营业线上。查货物运价里程接算站示意图，两站之间的接算站为大同站。太原北和大同站均在北同蒲线上，大同站和集宁南站均在京包线上，查营业线里程表，可得太原北至大同站的运价里程为347km，大同站至集宁南站的运价里程为125km。因此，太原北至集宁南的运价里程为347+125=472（km）。

2. 需另加入的运价里程

（1）国际联运货物，经由国境线时，应另加算国境站至国境线的里程。

（2）水路联运货物，经由码头支线时，应另加算换装站至码头线的里程。

（3）站界内搬运按实际里程计算运价里程。

（4）轮渡线里程，根据原铁道部公布的运价里程计算。

3. 不计入运价里程内的里程

运价里程是以相邻两站的站中心之间的距离确定的，因而不包括专用线、货物支线的里程。

4. 按实际经由计算运价里程的情况

发站在货物运单内注明，运价里程按实际经由计算的情况有：因货物性质（如鲜活货物、超限货物等）必须绕路运输；因自然灾害铁路中断或其他不属于铁路的原因，托运人要求绕路运输；属于“五定”班列运输的货物，按班列经路运输时。

（二）确定货物适用的运价号

按照货物运单上填写的货物品名，查找《分类与代码表》和《检查表》，确定出该批货物适用的运价号。整车货物有7个运价号（1～6号和机械冷藏车），零散货物运价号采用“零担货物运价号”，有2个（21号、22号），集装箱货物运价号有2个（20ft、40ft）。

（三）根据运价号查找对应的运价率

根据货物适用的运价号查找《铁路货物运价率表》（表5-1），确定该批货物适用的运价率（即基价1和基价2）。

基价1是货物在发站及到站进行发到作业时单位重量（箱数）的运价。它只与计费重量（箱数）有关，与运价里程无关。基价2是货物在途运输期间单位重量（箱数）每一运价公里的运价，它既与计费重量（箱数）有关，又与运价里程有关。

表5-1 铁路货物运价率表

办理类别	运价号	基价1		基价2	
		单位	标准	单位	标准
整车	1	—	—	元/（轴·km）	0.525
	2	元/t	9.50	元/（t·km）	0.086
	3	元/t	12.80	元/（t·km）	0.091
	4	元/t	16.30	元/（t·km）	0.098
	5	元/t	18.60	元/（t·km）	0.103
	6	元/t	26.00	元/（t·km）	0.138
	机械冷藏车	元/t	20.00	元/（t·km）	0.140
零担	21	元/10kg	0.22	元/（10kg·km）	0.00111
	22	元/10kg	0.28	元/（10kg·km）	0.00155
集装箱	20ft箱	元/箱	440	元/（箱·km）	3.185
	40ft箱	元/箱	532	元/（箱·km）	3.357

（四）确定计费重量

用来计算运输费用的货物重量称为计费重量。计费重量是根据运输种别、货物名称、货物重量与体积确定的。

（1）整车货物计费重量单位为吨，吨以下四舍五入；自轮运转的整车货物计费以轴为单位。

（2）零散货物计费重量单位为10kg（不足10kg进整为10kg）。

（3）集装箱货物计费单位为箱。

（五）根据公式计算运费

1. 整车货物

按重量计费时：运费=（基价1+基价2×运价里程）×计费重量

按轴数计费时：运费=（基价2×运价里程）×轴数（自轮运转）

2. 零散货物

运费=（基价1+基价2×运价里程）×计费重量/10

3. 集装箱货物

运费=（基价1+基价2×运价里程）×箱数

计算出来的每项运费均以元为单位，尾数不足1角时，按四舍五入处理。

微课：国家铁路运费核算程序及公式

（六）将电气化附加费并入运费

国家铁路统一运价电气化区段收取的电气化附加费是国家统一运价的一部分。铁路电气化附加费按该批货物经由国铁正式营业线和实行统一运价的运营临管线电气化区段的运价里程合并计算，其计算公式为：

电气化附加费=费率×计费重量（箱数或轴数）×电化里程

整车、零散货物按该批货物的计费重量计算；集装箱按箱计费。货物运单内分项填记重量的货物，按运费计费重量合并计算。

尾数不足1角的按四舍五入处理，免收运费的货物、站界内搬运的货物免收铁路电气化附加费。

电气化附加费费率表见表5-2。

表5-2 电气化附加费费率表

种类	项目	
	计费单位	费率
整车货物	元/（t·km）	0.00700
零担货物	元/（10kg·km）	0.00007
自轮运转货物	元/（轴·km）	0.02100

续表

<table>
<tr><th colspan="3" rowspan="2">种类</th><th colspan="2">项目</th></tr>
<tr><th>计费单位</th><th>费率</th></tr>
<tr><td rowspan="4">集装箱</td><td colspan="2">20ft箱</td><td>元/（箱·km）</td><td>0.11200</td></tr>
<tr><td colspan="2">40ft箱</td><td>元/（箱·km）</td><td>0.23800</td></tr>
<tr><td rowspan="2">空自备箱</td><td>20ft箱</td><td>元/（箱·km）</td><td>0.05600</td></tr>
<tr><td>40ft箱</td><td>元/（箱·km）</td><td>0.11900</td></tr>
</table>

任务实施

序号	作业项目	作业内容
1	确定发到站间的运价里程	根据《货物运价里程表》，按照甲站至乙站间国铁正式营业线最短径路计算
2	确定货物适用的运价号	按照货物运单上填写的货物品名，查找《铁路货物运输品名分类与代码表》和《铁路货物运输品名检查表》，确定出“水泥电杆”适用的运价号
3	根据运价号查找对应的运价率	根据货物适用的运价号查找《铁路货物运价率表》，确定“水泥电杆”适用的运价率
4	确定计费重量	根据整车货物计费重量规定，确定这批“水泥电杆”的计费重量和单位
5	根据公式计算运费	根据整车货物按重量计费的运费计算公式：（基价1+基价2×运价里程）×计费重量，计算这批“水泥电杆”的运费
6	将电气化附加费并入运费	根据电气化附加费的计算公式：费率×计费重量（箱数或轴数）×电化里程，计算这批“水泥电杆”的电气化附加费 并入电气化附加费后的运费为： （基价1+基价2×运价里程）×计费重量+电气化附加费

任务评价

评价内容	评价标准	本人自评得分（20%）	小组互评得分（20%）	校内教师评价得分（30%）	企业导师评价得分（30%）	综合得分
知识点掌握（30%）	熟悉核算铁路货物运输费用依据的主要规章					
技能点运用（40%）	会根据国家铁路运费核算程序及公式，确定运费核算各项因素，进而核算运费					

续表

评价内容	评价标准	本人自评得分（20%）	小组互评得分（20%）	校内教师评价得分（30%）	企业导师评价得分（30%）	综合得分
职业素养（30%）	具备专注、认真、执着的工匠精神；树立规范收费、保证货主利益的服务意识					
综合评价						

巩固提升

一、选择题

1．整车货物计费重量以（　　）为单位。

A．10kg　　B．100kg　　C．吨　　D．车

2．用来判定货物的类别代码和确定运价号的工具是（　　）。

A.《铁路货物运输品名分类与代码表》　　B.《铁路货物运价率表》

C.《货物运价里程表》　　D.《铁路货物运输规程》

3．标记载重为60t的敞车装运55t钢板，其计费重量是（　　）。

A．55t　　B．60t　　C．50t　　D．62t

4．标记载重为60t的敞车装运63.2t玉米，其计费重量是（　　）。

A．63.2t　　B．60t　　C．63t　　D．64t

5．零散货物重量为175kg，计费重量是（　　）。

A．175kg　　B．170kg　　C．180kg　　D．60t

6．下列哪项不是整车货物运价号（　　）。

A．1号运价号　　B．机械冷藏车运价号

C．21号运价号　　D．6号运价号

二、判断题

1．专用线里程应加入运价里程中计算。（　　）

2．计费重量就是货物重量。（　　）

3．基价1只与计费重量有关，与运价里程无关。（　　）

4．最短径路是指发站至到站间运价里程最小的经由路线。（　　）

任务二

整车货物运费核算

学习工具

《铁路货物运价规则》。

任务布置

甲站发乙站桥梁一件，重75t，使用D_6型长大货物车（标记载重110t）一车负重，使用一辆60t平车做游车，一级超限，区间限速50km/h，托运人利用游车装重12t钢铁屋架一件，发到站间的运价里程为487km，全程电气化。请为货主核算这批货物的运费。

相关知识

一、一般整车货物运费核算

（一）计费重量

1. 一般情况

整车货物均按货车标记载重量（即标重）计算运费，货物重量超过标重时按货物重量计费。计费重量以吨为单位，吨以下四舍五入。

2. 特殊情况

（1）使用规定车种车型装运特定货物，计费重量按表5-3所列规定计费重量确定，货物重量超过规定计费重量的按货物重量计费。

（2）使用矿石车、平车、砂石车，经铁路局集团公司批准装运《分类与代码表》中的01类、0310类、04类、06类、081类和14类货物时按40t计费，超过时按货物重量计费。

（3）使用自备冷板冷藏车装运货物时按50t计费；使用自备机械冷藏车装运时按60t计费；使用标记载重量不足30t的家畜车按30t计算；使用标记载重量低于50t、车辆换长小于1.5m的自备罐车装运货物时按50t计费。

（4）代替其他货车装运非易腐货物的铁路冷藏车，均按冷藏车标记载重量计费。

（5）车辆换长超过1.5的货车（D型长大货物车除外），未明定计费重量的，按其超过部分以每米（不足1米的部分不计）折合5t与60t相加之和计费。

表5-3　　　整车货物规定计费重量表

车种车型	计费重量/t
SQ_1（小汽车专用平车）	80
SQ_4（小汽车专用平车）	100
JSQ_6（凹底双层运输汽车专用车）	100
JSQ_8（关节式双层运输汽车专用车）	240
QD_3（凹底平车）	70
DK_{36A}（落下孔车）	360
GY_{95S}、GY_{95}、GH_{40}、GY_{40}、$GH_{95/22}$、$GY_{95/22}$（石油液化气罐车）	65
GY_{100S}、GY_{100}、GY_{100-I}、GY_{100-II}（石油液化气罐车）	70

（6）米、准轨间换装运输的货物，均按发站的原计费重量计费。

（7）承运人提供的D型长大货物车的车辆标重大于托运人要求的货车吨位时，经中铁特货运输公司批准可根据实际使用车辆的标重减少计费重量，但减吨量最多不得超过60t。

（二）运价率

货物运费按照承运当日实行的运价率计算。按一批办理的整车货物，运价率不同时，按其中高的运价率计费。

一批或一项货物运价率适用两种以上减成率时，只适用其中较大的一种减成率；适用两种以上加成率时，应将不同的运价率相加之和作为适用的加成率；同时适用加成率和减成率时，应以加成率和减成率相抵后的差额作为适用的加（减）成率。

【例5-3】甲站发乙站尿素一车，货重51.5t，使用标记载重60t的P_{60}型车装运，试计算其运费。已知甲站至乙站运价里程为107km，电气化里程为89km。

【解】查《分类与代码表》尿素运价号为4号，查《运价率表》4号的基价1为16.30元/t，基价2为0.098元/（t·km），货物重量小于货车标记载重，计费重量按车辆标重计费，确定为60t。查《电气化附加费费率表》，整车货物电气化附加费费率为0.007元/（t·km）。

微课：一般整车货物运费核算

运费=（16.30＋0.098×107）×60＋0.007×60×89≈1644.50（元）

二、特殊情况整车货物运费核算

（一）机械冷藏车货物运费

1．计费重量

机械冷藏车运送易腐货物时按规定计费重量计费（表5-4），超过时按货物重量以吨为单位四舍五入计费。

表5-4　　机械冷藏车规定计费重量表

车种车型	计费重量/t
B_{18}（机械冷藏车）	32
B_{19}（机械冷藏车）	38
B_{20}、B_{21}（机械冷藏车）	42
B_{10}（机械冷藏车）	44
B_{22}、B_{23}（机械冷藏车）	48

2．运价率

（1）使用铁路机械冷藏车运输，要求途中保持温度-12℃（不含）以下的货物，按机械冷藏车运价率加20%计费。

（2）途中不需要加温（或托运人自行加温）或制冷的机械冷藏车按机械冷藏车的运价率减20%计费。

（3）自备冷藏车、隔热车（即无冷源车）和代替其他货车装运非易腐货物的铁路冷藏车，均按所装货物适用的运价率计费。

【例5-4】甲站发乙站易腐货物一批，货重136t，使用B_{22}型机械冷藏车组（4辆）装运。已知甲站至乙站运价里程为910km，全程电气化。试计算下列情况的运费。

（1）货主要求途中温度保持在-15℃以下。

（2）货主要求途中温度保持在-12～-10℃。

【解】查《运价率表》，机械冷藏车基价1为20.00元/t，基价2为0.140元/（t·km），途中保持温度-15℃以下时，按机械冷藏车运价率加20%计费；途中温度保持在-12～-10℃时，运价率不加成。

B_{22}型机械冷藏车按规定计费重量48t计费，则4辆车的计费重量为192t。查《电气化附加费费率表》，整车货物电气化附加费费率为0.007元/（t·km）。

（1）货主要求途中温度保持在-15℃以下时的运费为：

$(20.00+0.140\times910)\times(1+20\%)\times192+0.007\times192\times910\approx35184.00$（元）

（2）货主要求途中温度保持在−12℃～−10℃时的运费为：

$(20.00+0.140\times910)\times192+0.007\times192\times910=29523.84\approx29523.80$（元）

（二）超长超限货物运费

1．超限、限速货物运费计算

运输超限货物，发站应将超限货物的等级在货物运单内注明，按下列规定计费。

（1）一级超限：按运价率加成50%计费。

（2）二级超限：按运价率加成100%计费。

（3）超级超限：按运价率加成150%计费。

（4）限速运行（不包括仅通过桥梁、隧道、出入站线限速运行）的货物，按运价率加150%计费。需限速运行的超限货物，只核收150%的加成运费，不另核收超限货物加成运费。

2．游车运费计算

超长货物使用游车运送时，除了核收主车运费，还要根据游车装运货物情况核收游车运费，见表5−5。

表5−5　　游车运费核收规定

游车装运货物情况	游车运价率	游车计费重量
游车不装货物时	同主车货物运价率	游车标重
游车装运货物时	按主车货物与游车货物运价率高者计费	游车标重
两批货物共同使用游车时	各按主车货物运价率计费	各按游车标重1/2计费
超限货物或限速运行货物使用游车时	主车运费加成，游车运费不加成	

【例5−5】甲站发乙站一挖掘机，重35t，使用标记载重60t的N_{17}一车负重，因该货物超长，另使用一辆60t N_{17}做游车，游车上未装货。货物装车后须限速运行。已知发到站间的运价里程为430km，全程电气化。试计算该批货物运费。

【解】查《分类与代码表》挖掘机运价号为6号，查《运价率表》6号的基价1为26.00元/t，基价2为0.138元/（t·km）。货物重量小于主车标记载重，主车计费重量按车辆标重计费，确定为60t。游车上未装货，游车运价率同主车运价率，计费重量为游车标记载重60t。货物装车后须限速运行，所以主车运价率加成150%，游车运价率不加成。查《电气化附加费费率表》，整车货物电气化附加费费率为0.007元/（t·km）。

主车运费=$(26.00+0.138\times430)\times(1+150\%)\times60+0.007\times60\times430\approx12981.60$（元）

游车运费=$(26.00+0.138\times430)\times60+0.007\times60\times430\approx5301.00$（元）

【例5-6】甲站发乙站车船装卸机一件，货重55t，使用标记载重60t的N_{17}一车负重，与另一托运人共同使用一辆60t N_{17}做游车。已知发到站间的运价里程为870km，电气化里程570km。试计算该批货物运费。

【解】查《分类与代码表》车船装卸机运价号为6号，查《运价率表》6号的基价1为26.00元/t，基价2为0.138元/（t・km）。货物重量小于主车标记载重，主车计费重量按车辆标重计费，确定为60t。两批货物共同使用游车时，游车运价率各按主车货物运价率计，计费重量为游车标记载重的1/2，即为30t。查《电气化附加费费率表》，整车货物电气化附加费费率为0.007元/（t・km）。

主车运费=（26.00 + 0.138 × 870）× 60 + 0.007 × 60 × 570 ≈ 9003.00（元）

游车运费=（26.00 + 0.138 × 870）× 30 + 0.007 × 30 × 570 ≈ 4501.50（元）

（三）危险货物运费

运输危险货物，根据危险货物的性质、等级按下列规定计费。

（1）一级毒性物质（剧毒品）按运价率加100%计费。

（2）爆炸品、易燃气体、非易燃无毒气体、毒性气体、一级易燃液体（《分类与代码表》02石油类除外）、一级易燃固体、一级自燃物品、一级遇水易燃物品、一级氧化性物质、有机过氧化物、二级毒性物质（有毒品）、感染性物质、放射性物质按运价率加50%计费。

【例5-7】甲站发乙站硝铵炸药一车，货重45t，使用标记载重60t的棚车装运。已知发到站间的运价里程为1415km，全程电气化。试计算该批货物运费。

【解】查《分类与代码表》硝铵炸药运价号为5号，查《运价率表》5号的基价1为18.60元/t，基价2为0.103元/（t・km）。硝铵炸药属于爆炸品，运价率加成50%。货物重量小于车辆标记载重，计费重量按车辆标重计费，确定为60t。查《电气化附加费费率表》，整车货物电气化附加费费率为0.007元/（t・km）。

运费=（18.60 + 0.103 × 1415）×（1 + 50%）× 60 + 0.007 × 60 × 1415 ≈ 15385.40（元）

（四）货物快运费

按快运办理的货物的运费计算同不按快运办理的货物，但需在普通运费的基础上加收快运费。货物快运费按铁路货物运价率表中该批货物运价率的30%计算核收。

（五）自备或租用铁路机车车辆的运费

（1）托运人自备货车或租用铁路货车（不论空重）用自备机车或租用铁路机车牵引时，按照全部列车（包括机车、守车）的轴数与整车1号运价率计费。

（2）托运人自备货车或租用铁路货车装运货物用铁路机车牵引，或铁路货车装运货物用该托运人机车牵引运输时，按所装货物运价率减20%计费。

（3）托运人的自备货车或租用铁路货车空车挂运时，按1号运价率计费。

（4）承运人利用自备车回空捎运货物，按所装货物适用的运价率计费，在货物运单承运人记载事项栏内注明，免收回空运费。

【例5-8】某托运人从甲站装运一批矿砂到乙站，货重58t，以一辆60t企业自备敞车装运，使用铁路机车牵引。已知发到站间的运价里程为557km，全程电气化。试计算该批货物运费。

【解】查《分类与代码表》矿砂运价号为4号，查《运价率表》4号的基价1为16.30元/t，基价2为0.098元/（t·km）。由于该批货物属于自备货车装运用铁路机车牵引，运价率减20%。货物重量小于车辆标记载重，计费重量按车辆标重计算，确定为60t。查《电气化附加费费率表》，整车货物电气化附加费费率为0.007元/（t·km）。

运费=（16.30＋0.098×557）×（1–20%）×60＋0.007×60×557≈3636.50（元）

【例5-9】甲站回送某石化公司自备罐车2辆（4轴），到站为乙站，已知发到站间的运价里程为295km，电气化里程245km。试计算该批货物运费。

【解】企业自备货车空车挂运，按自轮运转即1号运价率计费，费率为0.525元/（轴·km）。自轮运转货物电气化附加费率为0.021元/（轴·km）。

运费=0.525×4×2×295＋0.021×4×2×245≈1280.20（元）

（六）自备货车装备物品及集装用具的回送费

（1）托运人自备的货车装备物品（禽畜架、篷布支架、饲养用具、防寒棉被、粮谷挡板）、支柱等加固材料和运输长大货物用的货物转向架、活动式滑枕或滑台、货物支架、座架及车钩缓冲停止器，凭收货人提出的特价运输证明书回送时，不核收运费。

（2）托运人自备的可折叠（拆解）的专用集装箱、集装笼、托盘、网络、货车篷布、装运卷钢、带钢、钢丝绳的座架、玻璃集装架和爆炸品保险箱及货车围挡用具，凭收货人提出的特价运输证明书回送时，整车按2号运价率计费。

（七）特殊形式整车运输运费

（1）站界内搬运的货物，按实际运输里程（不足1km的尾数进整为1km）和该货物适用的运价率计算运费，不另收取送车费。

（2）途中装卸货物，不论托运人、收货人要求在途中装卸地点的前方或后方货运站办理托运或领取手续，途中装车按后方货运站计算运价里程；途中卸车按前方货运站计算运价里程，不另收取送车费。

（3）整车分卸的货物，按照发站至最终到站的运价里程计算全车运费和押运人乘车费。

微课：特殊情况整车运费核算

任务实施

序号	作业项目	作业内容
1	确定发到站间的运价里程	根据题目，发到站间的运价里程和电气化里程均为487km
2	确定货物适用的运价号	查《分类与代码表》确定桥梁和钢铁屋架适用的运价号均为5号；主车运价号按照主车所装运货物运价号确定，因此主车运价号为5号；游车运价号按所装货物运价率与主车货物运价率高的核收游车运费，因此游车运价号为5号
3	根据运价号查找对应的运价率	查《运价率表》确定5号运价号对应的运价率，基价1为18.60元/t，基价2为0.103元/（t·km）；由于货物一级超限且限速运行，所以主车运价率加成150%，游车运价率不加成
4	确定计费重量	主车货重75t，主车标记载重110t，货物重量小于货车标记载重，因此主车计费重量为标重，即110t；游车货重12t，游车标记载重60t，同理游车计费重量为游车标重，即60t
5	根据公式计算运费	整车运费计算公式：（基价1+基价2×运价里程）×计费重量 主车运费=（18.60＋487×0.103）×（1＋150%）×110≈18909.30（元） 游车运费=（18.60＋487×0.103）×60≈4125.70（元）
6	将电气化附加费并入运费	电气化附加费计算公式：费率×计费重量×电气化里程 整车货物电气化附加费费率为0.007元/（t·km），主车计费重量110t，游车计费重量60t，电气化里程487km 主车电气化附加费=0.007×110×487≈375.00（元） 游车电气化附加费=0.007×60×487≈204.50（元） 并入电气化附加费后的运费为： 18909.30＋4125.70＋375.00＋204.50=23614.50（元）

任务评价

评价内容	评价标准	本人自评得分（20%）	小组互评得分（20%）	校内教师评价得分（30%）	企业导师评价得分（30%）	综合得分
知识点掌握（30%）	掌握一般与特殊情况下整车货物运费核算规定					
技能点运用（40%）	会根据整车运输关于运价率、计费重量和运费计算的相关规定，正确核算整车运费					
职业素养（30%）	具备专注、认真、执着的工匠精神；树立规范收费、保证货主利益的服务意识					
综合评价						

巩固提升

一、选择题

1. 以下整车货物运价号中（　　）运价率最高。

A. 1号　　B. 2号　　C. 3号　　D. 4号

2. 某货主托运一批货物，其中箱装空调50台，运动器材100套。已知空调的运价号为6号，运动器材的运价号为5号，则该批货物按（　　）计费。

A. 空调按6号，运动器材按5号　　B. 5号和6号的平均值

C. 5号　　D. 6号

3. 需要限速运行的货物（不包括通过桥梁、隧道、出入站限速运行），按运价率（　　）计算。

A. +50%　　B. +100%　　C. +150%　　D. +200%

4. 托运箱装雪梨一批，使用B_{23}一车装载，货主声明货物途中不需要制冷，则该批货物的运价率（　　）。

A. -20%　　B. +20%　　C. -10%　　D. +10%

5. B_{21}（机械冷藏车）的计费重量为（　　）。

A. 32t　　B. 38t　　C. 42t　　D. 44t

6. 托运人的自备货车或租用的铁路货车空车挂运时，按（　　）号运价率计费。

A. 1　　B. 2　　C. 3　　D. 4

二、技能训练题

1. A站发B站锅炉1件，重量为48t，使用标记载重60t的N_{17AK}型平车装运，装车后二级超限，且需限速运行。运价里程1680km，电气化里程1350km，锅炉适用6号运价。试计算该批货物的运费。

2. 某公司从A站使用一辆B_{10}型铁路机械冷藏车装运冻牛肉到B站，货物重量35t，要求运输途中温度控制在-15℃以下。运价里程491km，电气化里程384km。试计算该批货物的运费。

任务三

集装箱、零散货物运费核算

学习工具

《铁路货物运价规则》。

任务布置

甲站发乙站2个20ft铁路冷藏集装箱（使用BX型车提供在途供电），每箱装运冻肉20t，运价里程1130km。请为货主核算这批货物的运费。

相关知识

一、集装箱货物运费核算

（一）计费重量

集装箱运费按箱计费，不再考虑箱内所装货物重量，但所装货物重量与自重之和不得超过集装箱总重。箱内单件货物重量超过100kg时，必须在货物运单托运人记载事项栏内注明。

（二）运价率

（1）集装箱货物运价号有2个，分别是20ft通用箱和40ft通用箱，运价率参见表5-1。其他箱型箱类的运价率需要在基准箱型基础上加成（表5-6）。

表5-6 常用集装箱箱型箱类运价率加成比率

箱型箱类	基准箱型	运价率加成
20ft干散货箱	20ft通用箱	不加成
20ft罐式箱		+5%

续表

箱型箱类	基准箱型	运价率加成
35t通用箱	20ft通用箱	+20%
20ft冷藏箱（使用BX型车提供在途供电时）	20ft通用箱	+30%
20ft 35t敞顶箱	按所装货物适用的整车运价率计费	
40ft罐式箱	40ft通用箱	+30%
40ft冷藏箱（使用BX型车提供在途供电时）	40ft通用箱	+40%

（2）装运一级毒性物质（剧毒品）的集装箱按规定的运价率加100%计算；装运爆炸品、易燃气体、非易燃无毒气体、毒性气体、一级易燃液体（《分类与代码表》02类石油除外）、一级易燃固体、一级自燃物品、一级遇水易燃物品、一级氧化性物质、有机过氧化物、二级毒性物质（有毒品）、感染性物质、放射性物质的集装箱，按规定的运价率加50%计算。装运危险货物的集装箱按上述规定适用两种加成率时，只适用其中较大的一种加成率。

（3）自备集装箱空箱运价率按其适用重箱运价率的40%计算。

（4）承运人利用自备集装箱回空捎运货物，在货物运单承运人记载事项栏内注明，免收自备集装箱箱主的回空运费。

【例5-10】甲站发乙站2个20ft铁路通用集装箱，每箱装运货物20t，运价里程778km。试计算这批货物运费。

【解】20ft通用箱基价1为440元/箱，基价2为3.185元/（箱·km）。

运费=（440＋3.185×778）×2≈5835.90（元）

【例5-11】甲站发乙站2个40ft铁路罐式箱，每箱装运货物20t，运价里程1769km。试计算这批货物运费。

【解】40ft通用箱基价1为532元/箱，基价2为3.357元/（箱·km）。40ft罐式箱运价率需要在此基础上加成30%。

运费=（532＋3.357×1769）×（1＋30%）×2≈16823.40（元）

二、零散货物运费核算

（一）计费重量

零散货物的计费重量以10kg为单位，不足10kg进为10kg。具体确定时分为以下三种情况。

1. 按规定计费重量计费

有规定计费重量的，按规定计费重量计费，见表5–7。

表5–7 零散货物规定计费重量表

顺号	货物名称	计费单位	规定计费重量（kg）
1	组成的摩托车： 双轮； 三轮（包括正、侧带斗的，不包括三轮汽车）	 每辆 每辆	 750 1500
2	组成的机动车辆、拖斗车（单轴的拖斗车除外）： 车身长度不满3m； 车身长度3m以上，不满5m； 车身长度5m以上，不满7m； 车身长度7m以上	 每辆 每辆 每辆 每辆	 4500 15000 20000 25000
3	组成的自行车	每辆	100
4	轮椅、折叠式疗养车	每（辆）件	60
5	牛、马、骡、驴、骆驼	每头	500
6	未装容器的猪、羊、狗	每头	100
7	灵柩、尸体	每具（个）	1000

2. 按货物重量计费

《分类与代码表》列“童车”“室内健身车”“209其他鲜活货物”“9914搬家货物、行李”“9960特定集装化运输用具”等裸装运输时按货物重量计费。

3. 按货物重量或货物体积折合重量择大计费

除上述两种特殊情况外，零散货物的计费重量均按货物重量或货物体积折合重量择大计费，即每立方米重量不足333kg的轻泡货物，按1立方米体积折合重量333kg计算。

（二）运价率

零散货物运价号采用“零担货物运价号”，共有2个，分别是21号、22号，运价率见表5–1。

（1）运价率不同的零散货物在一个包装内或按总重量托运时，按该批或该项货物中高的运价率计费。

（2）在货物运单内分项填记重量的零散货物，应分项计费，但运价率相同时，重量应合并计算。

【例5–12】某托运人从甲站托运零散货物一批到乙站，货物共有三种，其中电扇

2件，电吹风机10件，电饭锅4件，总重59kg，总体积1.04m^3，按总重量托运，试计算运费。已知运价里程575km。

【解】查《分类与代码表》电扇零担运价号为22，电吹风机零担运价号为21，电饭锅零担运价号为21。因该批货物按总重量托运，应按照高的运价率计费，即22号，基价1为0.28元/10kg，基价2为0.00155元/（10kg·km）。

该批货物总体积为1.04m^3，体积折合重量为1.04×333=346.32（kg），大于实际重量59kg，则计费重量为350kg。

运费=（0.28＋0.00155×575）×350/10≈41.00（元）

【例5-13】某托运人从甲站托运零散货物一批到乙站，货物共有三种，品名（重量、体积）分别为电扇（10kg，0.29m^3），电吹风机（16kg，0.1m^3），电饭锅（33kg，0.65m^3），分项填记，试计算运费。已知运价里程575km。

【解】查《分类与代码表》电扇零担运价号为22，电吹风机与电饭锅零担运价号均为21。在货物运单内分项填记重量的零担货物应分项计费，但运价率相同时，重量应合并计算。因此，电吹风与电饭锅应合并计费。21号基价1为0.22元/10kg，基价2为0.00111元/（10kg·km）；22号基价1为0.28元/10kg，基价2为0.00155元/（10kg·km）。

电扇体积折合重量为0.29×333=96.57（kg），大于实际重量10kg，则计费重量为100kg。电吹风机和电饭锅体积折合重量为（0.1+0.65）×333=249.75（kg），大于实际重量49kg，则计费重量为250kg。

运费=（0.28＋0.00155×575）×100/10＋（0.22＋0.00111×575）×250/10≈33.20（元）

微课：集装箱、零散货物运费核算

任务实施

序号	作业项目	作业内容
1	确定发到站间的运价里程	根据题目，发到站间的运价里程为1130km
2	确定货物适用的运价号	集装箱运价号分别是20ft箱和40ft箱，此处运价号为20ft箱
3	根据运价号查找对应的运价率	20ft通用箱基价1为440元/箱，基价2为3.185元/（箱·km），20ft冷藏集装箱运价率需要在此基础上加成30%
4	确定计费重量	集装箱运费按箱计费，不再考虑箱内所装货物重量，此处计费重量为2个集装箱
5	根据公式计算运费	集装箱运费计算公式：（基价1+基价2×运价里程）×箱数 运费=（440＋3.185×1130）×（1＋30%）×2≈10501.50（元）

任务评价

评价内容	评价标准	本人自评得分（20%）	小组互评得分（20%）	校内教师评价得分（30%）	企业导师评价得分（30%）	综合得分
知识点掌握（30%）	掌握集装箱货物运费核算规定					
技能点运用（40%）	会根据集装箱运输关于运价率、计费重量和运费计算的相关规定，正确核算集装箱运费					
职业素养（30%）	具备专注、认真、执着的工匠精神；树立规范收费、保证货主利益的服务意识					
	综合评价					

巩固提升

一、选择题

1. 分栏填记的零散货物，运价率不同时，按（　　）计价。

   A. 各自的运价号　　B. 高的运价号

   C. 低的运价号　　D. 取平均值

2. 按现行规定，铁路对每立方米不足（　　）的货物判定为轻泡货物。

   A. 250kg　　B. 300kg　　C. 333kg　　D. 500kg

3. 20ft干散货箱运价率按“铁路货物运价率表”规定20ft通用箱运价率加（　　）计费。

   A. 0　　B. 5%　　C. 20%　　D. 30%

4. 集装箱40ft运价率中基价1单位是（　　）。

   A. 元/箱　　B. 元/（箱·km）　C. 元/t　　D. 元/（t·km）

二、技能训练题

1. A站发B站1个40ft铁路机械冷藏箱，使用BX型车提供在途供电，装运冻鱼20t，运价里程388km。试计算这批货物运费。
2. A站发B站2个20ft自备集装箱，到站后B站回送A站，运价里程620km。试分别计算A站核收的集装箱运费和B站核收的集装箱回空运费。

任务四

其他运输费用

学习工具

《铁路货物运价规则》《铁路货物运输杂费管理办法》。

任务布置

甲站承运发到乙站卷烟一车，货物重40t，使用标记载重为60t的P_{60}一辆装载，已知发到站间运价里程及电气化里程均为581km。请为货主核算这批货物的铁路建设基金。

相关知识

铁路货物运输费用的收费项目（含代收款）除国家铁路运费（含电气化附加费）外，还有其他运输费用，包括货运杂费、铁路建设基金与印花税等。

一、货运杂费

铁路货运杂费是指铁路运输的货物自承运至交付时的全过程中，铁路运输企业向托运人、收货人提供的辅助作业和劳务，以及托运人或收货人额外占用铁路设备、使用用具和备品所发生的费用。

（一）货运杂费收费项目与计算

货运杂费的收费项目共有四大类26项，见表5-8。

表5-8 货运杂费收费项目

杂费类别	收费项目
货运营运杂费	集装箱使用费、接取送达费、押运人乘车费、货物保价费、取送车费、机车作业费、货物装卸作业费、装载加固材料使用服务费
延期使用运输设备、违约及委托服务费用	货车延期占用费、集装箱延期使用费、货车篷布延期使用费、货车滞留费、违约金、运杂费迟交金、赔偿费、仓储费

续表

杂费类别	收费项目
租、占用运输设备费用	合资/地方铁路及在建线货车使用费、合资/地方铁路货车篷布占用费、自备或租用货车停放费、车辆使用服务费、机车使用服务费、路产专用线使用服务费、货运场地使用服务费
国际铁路联运进出货物国内段运输杂费	换装费、声明价格费、换轮作业费

铁路货运杂费按《铁路货物运输杂费管理办法》规定核收。杂费的计算公式为：

杂费=杂费费率×杂费计费单位

货运杂费按实际发生核收，未发生的项目不准核收。各项杂费不满一个计算单位的，均按一个计算单位计算（另定者除外）。杂费的尾数不足1角时按四舍五入处理。

（二）取送车费

（1）用铁路机车往专用线、货物支线（包括站外出岔）或专用铁路的站外交接地点调送车辆时，核收取送车费。取送车费费率见表5-9。

表5-9 取送车费费率

收费项目		单位	费率
取送车费	整车	元/（车·km）	8.1
	20ft箱	元/（箱·km）	4.05
	40ft箱	元/（箱·km）	8.1

（2）计算取送车费的里程应自车站中心线起算，到交接地点或专用线最长线路终端止，里程往返合计（不足1km的尾数进整为1km），取车不另收费。

（3）专用线取送车，由于货物性质特殊或设备条件等原因，托运人、收货人要求加挂隔离车时，隔离车按需要使用的车数核收取送车费。

（4）托运人或收货人使用铁路机车进行取送车辆以外的其他作业时，另核收机车作业费。

（三）货车延期占用费

1．货车延期占用费计费时间的确定

（1）专用线及其他根据规定由托运人、收货人自行组织装卸货车时，货车延期占用费计费时间，等于自铁路将货车送到规定的装卸地点交给企业时起，至企业通知该批货

车装卸完交给铁路时止的时间，减去该批货车占用时间的标准值。

（2）专用铁路货车延期占用计费时间，等于自铁路将货车送到约定的交接地点交给企业时起，至企业将货车送回约定的交接地点交给铁路时止的时间，减去该专用铁路货车占用时间的标准值。

（3）专用线、专用铁路货车现行最低免费时间标准为装车时4.5h、卸车时4h。货车延期占用费计费时间不足1h的部分，不足0.5h不计算，达到或超过0.5h的按1h计算。如一批货车中占用时间标准不同，则按其中最长的占用时间标准计算。

2．货车延期占用费的计算

货车延期占用费=∑（各时间档货车延期占用费率×该时间档货车延期占用计费时间）

货车延期占用费费率见表5-10。

表5-10 货车延期占用费费率

收费项目			单位	费率
货车延期占用费	机械冷藏车	1～10h	元/（车·h）	10
		11～20h	元/（车·h）	20
		21～30h	元/（车·h）	30
		30h以上	元/（车·h）	40
	罐车	1～10h	元/（车·h）	6.5
		11～20h	元/（车·h）	13
		21～30h	元/（车·h）	19.5
		30h以上	元/（车·h）	26
	其他货车	1～10h	元/（车·h）	5.7
		11～20h	元/（车·h）	11.4
		21～30h	元/（车·h）	17.1
		30h以上	元/（车·h）	22.8
	D型长大货物车		元/（t·日）	6.5

【例5-14】某专用线按照《专用线运输协议》约定一批作业车数10辆，专用线里程为7.6km，专用线内有装卸作业线1条，8月10日14: 55送入该专用线10辆敞车铁矿石，卸车结束时间为次日18: 00。试计算应核收的杂费。

【解】这里发生的杂费包括取送车费和货车延期占用费。

（1）取送车费

取送车里程7.6×2=15.2（km），按照16km计算，取送车费率8.1元/（车·km）。

取送车费为：16×8.1×10=1296.00（元）

（2）货车延期占用费

8月10日14: 55送入该专用线10辆敞车铁矿石，次日18: 00卸完，实际作业时间27h 5min。减去卸车标准时间4h，延迟了23h 5min。计费时间为23h。

货车延期占用费为：5.7×10×10＋11.4×10×10+17.1×10×3=2223.00（元）

应核收运杂费合计：1296.00＋2223.00=3519.00（元）

（四）集装箱使用费

使用铁路集装箱装运货物时，铁路向托运人核收集装箱使用费。集装箱使用费费率见表5-11。

铁路罐式集装箱使用费按同规格通用集装箱使用费加200%核收；铁路冷藏集装箱使用费按同规格通用集装箱加300%核收；使用铁路集装箱装运危险货物时，按集装箱使用费加20%核收。

表5-11 集装箱使用费费率

收费项目			单位	费率
集装箱使用费	20ft通用集装箱	运价里程250km以内	元/箱	35
		运价里程251km以上每增加100km加收（不足100km的部分按100km计算）	元/箱	6
	40ft通用集装箱	运价里程250km以内	元/箱	70
		运价里程251km以上每增加100km加收（不足100km的部分按100km计算）	元/箱	12

【例5-15】甲站发乙站2个20ft铁路通用集装箱，每箱装运货物20t，运价里程778km。试计算集装箱使用费。

【解】20ft通用集装箱使用费250km以内每箱35元，251km以上每增加100km（不足100km的部分按100km计算）加收6元。778-250=528（km），计6个100km。

集装箱使用费=（35＋6×6）×2=142.00（元）

【例5-16】甲站发乙站2个40ft铁路罐式集装箱，每箱装运货物20t，运价里程1769km。试计算集装箱使用费。

【解】40ft通用集装箱使用费250km以内每箱70元，251km以上每增加100km（不足

100km的部分按100km计算）加收12元，铁路罐式集装箱使用费按同规格通用集装箱使用费加200%核收。1769−250=1519（km），计16个100km。

集装箱使用费=（70＋12×16）×（1＋200%）×2=1572.00（元）

（五）集装箱延期使用费

集装箱延期使用费的收费标准为20ft箱60元/（箱·日），40ft箱120元/（箱·日）。

《铁路集装箱运输规则》规定，托运人或收货人使用铁路箱超过下列期限，自超过之日核收集装箱延期使用费。

（1）站内装箱的，应于约定进货日期当日装完；站内掏箱的，应于领取的当日掏完。

（2）到达的集装箱，应于铁路局集团公司发出领货通知的次日起算，2日内领取集装箱。

（3）集装箱出站的，重去空回或空去重回时，应于领取的次日送回；重去重回的，应于领取的3日内送回。

（4）集装箱出站的，空去空回时，应于出站之日起核收集装箱延期使用费。

二、铁路建设基金与印花税

（一）铁路建设基金

铁路运输货物经由国家铁路正式营业线和实行统一运价的运营临管线时应核收铁路建设基金，其计算公式为：

铁路建设基金=费率×计费重量（箱数或轴数）×运价里程

整车、零散货物按该批货物的计费重量计算；集装箱按箱计费。货物运单内分项填记重量的货物，按运费计费重量合并计算。

铁路建设基金由发站一次核收。尾数不足1角的按四舍五入处理，免收运费的货物、站界内搬运的货物免收铁路建设基金。

铁路建设基金费率表见表5−12。

表5−12　铁路建设基金费率表

种类	项目			
	计费单位	农药	磷矿石	其他货物
整车货物	元/（t·km）	0.019	0.028	0.033
零担货物	元/（10kg·km）	0.00019	0.00033	

续表

<table>
<tr><th colspan="3" rowspan="2">种类</th><th colspan="4">项目</th></tr>
<tr><th>计费单位</th><th>农药</th><th>磷矿石</th><th>其他货物</th></tr>
<tr><td colspan="3">自轮运转货物</td><td>元/（轴·km）</td><td colspan="3">0.099</td></tr>
<tr><td rowspan="4">集装箱</td><td colspan="2">20ft箱</td><td>元/（箱·km）</td><td colspan="3">0.5280</td></tr>
<tr><td colspan="2">40ft箱</td><td>元/（箱·km）</td><td colspan="3">1.1220</td></tr>
<tr><td rowspan="2">空自备箱</td><td>20ft箱</td><td>元/（箱·km）</td><td colspan="3">0.2640</td></tr>
<tr><td>40ft箱</td><td>元/（箱·km）</td><td colspan="3">0.5610</td></tr>
</table>

（二）印花税

印花税是对经济活动和经济交往中书立、领受具有法律效力凭证的行为所征收的一种税，属于铁路代收费用，按运费的万分之五核收。印花税以元为单位，计算到角。税额不足一角的免税，超过一角的四舍五入。

【例5–17】甲站运往乙站原木一车，货物重53t，使用60t C_{62A}一辆装运。装车后重车重心高超过2000mm，需限速运行。运价里程522km，电气化里程250km。试计算该批货物的运费、铁路建设基金和印花税。

【解】原木运价号为5号，基价1为18.60元/t，基价2为0.103元/（t·km）。由于限速运行，运价率加成150%。计费重量为60t。整车货物电气化附加费费率为0.007元/（t·km），铁路建设基金费率为0.033元/（t·km）。

运费=（18.60＋0.103×522）×（1＋150%）×60＋0.007×60×250≈10959.90（元）

铁路建设基金=0.033×60×522≈1033.60（元）

印花税=10959.90×0.0005≈5.50（元）

【例5–18】甲站发乙站2个40ft铁路机械冷藏箱装运水果，要求用BX型车供电运输，发到站间运价里程690km，计算该批集装箱货物的运费、集装箱使用费、铁路建设基金和印花税。

【解】40ft通用箱基价1为532元/箱，基价2为3.357元/（箱·km）。40ft冷藏箱运价率需要在此基础上加成40%。

运费=（532＋3.357×690）×（1＋40%）×2≈7975.30（元）

40ft通用集装箱使用费250km以内每箱70元，251km以上每增加100km（不足100km的部分按100km计算）加收12元，铁路冷藏集装箱使用费按同规格通用集装箱使用费加300%核收。690–250=440（km），计5个100km。

微课：其他运输费用

集装箱使用费=（70 + 12 × 5）×（1 + 300%）× 2=1040.00（元）

40ft集装箱铁路建设基金费率为1.122元/（箱 · km）。

铁路建设基金=1.122 × 2 × 690 ≈ 1548.40（元）

印花税=7975.30 × 0.0005 ≈ 4.00（元）

任务实施

序号	作业项目	作业内容
1	确定发到站间的运价里程	根据题目，确定发到站间的运价里程为581km
2	确定货物适用的铁路建设基金费率	整车“其他货物”铁路建设基金费用为0.033元/（t · km）
3	确定计费重量	整车货物铁路建设基金的计费重量同运费计费重量，即为60t
4	根据公式计算铁路建设基金	铁路建设基金计算公式：费率 × 计费重量 × 运价里程 铁路建设基金=0.033 × 60 × 581≈1150.40（元）

任务评价

评价内容	评价标准	本人自评得分（20%）	小组互评得分（20%）	校内教师评价得分（30%）	企业导师评价得分（30%）	综合得分
知识点掌握（30%）	掌握铁路建设基金核算规定					
技能点运用（40%）	能根据铁路建设基金计费单位和费率规定，正确核算铁路建设基金					
职业素养（30%）	具备专注、认真、执着的工匠精神；树立规范收费、保证货主利益的服务意识					
综合评价						

巩固提升

一、判断题

1. 专用线、专用铁路货车现行最低免费时间标准为装车时、卸车时分别为4.5/4.5h。（ ）

2．铁路运输企业收取的杂费中包含铁路建设基金和印花税。(　　)

二、技能训练题

1．A站发B站电冰箱一车，货重55t，使用一辆标记载重58t的P_{64}型车装运。已知电冰箱整车运价号为6号，发到站间运价里程为1499km，电气化里程为1034km。试计算该批货物的运费、铁路建设基金和印花税。

2．某专用线一批作业能力8车。A站于10月20日上午8: 40将到达的3辆棚车和3辆罐车送入约定的卸车地点，次日9: 10卸车完毕。已知车站中心线距专用线最长线路终端为9.2km。试计算应核收的取送车费和货车延期占用费。

项目六　超限超重货物运输

项目导读

随着国民经济的发展，要求铁路运输的大件货物日益增加，如发电机定子、变压器、桥梁、架桥机、铺轨机、轧钢设备、化工设备、国家抢险救灾设备及军事装备等，这些货物的体积和重量巨大，大多属于铁路运输中的超限超重货物。超限超重货物运输条件复杂，运输组织难度大，其运输安全和效率关系到国家工业和国防建设及铁路运输安全和效率，因此超限超重货物运输对铁路运输组织与管理工作有更高的要求，需要相关部门协调组织以保证运输过程中货物、车辆及沿线线路、建筑物、设备不发生损坏。

思维导图

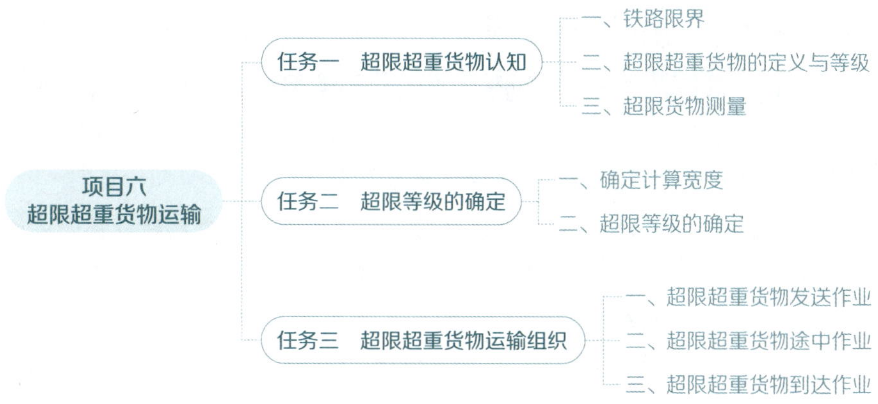

目标导学

知识目标

1. 掌握超限、超重货物的定义及等级。
2. 掌握超限货物装车前、装车后测量的内容。
3. 掌握超限等级的确定方法。
4. 掌握超限货物的发送、途中与到达作业组织的特殊规定。

技能目标

1. 会确定超限、超重等级。
2. 会测量超限货物。
3. 能按规章办理超限、超重货物运输作业。

素养目标

1. 培养攻坚克难、勤于钻研的工匠精神。
2. 具备科学严谨、追求卓越的职业素养。
3. 树立勇挑重担的责任意识。

素养提升

揭秘：军工领域超限装备如何搭火车

军工领域有不少“体型”大、“腰围”粗的超限装备，俗称“大块头”。如何确保这些“大块头”铁路运输安全，打通从军工厂到部队的“最后一公里”，是军地双方共同关注的问题。

“大块头”是如何搭火车的？

第一步：装备量体。军代表与铁路人员3人一组，手持卷尺，在军工厂技术人员的指导下，仔细认真地对每个“大块头”量“身高”、测“腰围”，突出部位还要重点“照顾”。而后，他们根据测量结果，核对相应标准，确定超限等级。找准突出部位、精确测量结果，是这一步成功的关键。测量不准确会导致超限装备定级错误，直接影响到整个军运计划的制订。

第二步：道路选取。根据装备的超限等级以及军工厂要求的送达时间，军代表与铁路人员经过讨论，最终选取一条更为科学高效的运输路线。要安全运输这些“大块头”，选好路线至关重要。选错路线，便会出现“多停多等”“大牛钻小洞”的现象，不但会延误到达时间，还可能在运输过程中引发安全事故。

第三步：铁路装载。一辆辆超限装备缓缓驶上铁路平车。为这些新装备即将列装部队，军工厂技术人员进行跟车指导，确保新装备装载安全。与普通装备相比，超限装备的捆绑加固还会受到一些“特殊照顾”。设置“十字检查线”、张贴超限等级标识牌等步骤随后一一展开。

第四步：远程机动。顺利完成装车后，列车缓缓驶出货运站。行驶过程中，列车停靠沿途军供站时，需检查紧固钢绳是否松动、扒钉是否起翘，确保超限装备不发生位移。

资料来源：解放军报

网址：http://gdb.gxzf.gov.cn/xjzc_46993/gzyt_46997/t1799140.shtml

评析：目前铁路是我国军工领域物资的重要运输方式，一些重型武器装备是铁路超限货物运输的常客，铁路已然成为我军运输重型装备体系中的重要系列，对保障部队的建设、作战以及训练起到了关键的作用。

任务一
超限超重货物认知

学习工具

《铁路超限超重货物运输规则》《铁路超限超重货物运输技术要求》。

任务布置

甲站承运了一件货物，装载车型及装车后测量数据见下表：

自轨面起高度（mm）	自车辆纵中心线起		车型	车辆自重（t）	货物重量（t）
	左宽（mm）	右宽（mm）			
3610	1700	1800	D_{2G}	148.5	200

（1）判定该件货物在直线上是否超限，若超限请确定超限等级和超限类型。

（2）判定该件货物是否为超重货物，若超重请确定其超重等级。

相关知识

一、铁路限界

为了保证行车安全，接近铁路线路的各种建筑物和设备，必须与铁路线路保持一定的距离，同时对在线路上运行的机车车辆的横向尺寸也须有一定的限制，所以铁路对机车车辆和接近线路的建筑物和设备规定了限界。铁路限界分为机车车辆限界和铁路建筑限界。

（一）机车车辆限界

机车车辆限界是一个和线路中心线垂直的极限横断面轮廓。机车车辆限界为静态限界轮廓，规定了机车车辆不同部位的宽度、高度的最大尺寸和其零部件至轨面的最小距离。

客货共线铁路机车车辆限界适用于在客货共线铁路运行的机车车辆，如图6-1所示。

机车车辆限界最大半宽为1700mm，此时距轨面高度在1250～3600mm。最大高度为4800mm，此时半宽为450mm。

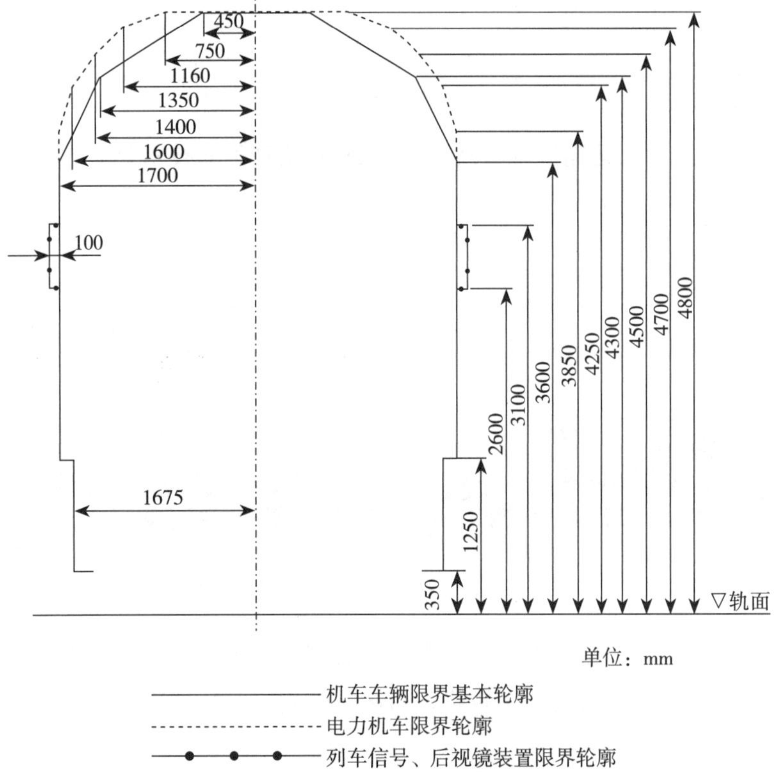

图6-1 机车车辆限界

（二）铁路建筑限界

建筑限界是一个和线路中心线垂直的极限横断面轮廓。建筑限界是确保机车车辆和装载货物在运行时不与线路上的设备和建（构）筑物发生刮蹭、碰撞，能够安全通过的空间。为确保列车运行安全，规定除与机车车辆有直接相互作用的设备（如车辆减速器、接触线等）外，一切建（构）筑物、设备，均不得侵入铁路的建筑限界。

客货共线铁路建筑限界适用于客货共线运行的铁路，分为三种，即：v≤160km/h客货共线铁路建筑限界、v>160km/h客货共线铁路建筑限界、双层集装箱运输装载限界及双层集装箱运输铁路建筑限界。各种限界又都分为基本建筑限界和桥隧建筑限界，并均须在曲线地段进行相应的加宽。

v≤160km/h客货共线基本建筑限界，其最大半宽为2440mm，最大高度为5500mm，如图6-2所示。

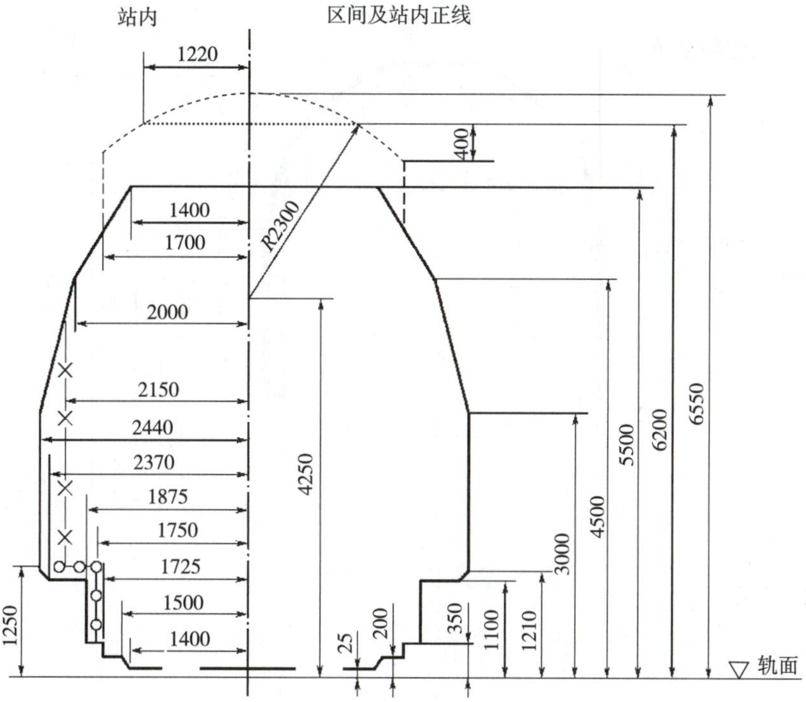

—×—×—×— 信号机、高架候车室结构柱和接触网、跨线桥、天桥、电力照明、雨棚等杆柱的建筑限界（正线不适用）

—○—○—○— 站台建筑限界（正线不适用）

———— 各种建（构）筑物的基本限界

- - - - 适用于电力牵引区段的跨线桥、天桥及雨棚等建（构）筑物

…… 电力牵引区段的跨线桥在困难条件下的最小高度

图6-2　基本建筑限界

（三）《铁路超限超重货物运输规则》（以下简称《超规》）规定的各级超限限界

1．一级超限限界

一级超限限界是一级超限货物装载的最大轮廓图，如图6-3所示。一级超限限界的最大半宽为1900mm，此时距轨面高度在1250～3100mm；最大高度为4950mm，此时半宽为450mm。距轨面高度1250mm以下，未设一级超限限界。

2．二级超限限界

二级超限限界是二级超限货物装载的最大轮廓图，如图6-4所示。二级超限限界的最大半宽为1940mm，此时距轨面高度在1250～3100mm；最大高度为5000mm，此时半宽为450mm；距轨面高度150～230mm处，半宽为1400mm。

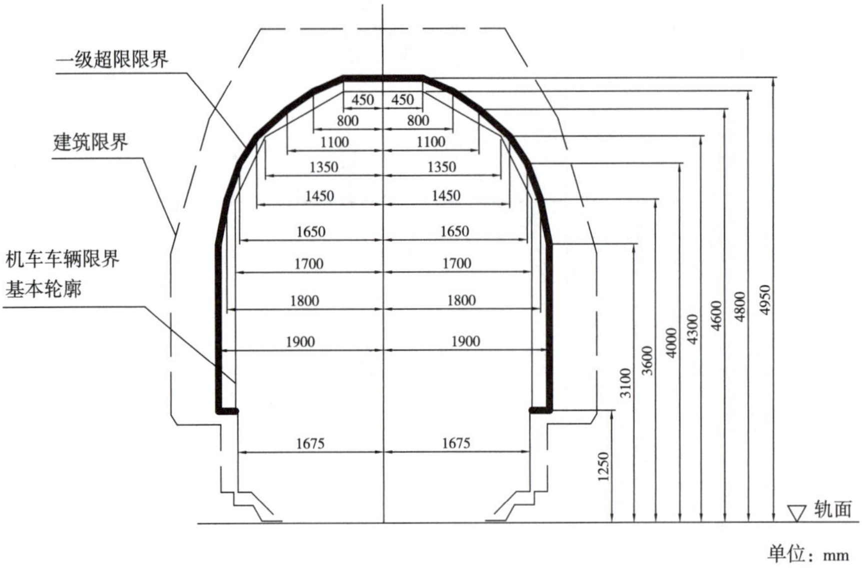

图6-3 一级超限限界

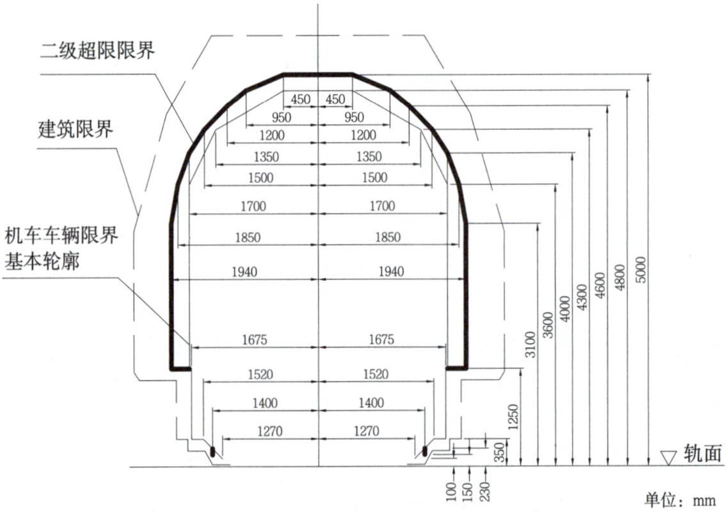

图6-4 二级超限限界

二、超限超重货物的定义与等级

（一）超限货物

1．超限货物的定义

货物装车后，车辆停留在水平直线上，货物的任何部位超出机车车辆限界基本轮廓者或车辆行经半径为300m的曲线时，货物的计算宽度超出机车车辆限界基本轮廓者，均为超限货物。

装车后超出机车车辆限界基本轮廓的货物，经国铁集团批准，可不按超限货物办理。

2．超限货物的等级

根据货物的超限程度，超限货物分为三个等级：一级超限、二级超限和超级超限。

（1）一级超限。自轨面起高度在1250mm以上超限但未超出一级超限限界者。

（2）二级超限。超出一级超限限界而未超出二级超限限界者，以及自轨面起高度在150mm至未满230mm间超限但未超出二级超限限界者。

（3）超级超限。超出二级超限限界者，以及自轨面起高度在230～1250mm间超限者。

3．超限货物的类型

根据货物超限部位所在的高度，超限货物分为三种类型：上部超限、中部超限和下部超限。

（1）上部超限。自轨面起高度超过3600mm，任何部位超限者。

（2）中部超限。自轨面起高度超过1250～3600mm，任何部位超限者。

（3）下部超限。自轨面起高度在150～1250mm，任何部位超限者。

直线上超限等级可根据《机车车辆限界基本轮廓、各级超限限界与建筑限界距离线路中心线所在垂直平面尺寸表》（《超规》附件4）直接确定。

文档：机车车辆限界基本轮廓、各级超限限界与建筑限界距离线路中心线所在垂直平面尺寸表

（二）超重货物

1．超重货物的定义

装车后，重车总重活载效应超过桥涵设计标准活载（中–活载）的货物，称为超重货物。

2．超重货物的等级

根据货物的超重程度，超重货物分为三个等级：一级超重、二级超重和超级超重。设Q为活载系数，则一级超重：$1.00<Q\leq1.05$；二级超重：$1.05<Q\leq1.09$；超级超重：$Q>1.09$。

实际工作中可根据重车总重和所使用的车种车型查看《超重货物分级表》（《超规》附件5）来确定超重货物等级，见表6–1。

微课：超限超重货物的定义与等级

表6-1 超重货物分级表

等级	长大货车型号	重车总重P（t）	长大货车型号	重车总重P（t）
一级	D_2	$314<P$	D_{28}	$369<P\leqslant388$
	D_{2A}	$P>329$	DK_{29}	$370.8<P\leqslant389.5$
	D_{2G}	$326<P\leqslant342$	D_{30G}	$437<P\leqslant459$
	D_{18A}	$P>310$	D_{32}	$491<P\leqslant515$
	DK_{23}	$P>296$	350t落下孔车	$490<P\leqslant514$
	D_{23G}	$310<P\leqslant326$	DQ_{35}	$P>508$
	D_{25A}	$P>374$	DK_{36}	$P>545.7$
	DA_{25}	$P>361$	DK_{36A}	$P>521.3$
	D_{32A}	$P>545$	D_{38}	$543<P\leqslant571$
	D_{26}	$371<P\leqslant390$	D_{45}	$580<P\leqslant609$
	D_{26AK}	$P>332$	DA_{37}	$P>542.2$
	D_{26B}	$371<P\leqslant390$	DQ_{45}	$585t<P\leqslant615t$
二级	D_{2G}	$342<P\leqslant355$	350t落下孔车	$P>514$
	D_{23G}	$P>326$	D_{32}	$515<P\leqslant535$
	D_{26}	$P>390$	D_{38}	$571<P\leqslant592$
	D_{26B}	$P>390$	D_{45}	$609<P\leqslant632$
	D_{28}	$P>388$	DQ_{45}	$615t<P\leqslant638$
	D_{30G}	$P>459$	DK_{29}	$P>389.5$
超级	D_{2G}	$P>355$	D_{45}	$P>632$
	D_{32}	$P>535$	DQ_{45}	$P>638$
	D_{38}	$P>592$		

以上均为货物装载无偏心情况，如有偏心，则应按实际装载偏心另行计算等级。

三、超限货物测量

超限货物在装车前测量其各部位的尺寸和装车后复测其各部位的尺寸，称为超限货物测量。超限货物的有关尺寸，是关系到确定超限等级和运行条件的重要依据。如果测量的尺寸大于实际尺寸，就会使非超限货物变成超限货物或提高超限等级，造成不必要的限速、禁止会车、绕路运输，影响铁路通过能力，延缓货物送达速度，增加货物的运输费用，甚至被认为无法通过铁路限界而不能运输；如果测量的尺寸小于实际尺寸，就可能降低超限等级或将超限货物按非超限货物办理，从而降低运输条件，这样就会危及行车安全和货物安全，甚至可能造成铁路交通事故。因此，超限货物的测量工作，必须计划周密、认真细致、尺寸准确、记录完整。

超限货物测量以mm为单位。

（一）装车前测量

装车前，按计划装载方案测量货物尺寸。

1．长度

测量其最大长度、支重面长度、重心至端部的距离、重心至检定断面的距离，如图6-5所示。

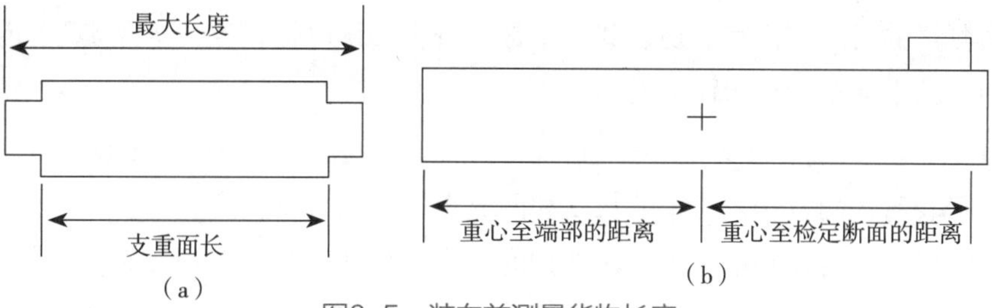

图6-5　装车前测量货物长度

2．高度

自支重面起，测量其中心高度、侧高度和重心高度，如图6-6所示。

（1）中心高度。自支重面起至最大高度处的高度为中心高度。

（2）侧高度。中心高度以下各测点至支重面的高度。如有数个不同侧高度时，应由上至下测出每一个不同的侧高度。

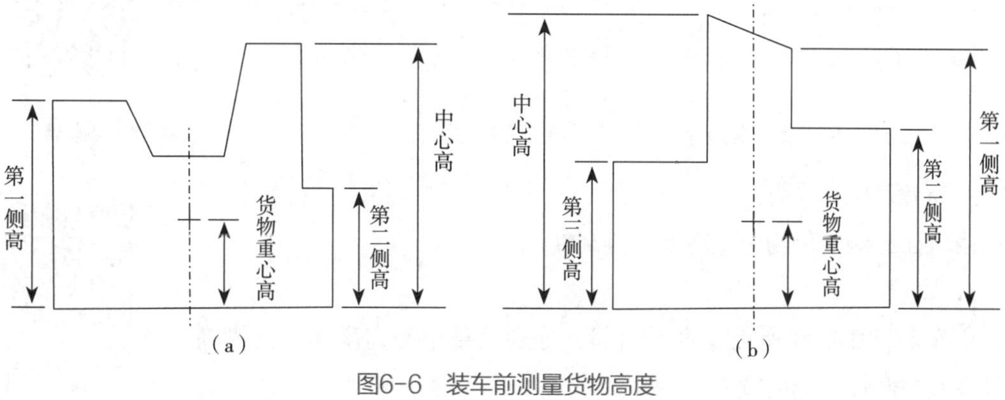

图6-6　装车前测量货物高度

3．宽度

由货物重心所在的纵向垂直平面起，测量中心高度处的宽度和不同侧高度处的宽度，如图6–7所示。

（1）中心高度处的宽度。中心高度处，在货物重心所在纵向垂直平面左侧和右侧的最大宽度。

（2）侧高度处的宽度。每一侧高度处，在货物重心所在纵向垂直平面左侧和右侧的最大宽度。

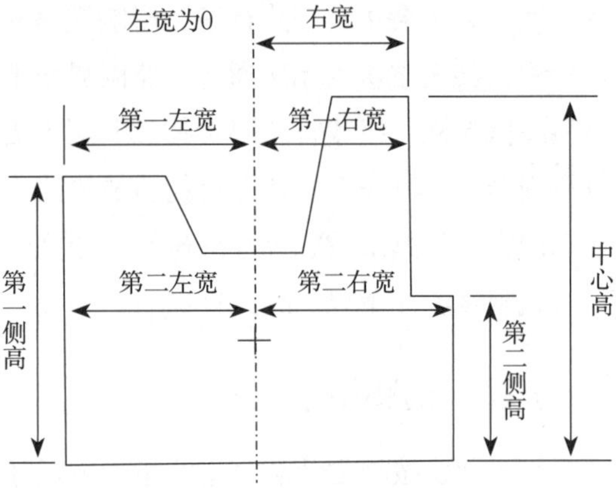

图6–7 装车前测量货物宽度

（二）装车后测量

装车后，按实际的装载加固状态（含装载加固材料或装置）测量货物尺寸。超限货物装车后测量的目的是检查货物装载状态是否符合确认电报条件，按照实际的装载加固情况填写《超限超重货物运输记录》。

1．长度

（1）跨装时，测量跨装支距的长度和两支点外方的货物长度。

（2）突出装载时，测量突出车辆端梁的长度；如两端突出不相等时，应分别测量，如图6–8所示。

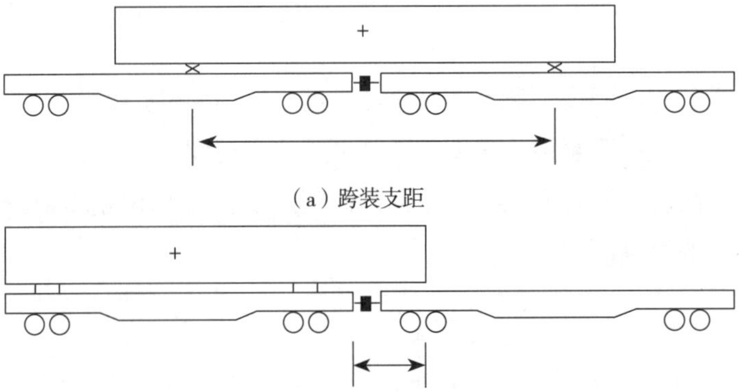
（a）跨装支距

（b）突出车端长度

图6–8 装车后测量货物长度

动画：超限货物测量

2．高度

由轨面起测量货物中心高度和侧高度。

3．宽度

由车辆纵中心线所在垂直平面起，分别测量中心高度和不同侧高度处在其左侧和右侧的宽度。

微课：超限货物测量

任务实施

序号	作业项目	作业内容
1	判定是否超限，确定超限等级和超限类型	货物自轨面起的高度为3610mm，自车辆纵中心线起的宽度为1800mm（左宽和右宽中的大值），查《机车车辆限界基本轮廓、各级超限限界与建筑限界距离线路中心线所在垂直平面尺寸表》（《超规》附件4），确定该货物超限，超限等级为二级超限，上部超限
2	判定是否为超重货物，确定超重等级	装车后重车总重为148.5＋200=348.5（t），查《超重货物分级表》（《超规》附件5），确定该货物为超重货物，超重等级为二级超重

任务评价

评价内容	评价标准	本人自评得分（20%）	小组互评得分（20%）	校内教师评价得分（30%）	企业导师评价得分（30%）	综合得分
知识点掌握（30%）	掌握超限等级、超重等级的划分					
技能点运用（40%）	会查表确定货物的超限等级和超重等级					
职业素养（30%）	具备攻坚克难、勤于钻研的工匠精神；具备科学严谨、追求卓越的职业素养；树立勇挑重担的责任意识					
综合评价						

巩固提升

一、选择题

1．机车车辆限界最大半宽为（　　）。

A．1700mm　　B．1900mm　　C．1940mm　　D．2440mm

2．根据货物的超限程度，超限货物分为三个等级：一级超限、二级超限和（　　）。

A．三级超限　　B．超级超限　　C．高级超限　　D．上部超限

3．根据货物的超限程度，自轨面起高度在230～1250mm间超限者为（　　）级超限。

A．一　　B．二　　C．三　　D．超

4. 根据货物的超限程度，自轨面起高度在（　　）以上超限但未超出一级超限限界者为一级超限。

A. 150mm　　B. 230mm　　C. 1250mm　　D. 3600mm

5. 超限货物装车前自（　　）起测量其中心高度和侧高度。

A. 支重面　　B. 车地板　　C. 垫木底部　　D. 轨面

二、判断题

1. 自支重面起至最大高度处的高度为中心高度。（　　）
2. 超限货物装车后自轨面起测量其中心高度和侧高度。（　　）
3. 自轨面起高度为3600mm，货物任何部位超限，为上部超限。（　　）
4. 自轨面起高度超过1250～3600mm，货物任何部位超限，为中部超限。（　　）
5. 装车后超出机车车辆限界基本轮廓的货物，经铁路局集团公司批准，可不按超限货物办理。（　　）

任务二
超限等级的确定

学习工具

《铁路超限超重货物运输规则》《铁路超限超重货物运输技术要求》。

任务布置

箱装机床一件，重52t，长8500mm，宽3500mm，高1500mm，重心在货长和货宽的中点处，拟使用N_{17AK}型平车（载重60t，车地板长13000mm，车地板高1211mm，转向架中心距9000mm）装运，使用两根高度140mm的横垫木，货物重心投影落在车辆纵横中心线交叉点上，试确定其超限等级。

相关知识

一、确定计算宽度

货物的计算宽度是确定货物超限等级的主要依据之一，计算宽度准确与否，关系到货物的超限等级。

超限货物的计算宽度是以检定断面计算点的实测宽度为基础，并考虑曲线地段的偏差量及建筑限界在曲线地段的水平距离加宽值而确定的宽度。

检定断面是用以确定超限等级的横断面，是根据各种因素确定出的超限程度最大的与线路中心线垂直的横断面。

计算点是指超限货物上超限程度最大、最可能超限部位处的点。在确定超限等级时需选择一个或几个计算点。计算点是以其至线路中心线垂直面的宽度和至轨面的高度来确定的。

（一）确定货物计算宽度的主要因素

1. 货物检定断面的实测宽度

货物检定断面的实测宽度是指计算点至负重车纵中心线所在垂直面的水平距离，用符号B表示。

2．货物偏差量

当超限车行经在平直线路上时，两转向架中心销的垂直投影落在线路中心线上，货车纵中心线与线路纵中心线重合。当超限车行经在曲线线路上时，两转向架中心销的垂直投影落在线路纵中心线上，而货车纵中心线在两销间偏向内方，称为内偏差，用符号$C_{内}$表示。在两销之外偏向外方，称为外偏差，用符号$C_{外}$表示，如图6-9所示。

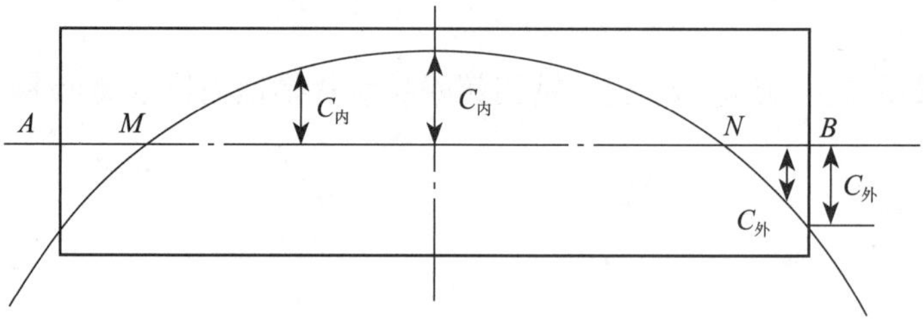

图6-9 货物偏差量示意图

3．附加偏差量

附加偏差量是当车辆走行部分游间和曲线处轨距加宽所产生的偏差量。此值仅在计算外偏差量时才计算，用符号K表示。

4．曲线线路建筑限界内外侧水平距离的加宽值

《超规》所采用的曲线内、外侧水平距离加宽值为36mm，它是车长为13.2m、销距为9.35m的平车行经在半径为300m的曲线线路上时所产生的内、外偏差量（均为36mm）。在确定曲线线路建筑接近限界的实际宽度时，已考虑了该值，所以确定计算宽度时须减去36mm。

（二）货物计算宽度的计算方法

1．用一辆六轴及以下货车装载时

（1）当货物的检定断面位于车辆两转向架中心销之间时，计算点的计算宽度用$X_{内}$表示，单位为mm，其计算公式为：

$$X_{内} = B + C_{内} - 36 \tag{6-1}$$

其中，货物检定断面处的内偏差量$C_{内}$的单位为mm，计算公式为：

$$C_{内} = \frac{l^2 - (2x)^2}{8R} \times 1000 \tag{6-2}$$

式中：l为车辆转向架中心距，m；x为货物检定断面至车辆横中心线的距离，m；R取300m的曲线半径，《超规》以行经在半径为300m的曲线线路上时的计算宽度作为确定超限等级的依据。

（2）当货物的检定断面位于两转向架中心销外方时，计算点的计算宽度用$X_{外}$表示，

单位为mm，其计算公式为：

$$X_{外} = B + C_{外} + K - 36 \qquad (6\text{–}3)$$

其中，货物检定断面处的外偏差量$C_{外}$的单位为mm，计算公式为：

$$C_{外} = \frac{(2x)^2 - l^2}{8R} \times 1000 \qquad (6\text{–}4)$$

货物检定断面处的附加偏差量K的单位为mm，计算公式为：

$$K = 75\left(\frac{2x}{l} - 1.4\right) \qquad (6\text{–}5)$$

当$\frac{2x}{l} \leqslant 1.4$时，$K$值不计算。

当货物为等断面体时，只需计算$C_{内}$或$C_{外}$：若$\frac{2x}{l} \leqslant 1.4$，则$C_{内} > C_{外}$，应计算$C_{内}$；若$\frac{2x}{l} > 1.4$，则$C_{外} > C_{内}$，应计算$C_{外}$。对于非等断面体货物，应根据货物具体外形、突出部分的位置以及所用车辆综合考虑，多数情况下需要计算不同检定断面处的计算宽度，进行综合比较后才能确定货物的超限等级。

2．用普通平车跨装时

（1）当货物的检定断面位于两货物转向架中心销之间时，计算点的计算宽度用$X_{内}$表示，单位为mm，其计算公式为：

$$X_{内} = B + C_{内} - 36 \qquad (6\text{–}6)$$

其中，货物检定断面处的内偏差量$C_{内}$的单位为mm，计算公式为：

$$C_{内} = \frac{L^2 + l^2 - (2a)^2 - (2x)^2}{8R} \times 1000 \qquad (6\text{–}7)$$

（2）当货物的检定断面位于两货物转向架中心销外方时，计算点的计算宽度用$X_{外}$表示，单位为mm，其计算公式为：

$$X_{外} = B + C_{外} + K - 36 \qquad (6\text{–}8)$$

其中，货物检定断面处的外偏差量$C_{外}$的单位为mm，计算公式为：

$$C_{外} = \frac{(2x)^2 - L^2 - l^2 + (2a)^2}{8R} \times 1000 \qquad (6\text{–}9)$$

货物检定断面处的附加偏差量K的单位为mm，计算公式为：

$$K = 75\left(\frac{2x}{L} - 1.4\right) \qquad (6\text{–}10)$$

当$\frac{2x}{L} \leqslant 1.4$时，$K$值不计算。

式中：L为跨装支距，m；l为负重车的转向架中心距，m；a为货物转向架中心销偏离所在车辆横中心线的距离，m；x为货物检定断面至跨装支距中心的距离，m；R取300m的曲线半径。

二、超限等级的确定

确定超限等级是确定装运办法、运输条件及核算运输费用的依据。

超限等级是以计算点所在检定断面的计算宽度（或实测宽度）和相对应的高度查《机车车辆限界基本轮廓、各级超限限界与建筑限界距离线路中心线所在垂直平面尺寸表》(《超规》附件4）确定的。

（一）超限等级确定方法

1. 选择检定断面

当高度和宽度相同时，应选择偏差量最大的检定断面。在两转向架中心销之间时，应选近（距车辆横中心线）不选远；在两转向架中心销外方时，应选远不选近。

2. 标出计算点

标出不同高度、不同宽度的易于超限的点作为计算点。在等宽条件下，计算点在1250mm以上时，标高不标低；不足1250mm时，标低不标高。

3. 确定计算点的宽度和高度

计算点的宽度是线路中心线的垂直面至计算点的水平距离，直线线路上为货物的实测宽度B，在曲线线路上为货物的计算宽度X。当货物的计算宽度小于货物的实测宽度时，按实测宽度确定超限等级。

计算点的高度是自钢轨面至计算点的高度，包括货车地板高度、垫木（或转向架）高度和计算点至货物支重面的高度。

4. 确定超限等级

根据计算点的计算宽度和高度，查《机车车辆限界基本轮廓、各级超限限界与建筑限界距离线路中心线所在垂直平面尺寸表》(《超规》附件4）确定超限等级。

当一件货物多处超限时，取超限等级最大者作为该件货物的超限等级。

（二）跨装货物超限等级确定的注意事项

（1）选择检定断面时，如果在两货物转向架中心销之间时，应选近（距跨装支距中心）不选远；如果在两货物转向架中心销外方时，应选远（距货物转向架中心销）不选近。

（2）计算点的计算宽度不但与车辆转向架中心距、曲线半径有关，还与跨装支距、货物检定断面至跨装支距中心的距离、货物转向架中心销偏离所在车辆横中心线的距离有关。

（3）计算点的高度包括货车地板高度、货物转向架高度和计算点至货物支重面的高度。

【例6-1】箱装均重货物一件，重45t，长8000mm，宽3600mm，高1400mm，拟使用N_{17AK}型平车（载重60t，车地板长13000mm，车地板高1211mm，转向架中心距9000mm）装运，货物直接装在车地板上，货物重心投影落在车辆纵横中心线交叉点，如图6-10所示，确定超限等级。

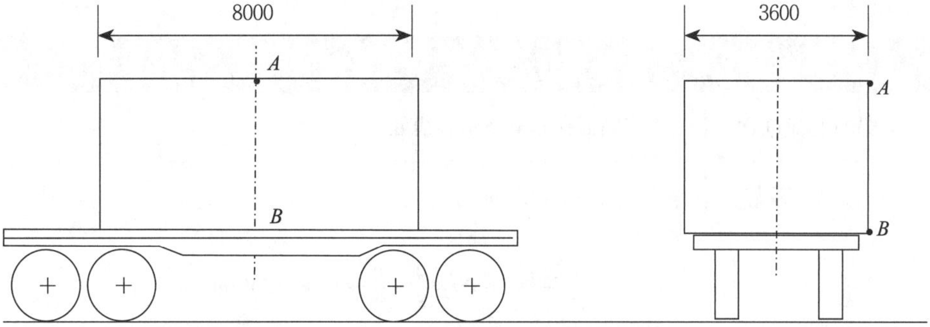

（a）左视图　　（b）主视图

图6-10　货物装载示意图

【解】

（1）选择检定断面

货物是等断面体，装车后位于车辆两转向架中心销之间，应选近不选远，所以检定断面在车辆横中心线处，即x=0。

（2）标出计算点

在等宽条件下，计算点在1250mm以上，标高不标低，在1250mm以下，标低不标高。

在左视图中标出A、B两点为计算点，在主视图上标出与左视图上相对应的计算点位置为货车横中心线处的A、B两点。

（3）确定计算点的宽度和高度

A、B点的实测宽度均为：3600/2=1800（mm）

$$C_{内}=\frac{l^2-(2x)^2}{8R}\times1000=\frac{9^2-0^2}{8\times300}\times1000\approx34(\text{mm})$$

A、B点的计算宽度均为：

$$X_{内}=B+C_{内}-36=1800+34-36=1798(\text{mm})$$

因计算宽度小于实测宽度，按实测宽度确定超限等级。

A点的高度：$h=1211+1400=2611(\text{mm})$

B点的高度：$h=1211(\text{mm})$

微课：超限等级的确定

（4）确定超限等级

查《超规》附件4，A点高度2611mm，宽度1800mm，为中部一级超限，B点高度1211mm，宽度1800mm为下部超级超限，因此该货物为超级超限货物。

任务实施

序号	作业项目	作业内容
1	选择检定断面	检定断面在车辆横中心线处
2	标出计算点	计算点在货物顶面
3	确定计算点的宽度和高度	$C_{内}=\frac{l^2-(2x)^2}{8R}\times1000=\frac{9^2-0^2}{8\times300}\times1000\approx34(\text{mm})$ 实测宽度为3500/2=1750（mm） $X_{内}=B+C_{内}-36=1750+34-36=1748(\text{mm})$ 计算宽度为1748mm，小于实测宽度，按实测宽度1750mm确定超限等级 高度 $h=1211+140+1500=2851(\text{mm})$
4	确定超限等级	查《超规》附件4，高度2851mm，宽度1750mm，为中部一级超限

任务评价

评价内容	评价标准	本人自评得分（20%）	小组互评得分（20%）	校内教师评价得分（30%）	企业导师评价得分（30%）	综合得分
知识点掌握（30%）	掌握超限等级的确定方法					
技能点运用（40%）	会确定货物的超限等级					
职业素养（30%）	具备攻坚克难、勤于钻研的工匠精神；具备科学严谨、追求卓越的职业素养；树立勇挑重担的责任意识					
	综合评价					

巩固提升

一、选择题

1. 货物偏差量的增大值是当车辆走行部分游间和曲线处轨距加宽所产生的偏差量，用符号（　　）表示。

A. *B*　　B. *C*　　C. *K*　　D. *L*

2. 确定超限等级时，当货物的检定断面在两个转向架中心销之间，应选近不选远，要靠近（　　）。

A. 货车横中心线　　B. 货物中心线

C. 转向架中心销　　D. 货车纵中心线

3. 普通平车跨装时，货物计算点的高度不包括（　　）。

A. 货车地板高度　　B. 货物转向架高度

C. 横垫木高度　　D. 计算点至货物支重面的高度

4. 用一辆六轴以下货车装载货物，当货物的检定断面位于车辆两转向架中心销外方时，货物检定断面处的附加偏差量计算公式中的"x"表示（　　）。

A. 车辆转向架中心距　　B. 货物检定断面至车辆横中心线的距离

C. 曲线半径　　D. 货物检定断面至跨装支距中心的距离

二、技能训练题

均重货物一件重40t，长14000mm，宽3400mm，高2000mm，使用N_{17AK}型平车（载重60t，车地板长13000mm，车地板高1211mm，转向架中心距9000mm）一端突出装载，横垫木高160mm，确定超限等级。

任务三
超限超重货物运输组织

学习工具

《铁路超限超重货物运输规则》《铁路超限超重货物运输技术要求》。

任务布置

某企业欲在甲站发大型超限设备一件，途中跨及两个铁路局集团公司，该站应如何组织发送作业？

相关知识

一、超限超重货物发送作业

（一）超限超重货物的托运

托运人托运超限、超重货物时，除按一般货运手续办理外，还应提供下列资料。

（1）“超限超重货物托运说明书”（表6-2）和货物外形的三视图。图中应标明货物的有关尺寸、支重面长度、货物重量，并以“+”号标明重心位置。

（2）自轮运转货物，应有自重、长度、轴数、轴距、固定轴距、转向架中心销间距离、运行限制条件，以及过轨技术检查合格证。

（3）申请使用的车种、车型、车数及装载加固建议方案。

（4）超过承运人计量能力的货物由托运人确定货物重量，并应有货物生产厂家出具的货物重量证明文件，对变压器、电抗器等货物，残余油料重量须单独注明；货物生产厂家具备货物称重计量条件的，应要求托运人提供经厂家计量衡器称重的货物重量数据。

（5）其他规定的资料。

托运人应在超限超重货物托运说明书、装载加固建议方案和所提供的资料上签字盖章，并对内容的真实性负责。

表6–2　　　　超限超重货物托运说明书

<table>
<tr><td colspan="2">发局</td><td colspan="2"></td><td>到局</td><td colspan="2"></td><td colspan="4">预计装后尺寸（mm）</td></tr>
<tr><td colspan="2">发站</td><td colspan="2"></td><td>到站</td><td colspan="2"></td><td colspan="2" rowspan="3">由轨面起高度</td><td colspan="2">由车辆纵中心线起</td></tr>
<tr><td colspan="2">装车地点</td><td colspan="2"></td><td>卸车地点</td><td colspan="2"></td><td rowspan="2">左宽</td><td rowspan="2">右宽</td></tr>
<tr><td colspan="2">品名</td><td colspan="2"></td><td>件数</td><td colspan="2"></td></tr>
<tr><td colspan="2">每件重量</td><td></td><td>总重量</td><td></td><td>重心位置</td><td></td><td>中心高</td><td></td><td></td><td></td></tr>
<tr><td colspan="2">货物长度</td><td colspan="2"></td><td>支重面长度</td><td colspan="2"></td><td>侧高</td><td></td><td></td><td></td></tr>
<tr><td rowspan="4">高度</td><td>中心高</td><td></td><td rowspan="4">宽度</td><td colspan="2">左</td><td>右</td><td>侧高</td><td></td><td></td><td></td></tr>
<tr><td>侧高</td><td></td><td colspan="2">左</td><td>右</td><td>侧高</td><td></td><td></td><td></td></tr>
<tr><td>侧高</td><td></td><td colspan="2">左</td><td>右</td><td>侧高</td><td></td><td></td><td></td></tr>
<tr><td>侧高</td><td></td><td colspan="2">左</td><td>右</td><td>侧高</td><td></td><td></td><td></td></tr>
<tr><td colspan="2">要求使用车种</td><td colspan="2"></td><td colspan="2">标记载重</td><td></td><td>侧高</td><td></td><td></td><td></td></tr>
<tr><td colspan="2">卸车时的要求</td><td colspan="5"></td><td></td><td></td><td></td><td></td></tr>
<tr><td rowspan="4">其他要求</td><td colspan="6" rowspan="4"></td><td colspan="3">车地板高度</td><td></td></tr>
<tr><td colspan="3">垫木、支架（座架）或转向架高度</td><td></td></tr>
<tr><td colspan="3">预计装在车上货物重心位置距轨面的高度</td><td></td></tr>
<tr><td colspan="3">重车重心高度</td><td></td></tr>
</table>

注：粗线栏内由铁路填记。

发货单位　　　　戳记　　　　　　　　　　　　　　　　　　　　　　年　　月　　日提出

（二）超限超重货物的受理

1．受理资料

车站受理超限超重货物时，应认真审查托运人提出的有关技术资料。托运人提供的货物技术资料及相关证明文件齐全有效、符合规定，且货物发到站（含专用线、专用铁路）具备超限、超重货物运输条件的，发站应受理资料。

2．测量货物，申请装运办法

受理资料后，发站测量核对货物外形尺寸和重心位置，以超限超重货物运输申请电报向铁路局集团公司货运主管部门申请装运办法。跨三个及以上铁路局集团公司的各级超重货物和超级超限货物，由铁路局集团公司审查后向国铁集团货运部提出申请。

车站申请电报主送铁路局集团公司货运主管部门，铁路局集团公司申请电报主送国铁集团货运部。

申请电报主要内容包括以下几点。

（1）发站、到局、到站。

（2）货物概况。应注明货物品名、件数、重量、全长、支重面长度、货物重心高度。自轮运转货物还应注明自重、长度、轴数、轴距、固定轴距、转向架中心销间距离、运行限制条件以及其他特殊运输条件要求等。

（3）货物外形尺寸。应包括固定包装、装载加固材料或装置，表述必须完整、准确。不同高度处的宽度按自上而下顺序排列，尺寸均以mm为单位。

（4）装载方法。主要包括不突出车端板装载、突出车端板装载和两车跨装三种方式。

（5）车种、车型及辆数。应根据货物件数、尺寸、重量及装载要求等合理选择，科学确定。

（6）预计装后尺寸。高度自轨面开始计算，宽度自车辆纵中心线所在垂直平面开始计算。预计装后尺寸必须完整、准确，保证预计货物装后的各不同高度处的最大计算宽度对应的部位不遗漏。

（7）特殊运输要求。这是指为保证货物和超限车的铁路运输安全，根据货物自身性质及超限车的技术条件，必须明确的特殊运输限制条件等。

【例6–2】铁路超限超重货物运输申请电报。

铁路传真电报

签发：××× 核稿：××× 拟稿人：××× 电话：×××

发报所名	电报号码	等级	受理日	时分	收到日	时分	值机员

主送：××局集团公司货运部
抄送：

我站发××局×××站卧式锅炉一件，重28t，长7400mm，货物本身重心高1630mm，重心位置均衡。货物中心高3520mm处，左右宽各0mm，第一侧高3080mm处，左右宽各1520mm。第二侧高1200mm处，左右宽各1560mm。中心高与第一侧高之间为440mm半径的圆弧。

拟使用N_{17AK}型平车一辆装运。

预计装后中心高4731mm处，左右宽各0mm，第一侧高4291mm处，左右宽各1520mm。第二侧高2411mm处，左右宽各1560mm。

请示装运办法。

××站超限超重××号
××年××月××日

3．发布确认电报

国铁集团货运部、铁路局集团公司接到超限超重货物运输申请电报后，及时向各有关单位发布确认电报，明确装运办法。发布确认电报时，应加强与相关铁路局集团公司的沟通协调，确保限界满足安全要求。

（1）国铁集团货运部确认电报主送始发、经由和到达铁路局集团公司货运主管部门。

（2）铁路局集团公司确认电报主送发站、本局调度所、发站所在地车辆段及沿途货检站等；根据需要主送本局其他相关站段，抄送本局运输、工务、电务、车辆、机务、供电处等。

（3）铁路局集团公司直接确认的本局发送的超限超重货物运输电报须抄送经由和到达铁路局集团公司货运主管部门。

（4）铁路局集团公司接到发布的确认电报后，应结合管内的实际情况及时确认转发。对需临时改变建筑物、固定设备的，应在电报中详细指明。

超限超重货物运输确认电报主要包括发站、经由、到站，货物概况，使用车种、车型及辆数，装载方法，装后尺寸，超限超重等级，装运办法等。装运办法必须准确、具体、完整。使用《铁路超限超重货物运输电报代号》（表6–3）中规定的电报代号加文字表述，无代号的应直接用文字准确、具体、完整、规范表述。

【例6–3】铁路超限超重货物运输确认电报。

铁路传真电报

签发：×××　　核稿：×××　　拟稿人：×××　　电话：×××

发报所名	电报号码	等级	受理日	时分	收到日	时分	值机员

主送：××局集团公司调度所、××车务段、××站
抄送：××局集团公司货运部

××站发××局××站卧式锅炉一件，重28t，长7400mm，货物本身重心高1630mm。使用N_{17AK}型60t平车一辆装载，装后预计中心高4731mm处，左右宽各0mm，第一侧高4291mm处，左右宽各1520mm。第二侧高2411mm处，左右宽各1560mm。中心高与第一侧高之间为440mm半径的圆弧。

装运办法：（1）A超级超限；（2）KNM。

××超限超重（××）××号
××年××月××日

表6-3 铁路超限超重货物运输电报代号

顺序	代字	被代用的文字	附注
1	A	超限等级	代号后写几级
2	C	凡距线路中心线几毫米，高度超过几毫米，如道岔表示器等设备，在列车通过前拆除，通过后立即恢复正常位置	代号后分子为距线路中心线宽度的毫米数，分母为自轨面起高度的毫米数
3	D	通过接近限界的限制速度，按本规则第四十二条办理	
4	E	禁止接入距离线路中心线几毫米，高度超过几毫米的站台线路	代号后分子为距线路中心线宽度的毫米数，分母为自轨面起高度的毫米数
5	G	最高运行速度	代号后写限速值
6	K	会车条件按本规则第四十一条办理	
7	L	通过300m及以下半径曲线线路时的限制速度	代号后写限速值
8	M	途中货检站按规定检查无碍后继续运送	
9	N	各邻接调度所密切联系注意运行状态，接运和挂运按本规则第三十六和三十九条办理	
10	P	需要货物转向架和使用车钩缓冲停止器	
11	R	货物重心高度	代号后写毫米数
12	S	重车重心高度	代号后写毫米数
13	W	经过侧向道岔的限制速度	代号后写限速值
14	Z	超重等级	代号后写几级

（三）超限超重货物的装车

超限超重货物禁止无确认电报装车。车站接到铁路局集团公司确认电报后，通知托运人办理其他货运手续，并及时组织装车。

1．装车前作业

（1）发站通知车辆部门检查车辆技术状态。

（2）发站确认拟使用的车种、车型、车数符合确认电报和装车要求，装载加固材料和装置的规格、数量及质量符合装载加固方案规定。

（3）测量车地板的长度和宽度，在负重车上标划车辆纵横中心线。

（4）测量车地板高度时应将车辆停于平直线路上。

（5）在货物上标明重心位置（投影）、索点。

（6）开好车前会，向装车人员布置装车事项。

2．装车作业

装车时，站段应派超限超重运输和装载加固专业技术人员到装车现场进行指导。装载和加固作业须严格按装载加固方案进行。

3．装车后作业

（1）装车后测量。装车后，发站按实际的装载加固状态测量（含装载加固材料或装置）货物尺寸，包括长度、高度和宽度。

（2）装车后检查。装车后，发站须检查、确认货物装载加固符合规定要求。

①货物实际装载位置符合装载加固方案。

②车辆转向架旁承游间符合规定。

③使用的加固材料和装置规格、数量、质量和加固方法、措施、质量符合装载加固方案。

④垫木、支（座）架等加固装置，状态良好，完好无损坏。

⑤钢丝绳等加固线已采取防磨措施，捆绑拴结牢固，拴结点无损坏。

⑥焊接处焊缝长度、高度符合规定，焊接质量良好。

⑦跨装车组连接处的提钩杆捆绑牢固，车钩缓冲停止器已按规定安装。

⑧带有制动装置、变速器和旋转装置的货物，制动装置全部制动，变速器置于初速位置，旋转部位锁定牢固。

⑨自轮运转货物的动力传动装置已断开（机车车辆除外），制动手柄在重联位置并固定良好。

（3）装车后复核、确认。发站确认货物装载加固符合规定要求后，须对照确认电报重点复核、确认：

①货物突出车端的尺寸、货物突出端与游车上所装货物的距离符合要求。

②超限货物装后各部位的尺寸（高度和宽度）、重车重心高未超出确认电报范围。

③货物支重面长度（跨装货物支距）符合要求。

④其他各有关数据符合要求。

（4）标画检查线、插挂表示牌。确认符合确认电报条件后，用颜色醒目的油漆标画易于判定货物是否移动的检查线，在货物两侧明显处以油漆书写、刷印或粘贴“×级超限、×级超重”，或挂牌标识，并按规定在车辆上插挂货车表示牌。

（5）填写《超限超重货物运输记录》和运输票据。发站应按规定会同有关单位（部门）填写《超限超重货物运输记录》（表6–4）。在货物运单、票据封套、编组顺序表上注明“超限货物”或“超重货物”或“超限超重货物”；以连挂车组装运时，应注明“连挂车组，不得分摘”；限速运行时，应注明“限速××km/h”。

表6-4　　**超限超重货物运输记录**

甲页　　×级超限　×级超重　　单位：mm

<table>
<tr><td>装车局</td><td colspan="2"></td><td>发站</td><td></td><td>经由线名</td><td colspan="2"></td></tr>
<tr><td>到达局</td><td colspan="2"></td><td>到站</td><td></td><td>经由站名</td><td colspan="2"></td></tr>
<tr><td>品名</td><td colspan="2"></td><td>件数</td><td></td><td>每件重　吨</td><td>配重　吨</td><td>总重　吨</td></tr>
<tr><td>货物长度</td><td></td><td>支重面长度</td><td></td><td>转向架中心销间距离</td><td></td><td>重车重心高</td><td></td></tr>
<tr><td rowspan="10">装车后尺寸</td><td rowspan="2">中心高</td><td rowspan="2"></td><td rowspan="2">中心高的宽</td><td>左</td><td rowspan="10">记事</td><td colspan="2" rowspan="10"></td></tr>
<tr><td>右</td></tr>
<tr><td rowspan="2">第一侧高</td><td rowspan="2"></td><td rowspan="2">侧高的宽</td><td>左</td></tr>
<tr><td>右</td></tr>
<tr><td rowspan="2">第二侧高</td><td rowspan="2"></td><td rowspan="2">侧高的宽</td><td>左</td></tr>
<tr><td>右</td></tr>
<tr><td rowspan="2">第三侧高</td><td rowspan="2"></td><td rowspan="2">侧高的宽</td><td>左</td></tr>
<tr><td>右</td></tr>
<tr><td rowspan="2">第四侧高</td><td rowspan="2"></td><td rowspan="2">侧高的宽</td><td>左</td></tr>
<tr><td>右</td></tr>
<tr><td>车种</td><td></td><td>车号</td><td></td><td>标记载重</td><td>吨</td><td>轴数</td><td></td></tr>
<tr><td rowspan="3">文电内有关指示</td><td colspan="7">国铁集团　　年　　月　　日铁总超限超重　　　号　批准使用　　车</td></tr>
<tr><td colspan="7">铁路局集团公司　　年　　月　　日　超限超重　　　号　批准使用　　车</td></tr>
<tr><td colspan="4"></td><td colspan="3">本记录在　　站作成，经检查符合确认的条件
发站　　签字
段　　签字
段　　签字
段　　签字
段　　签字
年　　月　　日</td></tr>
</table>

4．装车质量签认制度

超限超重货物实行装车质量签认制度。《车站超限超重货物发送作业质量控制表》见表6–5。

表6–5　　车站超限超重货物发送作业质量控制表

<table>
<tr><td>到站</td><td colspan="2"></td><td>品名</td><td></td><td colspan="2">超限等级</td><td></td><td>超重等级</td><td></td></tr>
<tr><td>托运人</td><td colspan="4"></td><td colspan="2">车号</td><td></td><td>装车工班</td><td></td></tr>
<tr><td>件数</td><td></td><td>件重</td><td colspan="2">A　B　C　D</td><td>总重</td><td></td><td>装车日期</td><td colspan="2">年　月　日</td></tr>
<tr><td colspan="2">程序</td><td colspan="2">控制项目</td><td colspan="6">控制记录</td></tr>
<tr><td colspan="2" rowspan="4">一、货物受理</td><td colspan="2">1．审查受理资料</td><td colspan="6">1．超限超重货物托运说明书（　　）
2．过轨技术检查合格证（　　）</td></tr>
<tr><td colspan="2">2．对照资料核对货物</td><td colspan="6">1．全长　　mm
2．支重面长　　mm
3．重心高度：　　mm
4．中心高　　mm处宽各　　mm
一侧高　　mm处宽各　　mm
二侧高　　mm处宽各　　mm
三侧高　　mm处宽各　　mm
四侧高　　mm处宽各　　mm
五侧高　　mm处宽各　　mm
5．自轮运转货物（1）轴数　（2）轴距　　mm
（3）固定轴距　　mm（4）转向架中心销距　　mm</td></tr>
<tr><td colspan="2">3．确定货物运输条件</td><td colspan="6">1．装载加固方案编号：
2．超限超重货物运输申请电报号：
3．超限超重货物运输确认电报号：</td></tr>
<tr><td colspan="2">4．签认</td><td colspan="2">主控人：</td><td colspan="4">互控人：</td></tr>
<tr><td colspan="2" rowspan="2">二、装车作业</td><td colspan="2">1．装车前准备</td><td colspan="6">1．车型、车数符合电报要求，车况良好（　　）
2．车地板：（1）长度　　mm（2）宽度　　mm
（3）平均高度　　mm
3．已标划车地板纵横中心线（　　）</td></tr>
<tr><td colspan="2">2．检查货物装载加固状态</td><td colspan="6">1．货物重心偏移车地板中心线量：纵向　　mm，横向　　mm
2．重车重心高：　　mm
3．车辆转向架旁承符合要求（　　）
4．加固材料、装置和加固方法符合方案要求（　　）
5．跨装车组提钩杆已捆绑牢固，车钩缓冲停止器已安装（　　）
6．带动力的设备传动装置已断开，制动装置全部制动，变速器已置于初速位置，旋转位置已锁定牢固（　　）</td></tr>
</table>

续表

<table>
<tr><td rowspan="5">二、装车作业</td><td>3. 对照电报复核</td><td colspan="2">1. 货物突出端梁尺寸： mm，符合要求（ ）
2. 货物突出端与游车所装货物距离 mm，符合要求（ ）
3. 超限货物装车后尺寸不大于确认电报尺寸（ ）
4. 重车重心高 mm，货物支重面长度 mm，符合要求（ ）</td></tr>
<tr><td>4. 标画货物检查线及栓挂、书写表示牌</td><td colspan="2">1. 超限货物已标画货物检查线（ ）
2. 已拴挂或书写超限超重货物表示牌（ ）
3. 已安插货车表示牌（ ）</td></tr>
<tr><td>5. 填写超限超重货物运输记录</td><td colspan="2">1. 已填写正确，相关单位已确认（ ）
2. 一份已随运输票据同行（ ）
3. 一份已留站存查（ ）</td></tr>
<tr><td>6. 检查票据记载事项</td><td colspan="2">运单、货票已填写“×级超限×级超重货物”或“禁止溜放”，“限速连挂”，“运行限速××km/h”，“连挂车组，不得分摘”等内容（ ）</td></tr>
<tr><td>7. 签认</td><td>主控人：</td><td>互控人：</td></tr>
<tr><td colspan="2">主管领导签认</td><td colspan="2"></td></tr>
</table>

（四）超限超重车的挂运

1. 挂运申请

发站挂运超限、超重车前，应向铁路局集团公司调度所拍发超限超重车辆挂运申请电报（条件不具备时可使用传真或电话申请）。

车站挂运电报主送铁路局集团公司调度所，抄送铁路局集团公司货运主管部门。挂运电报主要内容包括确认电报号，发站、到站，货物品名、件数，使用车种、车型、车号（含游车、隔离车）及辆数，装载完毕时间，装后尺寸复测情况，装后货物装载加固状态及车辆状态检查确认情况等。

挂运跨及两个铁路局集团公司的超限、超重车辆前，需向邻局进行预报，并征得邻局调度所的同意后方可挂运。相邻铁路局调度所间的预报内容，应包括挂运车次、确认电报号码、车型、车号（含游车、隔离车）、到站、品名、超限等级、超重等级和有关注意事项等。

【例6-4】铁路超限超重货物挂运申请电报。

铁路传真电报

签发：×××　　　　核稿：×××　　　　拟稿人：×××　　　　电话：×××

发报所名	电报号码	等级	受理日	时分	收到日	时分	值机员

主送：××局集团公司调度所
抄送：××局集团公司货运部

奉××局超限超重××号电报，××站发××局××站卧式锅炉一件，使用N_{17AK}×××××××一辆装运，超级超限，已于×月×日×时装载（检查）完毕，经复测（检查），货物装后尺寸符合确认电报要求，装载加固状态良好，请求挂运。

××站××号
××年××月××日

2. 下达挂运命令

铁路局集团公司调度所接到车站挂运申请或邻局预报后，应根据超限超重货物运输确认电报认真核对，制定管内具体运行条件，填写《超限超重车辆挂运通知单》，见表6-6，纳入日（班）计划，并将管内具体运行条件以调度命令下达有关站段。车站接到挂运命令后，应及时做好车辆挂运准备工作，并将调度命令交值乘司机。

微课：超限超重货物发送作业

表6-6　　超限超重车辆挂运通知单

号　　　　　　　　　　　　级超限，　　　级超重

<table>
<tr><td colspan="3">国铁集团超限超重
号</td><td colspan="3">（外局）
超限超重　　号</td><td colspan="2">（自局）
超限超重　　号</td></tr>
<tr><td>发站</td><td colspan="2"></td><td>到站</td><td colspan="2"></td><td>品名</td><td></td></tr>
<tr><td colspan="3">月　日　口　次接入</td><td colspan="3">月　日　口　次交出</td><td>件数</td><td></td></tr>
<tr><td rowspan="10">车种车号</td><td rowspan="2">中心高　mm处</td><td colspan="2">左宽　mm</td><td rowspan="10">运行条件</td><td colspan="3" rowspan="10"></td></tr>
<tr><td colspan="2">右宽　mm</td></tr>
<tr><td rowspan="2">一侧高　mm处</td><td colspan="2">左宽　mm</td></tr>
<tr><td colspan="2">右宽　mm</td></tr>
<tr><td rowspan="2">二侧高　mm处</td><td colspan="2">左宽　mm</td></tr>
<tr><td colspan="2">右宽　mm</td></tr>
<tr><td rowspan="2">三侧高　mm处</td><td colspan="2">左宽　mm</td></tr>
<tr><td colspan="2">右宽　mm</td></tr>
<tr><td rowspan="2">四侧高　mm处</td><td colspan="2">左宽　mm</td></tr>
<tr><td colspan="2">右宽　mm</td></tr>
</table>

通知者　　　　　　　　签认者　　　　　　　　年　月　日　时　分

二、超限超重货物途中作业

（一）超限超重车运行要求

1. 运输限制条件

运行有限制条件的超限超重车，除有特殊要求外，禁止编入直达、直通列车。

挂有超限车的列车，按《车站行车工作细则》（以下简称《站细》）规定的线路办理到发或通过。遇到特殊情况需要临时变更线路时，须得到铁路局集团公司批准。

接发超限列车固定线路、准许通行超限车的线路实际建筑限界应满足国家标准要求。车站应将接发超限列车固定线路及侵限设施设备纳入《站细》管理。

装有二级及以上超限货物的车辆禁止溜放。

2. 会车条件

挂有超限车的列车运行在双线、多线或并行单线的直线地段与邻线列车会车时，应遵守下列规定。

（1）邻线列车运行速度小于等于120km/h的，两运行列车之间的最小距离大于350mm者不限速，300～350mm者运行速度不得超过30km/h，小于300mm者禁止会车。

（2）邻线列车运行速度大于120km/h小于等于160km/h的，两运行列车之间的最小距离大于450mm者不限速，400～450mm者运行速度不得超过30km/h，小于400mm者禁止会车。

（3）邻线列车运行速度大于160km/h的，禁止会车。

曲线地段与邻线列车会车，必须根据规定相应加宽。

3. 超限车接近建筑物或设备时的限速要求

超限车在运行过程中，如超限货物的任何部位接近建筑物或设备时，应遵守下列规定。

（1）超限货物的任何超限部位与建筑物或设备之间的距离（简称限界距离），在100～150mm时，速度不得超过15km/h。

（2）限界距离在超过150～200mm时，速度不得超过25km/h。

（3）限界距离不足100mm时，由铁路局集团公司根据实际情况制定办法。

4. 电气化区段运输要求

电气化区段，超限货物顶部距接触网导线的垂直距离$L \geqslant 350$mm时，可不停电运输。超限货物顶部距接触网导线的垂直距离，在线路平面海拔高度超过1000m时，应按每超过100m增加3.5mm的附加安全距离计算（不足100m时按四舍五入计算）。

（二）超限超重车途中检查

超限超重车的途中检查是确保超限超重货物运输安全的重要措施，铁路局集团公司必须加强对超限超重车运行途中的检查，落实区段负责制。

途中检查站应按下列内容检查超限超重车，并在超限超重货物运输记录上记录、签认检查结果。

（1）有无超限超重货物运输记录及其填写是否完整。

（2）货物两侧明显位置，是否有超限超重等级标识。

（3）是否标画有检查线，货物装载加固是否良好，加固材料是否有松动或损坏。

如发现问题，应按照《铁路货运检查管理规则》和《铁路货物运输管理规则》等文件中的有关规定处理。

（三）检查架的安装

为确保超限货物运输安全，可采用检查架等方法检查确认运输线路或区段的限界能否满足通行安全。

（1）检查架的尺寸应与货物检定断面的实际尺寸相同。

（2）安装检查架的车辆应与拟用车辆的车型相同。

（3）检查架应安装在货物检定断面所在的位置。

使用其他车辆安装检查架的，检查架的尺寸应考虑拟用车辆的偏差量和倾斜量等。

（四）超限超重货物运输变更

超限超重货物变更到站时，除按普通货物变更有关规定办理外，还应遵守下列规定。

（1）受理变更的车站应为超限超重货物办理站。

（2）受理变更的车站应对货物的装载加固状况进行检查，确认状态良好后以电报向铁路局集团公司重新申请，并注明原确认电报发布单位、电报号码、新到站及车号。

（3）受理变更的铁路局集团公司按规定确认或申请，变更后的运输要求按新确认电报执行。

（4）受理变更的车站应在《超限超重货物运输记录》中签认。

三、超限超重货物到达作业

到站应根据确认电报确定卸车地点和货位，科学制定卸车方案，加强卸车组织，确保安全。

收货人在货场自卸的，车站应与收货人签订卸车协议，明确安全责任，并在卸车前与收货人办理完货物交付手续。

任务实施

序号	作业项目	作业内容
1	托运	托运人提供货物技术资料
2	受理	甲站审查托运人提出的有关技术资料，测量核对货物外形尺寸和重心位置，以超限超重货物运输申请电报向铁路局集团公司货运主管部门申请装运办法
3	装车	甲站接到铁路局集团公司确认电报后，通知托运人办理其他货运手续，及时组织装车；装车后确认货物装载加固符合规定要求，符合确认电报尺寸，标画检查线、插挂表示牌，填写《超限超重货物运输记录》和运输票据，在《车站超限超重货物发送作业质量控制表》上进行装车质量签认
4	挂运	甲站向铁路局集团公司调度所拍发超限超重车辆挂运申请电报，车站接到调度所下达的挂运命令后，及时做好车辆挂运准备工作，并将调度命令交值乘司机

任务评价

评价内容	评价标准	本人自评得分（20%）	小组互评得分（20%）	校内教师评价得分（30%）	企业导师评价得分（30%）	综合得分
知识点掌握（30%）	掌握超限货物运输组织作业流程					
技能点运用（40%）	能办理超限货物运输作业					
职业素养（30%）	具备攻坚克难、勤于钻研的工匠精神；具备科学严谨、追求卓越的职业素养；树立勇挑重担的责任意识					
	综合评价					

巩固提升

一、选择题

1. 超限、超重货物禁止无（　　）装车。

A. 申请电报　　B. 批示电报

C. 确认电报　　D. 挂运电报

2. 装有（　　）超限货物的车辆禁止溜放。

A. 超级　　B. 二级及以上

C. 二级　　D. 一级

3. 车站受理超限超重货物进行货物测量时，应以（　　）为单位，准确测量和完整记录货物尺寸。

A. mm　　B. cm

C. dm　　D. m

4. 超限货物的任何超限部位与建筑物或设备之间的距离，在100～150mm时，速度不得超过（　　）。

A. 15km/h　　B. 25km/h

C. 35km/h　　D. 45km/h

5. 铁路超限超重货物运输电报不包括超限超重货物运输（　　）。

A. 申请电报　　B. 确认电报

C. 批示电报　　D. 挂运申请电报

二、判断题

1. 超限超重货物实行装车质量签认制度。（　　）

2. 车站申请电报主送铁路局集团公司货运主管部门，铁路局集团公司申请电报主送国铁集团货运部。（　　）

3. 为确保超限货物运输安全，可采用检查架等方法检查确认运输线路或区段的限界能否满足通行安全。（　　）

项目七　危险货物运输

项目导读

危险货物涉及石油化工、军事国防、航天航空、建材、医药、科研教育等多个领域，与国民经济的快速、稳定发展息息相关。随着社会经济的发展、化工产品的不断开发和企业生产经营规模和范围的扩大，新的危险化学品不断出现，各行业对危险物品的需求逐年增加，因此，铁路危险货物运输的品种和数量也在逐年增多。

危险货物品名多、性质复杂，运输的包装、载运工具、储存、装卸设备设施和有关作业过程的技术要求各不相同，加之铁路运输作业环节多，运输范围广，运距长，任何一个细节上的失误或疏忽，都可能酿成严重的运输事故，因此必须加强对危险货物运输的安全管理。

思维导图

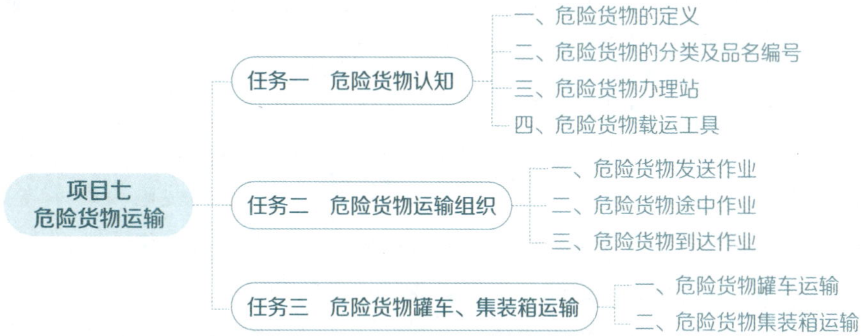

目标导学

知识目标

1. 熟悉铁路危险货物的分类。
2. 掌握危险货物办理站的类型和危险货物载运工具的种类。
3. 熟悉危险货物的发送、途中和到达各环节的运输要求。
4. 掌握危险货物罐车承运、装卸及充装要求。
5. 熟悉危险货物集装箱运输要求。

技能目标

1. 能确定铁路危险货物的类项名称。
2. 能正确选择危险货物的载运工具。
3. 能组织危险货物的发送、途中和到达作业。
4. 能办理危险货物罐车运输，能确定危险货物罐车充装量。

素养目标

1. 培养甘于奉献的敬业精神。
2. 重视危险货物运输的特殊要求，树立高度的安全意识。

素养提升

铁路物流让危险品运输不再危险

2024年3月15日9时46分，装载着1200t硫酸的铁路罐式集装箱班列从广西防城港站开出，驶向云南昆明中谊村站，这是我国首趟硫酸罐式集装箱班列，标志着我国在危险品运输领域迈出了重要一步。

硫酸作为一种腐蚀性极强的化学品，对运输容器有着严格的要求。罐式集装箱采用了先进的材料和技术，能够抵抗硫酸的腐蚀，同时配备有泄漏监测和应急排放系统，以应对可能发生的意外情况。这种集装箱可重复使用，与传统的散装运输相比，它能显著降低运输过程中的损耗和环境污染。此外，硫酸作为工业生产中不可或缺的原料，其稳定高效的供应对于保障产业链稳定运行至关重要。通过铁路运输，硫酸的供应链将更加可靠，有利于提升整个化工行业的供应链管理水平。

硫酸罐式集装箱班列的开行将进一步优化危险化学品的运输结构，提升铁路货运的比重，有助于缓解公路运输压力，减少交通拥堵和碳排放。本次装载着1200t硫酸的罐式集装箱班列通过个性化运输方案，相较于公路运输，通过铁路运输大约可以节省10%的物流成本。铁路网络有着覆盖范围广、受气候影响小，能够实现跨区域、长距离的高效运输。硫酸罐式集装箱班列的开通不仅提高了运输效率，还有助于实现化工产品的快速配送和市场响应，对于促进化工产业链上下游的协同发展具有积极意义。

资料来源： 中国广西政府网

网址： https://mp.weixin.qq.com/s/JHp6Uk-m3nrabndi871fg

评析： 首趟硫酸罐式集装箱班列顺利发运是我国铁路运输服务创新的典范，它通过提高运输的安全性和效率，降低环境风险，为化工行业及相关产业链提供了更加可靠和环保的物流解决方案，对于推动产业升级和可持续发展具有深远影响。相信未来，铁路运输在危化品领域的应用将更加广泛，为社会经济的发展做出更大贡献。

任务一
危险货物认知

学习工具

《铁路危险货物运输管理规则》《铁路危险货物品名表》《铁路危险货物运输安全监督管理规定》。

任务布置

某公司欲在甲站托运下列货物：鞭炮、硫酸、汽油、氰化钠（固态），判定是否为危险货物，若属于危险货物，确定其类项名称，并选择合适的载运工具。

相关知识

一、危险货物的定义

危险货物是指具有爆炸、易燃、毒害、感染、腐蚀、放射性等危险特性，在铁路运输、装卸和储存保管过程中，容易造成人身伤亡、财产毁损或者环境污染而需要特别防护的物质和物品。

危险货物的运输条件，比非危险货物要求更复杂，为了确保货物运输安全，要求我们能正确地判定其是不是危险货物。如果把普通货物误认为危险货物，在铁路运输中会增加不必要的防护措施，造成浪费，延误货物的运送，影响运输效率；如果把危险货物误认为普通货物，不采取防护措施，可能会发生严重后果。

危险货物的具体判定方法，可按下述步骤进行：

①在《铁路危险货物品名表》中列载的品名，在铁路运输中，均属危险货物（特殊规定可按普通货物运输条件运输的品名除外），均按危险货物运输条件运输；

②在《铁路危险货物品名表》中未列载的产品且货物性质不明确的，应进行性质技术鉴定，按有关规定办理运输。

二、危险货物的分类及品名编号

（一）危险货物的分类

铁路运输的危险货物按其主要危险性和运输要求分为9个类别，有些类别再分成若干项别，具体类型名称见表7–1。

表7–1 危险货物类项名称及铁危编号

类别及名称	项别及名称	铁危编号
第1类：爆炸品	1.1项：有整体爆炸危险的物质和物品 1.2项：有迸射危险，但无整体爆炸危险的物质和物品 1.3项：有燃烧危险并有局部爆炸危险或局部迸射危险或两种危险都有，但无整体爆炸危险的物质和物品 1.4项：不呈现重大危险的物质和物品 1.5项：有整体爆炸危险的非常不敏感物质 1.6项：无整体爆炸危险的极端不敏感物品	11001～11149 12001～12057 13001～13070 14001～14069 15001～15005 16001
第2类：气体	2.1项：易燃气体 2.2项：非易燃无毒气体 2.3项：毒性气体	21001～21074 22001～22069 23001～23080
第3类：易燃液体	3.1项：一级易燃液体 3.2项：二级易燃液体	31001～31321 32001～32158
第4类：易燃固体、易于自燃的物质、遇水放出易燃气体的物质	4.1项：易燃固体、自反应物质、固体退敏爆炸品和聚合物质（一级易燃固体） （二级易燃固体） 4.2项：易于自燃的物质（一级自燃物品） （二级自燃物品） 4.3项：遇水放出易燃气体的物质（一级遇水易燃物品） （二级遇水易燃物品）	41001～41075 41501～41571 42001～42052 42501～42537 43001～43058 43501～43510
第5类：氧化性物质和有机过氧化物	5.1项：氧化性物质（一级氧化性物质） （二级氧化性物质） 5.2项：有机过氧化物	51001～51087 51501～51530 52001～52176
第6类：毒性物质和感染性物质	6.1项：毒性物质一级毒性物质（剧毒品） 二级毒性物质（有毒品） 6.2项：感染性物质	61001～61212 61501～61941 62001～62004
第7类：放射性物质	六种形式：易裂变物质、低弥散放射性物质、低比活度放射性物质、表面污染物体、特殊形式放射性物质、其他形式放射性物质	71001～71030

续表

类别及名称	项别及名称	铁危编号
第8类：腐蚀性物质	8.1项：酸性腐蚀性物质（一级） （二级） 8.2项：碱性腐蚀性物质（一级） （二级） 8.3项：其他腐蚀性物质（一级） （二级）	81001～81135 81501～81648 82001～82041 82501～82526 83001～83031 83501～83516
第9类：杂项危险物质和物品	在运输过程中存在危险性但不满足第1类至第8类定义的物质和物品	91001～91161

1．第1类：爆炸品

第1类物质和物品是指受到高热、摩擦、撞击、震动或其他外界作用，能迅速发生剧烈化学反应，瞬间产生大量气体和热量，形成巨大的压力，发生爆炸，对周围环境造成破坏的物质和物品。

第1类货物包括爆炸性物质、爆炸性物品以及为产生爆炸和烟火实际效果而制造的爆炸性物质和物品中未提及的物质和物品。但过分敏感或反应性很强以致可能产生自发反应的爆炸性物质不应运输。

2．第2类：气体

第2类气体是指符合下述两种条件之一的物质：

①在50℃时，蒸气压大于300kPa的物质；

②20℃时在101.3kPa标准压力下完全是气态的物质。

第2类货物包括压缩气体、液化气体、溶解气体、冷冻液化气体、一种或多种气体与一种或多种其他类别物质的蒸气混合物、充有气体的物品和烟雾剂。

3．第3类：易燃液体

第3类货物包括易燃液体和液态减敏爆炸品。

易燃液体是指闭杯闪点小于或等于60℃，或开杯闪点小于或等于65.6℃的液体或液体混合物，或在液体及悬浮液中含有固体的液体。还包括在温度等于或大于其闪点的条件下提交运输的液体；和以液态在高温条件下运输或提交运输，并且在温度等于或低于最高运输温度下放出易燃蒸气的物质。符合易燃液体的定义，但闭杯闪点高于35℃而且不持续燃烧的液体不视为易燃液体。

闭杯闪点小于23℃的液体划分为一级易燃液体，闭杯闪点大于或等于23℃但小丁或等于60℃的液体划分为二级易燃液体。

液态减敏爆炸品是将爆炸性物质溶解或悬浮在水或其他液态物质中形成一种均匀的液态混合物。

4．第4类：易燃固体、易于自燃的物质、遇水放出易燃气体的物质

第4类物质和物品易于引起和促成火灾，按其燃烧特性分为3项。

（1）4.1项是易燃固体、自反应物质、固体退敏爆炸品和聚合物质。包括在运输环境和条件下容易燃烧或摩擦可能引燃或助燃的固体；可能发生强烈放热反应的自反应物质；不充分稀释可能发生爆炸的固体减敏爆炸品。

（2）4.2项是易于自燃的物质。包括发火物质和自热物质。这些物质自燃点低，在空气中易于发生氧化反应，放出热量，而自行燃烧。

（3）4.3项是遇水放出易燃气体的物质。这些物质与水接触或受潮可能放出易燃气体，这种气体与空气混合能够形成爆炸性混合物。这种混合物极易被引燃，所产生的冲击波和火焰可能对人和环境造成危害。

5．第5类：氧化性物质和有机过氧化物

第5类物质具有强氧化性，易引起燃烧、爆炸，按其组成分为2项。

（1）5.1项是氧化性物质。这些物质本身不一定可燃，但通常因放出氧或起氧化反应可能或促使其他物质燃烧。

（2）5.2项是有机过氧化物。这些物质分子组成中含有过氧基（–O–O–）的有机物质，属热不稳定物质，可能发生放热自加速分解等，主要有以下几种特性：可能发生爆炸性分解；迅速燃烧；对碰撞或摩擦敏感；与其他物质起危险反应；损害眼睛。

6．第6类：毒性物质和感染性物质

第6类物质分为2项。

（1）6.1项是毒性物质。这些物质在吞食、吸入或与皮肤接触后可能损害人类健康、造成严重损伤甚至死亡。

（2）6.2项是感染性物质。这些物质是已知或有理由认为含有病原体的物质，包括生物制品、诊断样品、基因突变的微生物、生物体和其他媒介，如病毒蛋白等。

7．第7类：放射性物质

任何含有放射性核素并且其活度浓度和放射性总活度都超过规定限值的物质属放射性物质。此类物质能自发地、不断地放出α、β、γ射线或中子流，具有不同的穿透能力，过量的射线照射对人体细胞有杀伤作用。有些放射性物质还具有易燃、易爆、腐蚀和毒害等危险性。

8．第8类：腐蚀性物质

腐蚀性物质是指与完好皮肤组织接触不超过4h，在14日的观察期中发现引起皮肤全厚度损毁，或在55℃时，对S235JR+CR型或类似型号钢或无覆盖层铝的表面均匀年腐蚀率超过6.25mm/a的物质。

第8类物质可通过化学作用使生物组织接触时造成严重损伤、在渗漏时会严重损害甚至毁坏其他货物和运载工具。有些腐蚀性物质挥发出的蒸气能刺激眼睛、黏膜，吸入

后会中毒；有些腐蚀性物质受热或遇水会形成有毒烟雾；有些无机酸性腐蚀性物质具有较强氧化性，接触可燃物易引起燃烧。有些有机腐蚀性物质具有易燃性。

9．第9类：杂项危险物质和物品，包括危害环境物质

第9类物质和物品是指在运输过程中存在危险性但不满足第1类至第8类定义的物质和物品。主要包括：以微细粉尘吸入可危害健康的物质；会放出易燃气体的物质；锂电池（组）；电容器；救生设备；一旦发生火灾可形成二噁英的物质和物品；在高温下运输或提交运输的物质；危害环境的物质；转基因微生物或转基因生物体；运输过程中存在危险但不能满足其他类别定义的其他物质和物品。

（二）危险货物品名编号

铁路危险货物品名编号（简称铁危编号）是判断货物是否为危险货物的重要标志，是办理危险货物承运、配放、确定运输条件的主要依据，一旦发生事故，还是判定货物性质、采取施救措施的依据。

铁危编号由5位阿拉伯数字组成，特殊情况下附加一位大写英文字母。第1位数字表示类别，第2位数字表示项别（无分项的类别使用1），第3至5位数字表示该危险货物的顺序号。

如31001表示该危险货物属于第3类，第1项，顺序号001。

三、危险货物办理站

（一）危险货物办理站的定义及分类

危险货物办理站（简称办理站）是站内或接轨的专用线（含专用铁路，下同）办理危险货物发送（含换装）、到达业务的车站。按类型分为三种。

（1）站内办理站。仅在站内办理危险货物业务的车站。

（2）专用线接轨站。仅在接轨的专用线办理危险货物业务的车站。

（3）兼办站。在站内和接轨的专用线均办理危险货物业务的车站。

办理站除应执行铁路货场、专用线一般规定外，还应符合铁路危险货物办理站、专用线货运安全设备设施有关技术条件等相关规定以及有关法律、法规、规章对危险货物运输安全管理、安全作业、安全培训和应急处置等要求。

（二）安全评价

站内办理站、兼办站和与国铁接轨的危险货物专用线企业应当按照《中华人民共和国安全生产法》《危险化学品安全管理条例》《铁路危险货物运输安全监督管理规定》《危险化学品建设项目安全监督管理办法》等法律、法规、规章相关规定，对危险货物装卸、储存作业场所和设施等安全生产条件进行安全评价。新建、改建危险货物装卸、储存作业场所和设施，在既有作业场所增加危险货物品类，以及危险货物新品名、新包装和首次使用铁路罐车、集装箱、专用车辆装载危险货物的，应当进行安全评价。

安全评价机构应严格按照有关法律、法规、规章和标准等规定开展安全评价工作，并对评价结果负责。安全评价报告应符合有关法律、法规、规章、标准和铁路危险货物办理站、专用线货运安全设备设施有关技术条件等相关规定。有关单位应落实安全评价报告中的整改方案，消除安全隐患。

（三）办理限制

铁路局集团公司应根据相关规定和要求，确认批准《铁路办理站危险货物办理限制》（以下简称《办理限制》）中管内增加或修改内容，并报国铁集团货运部公布。新增爆炸品、剧毒品、放射性物质（物品）和气体类危险货物办理限制时，由铁路局集团公司确认后将安全评估报告等相关材料报国铁集团货运部批准公布。

站内办理时，办理限制包括办理站名称，发送、到达品名及相应的装运方式。

接轨的专用线办理时，办理限制包括接轨站、专用线名称，发送、到达品名及相应的装运方式；专用线共用时，还应包括共用单位名称，发送、到达品名及相应的装运方式等。

（四）危险货物运输协议

在专用线办理危险货物运输时，产权单位应与办理站（货运中心）签订专用线运输协议和危险货物运输安全协议。危险货物运输需要共用专用线时，应由产权单位、共用单位、办理站（货运中心）签订危险货物专用线共用协议。

危险货物运输安全协议、危险货物专用线共用协议每年签订一次。首次签订协议应在办理限制公布之后、正式运输前进行；办理限制内容发生变化时，应在办理限制公布之后、运输实施前重新签订协议。

危险货物运输安全协议、危险货物专用线共用协议有效期到期前1个月，办理站（货运中心）应通知相关单位按规定签订新协议。逾期未签订新协议的单位，由办理站（货运中心）、铁路局集团公司逐级上报国铁集团货运部在办理限制中取消。

四、危险货物载运工具

铁路危险货物主要通过棚车、罐车、集装箱、毒品专用车等载运工具运输，少部分危险货物在一定条件下可采用敞车。

1．棚车

危险货物限使用棚车装运（《铁路危险货物品名表》“特殊规定”栏有特殊规定的除外）。装运时，同一车限同一品名、同一铁危编号。

爆炸品、硝酸铵、氯酸钠、氯酸钾、黄磷和钢桶包装的一级易燃液体应选用P_{64}、P_{64A}、P_{64AK}、P_{64AT}、P_{64GK}、P_{64GT}、P_{70}等竹底棚车或木底棚车装运，并应对门口处金属磨耗板，端、侧墙的金属部分采用非破坏性措施进行衬垫隔离处理。如使用铁底棚车时，应经铁路局集团公司批准。

2．罐车

罐车主要用来装运液态、气态及粉末状货物，其中一部分属于普通货物，另一部分属于危险货物。罐车装运的危险货物主要包括易燃液体、毒害性和腐蚀性液体和气体。

罐车按产权可分为铁路产权罐车与企业自备罐车两类。

3．集装箱

铁路危险货物集装箱（简称“危货箱”）除应执行铁路集装箱及其装卸场所、设施的一般规定外，还应符合《铁路危险货物运输管理规则》关于危货箱运输的相关规定。

微课：危险货物认知

4．毒品专用车

毒性物质限使用毒品专用车，如毒品专用车不足时，经铁路局集团公司批准可使用铁底棚车装运（剧毒品除外）。

任务实施

序号	作业项目	作业内容
1	判定是否为危险货物	查《铁路危险货物品名表》，鞭炮、硫酸、汽油、氰化钠（固态）均属于危险货物
2	确定类项名称	鞭炮，铁危编号14055，类项名称：不呈现重大危险的物质和物品 硫酸，铁危编号81007，类项名称：一级酸性腐蚀性物质 汽油，铁危编号31001，类项名称：一级易燃液体 氰化钠（固态），铁危编号61001，类项名称：一级毒性物质
3	选择合适的载运工具	鞭炮属于爆炸品，应使用P_{64}、P_{64A}、P_{64AK}、P_{64AT}、P_{64GT}、P_{70}等竹底棚车或木底棚车装运 硫酸属于腐蚀性物质，应使用自备罐车 汽油属于易燃液体，应使用铁路产权罐车 氰化钠（固态）毒性物质，应使用毒品专用车

任务评价

评价内容	评价标准	本人自评得分（20%）	小组互评得分（20%）	校内教师评价得分（30%）	企业导师评价得分（30%）	综合得分
知识点掌握（30%）	熟悉危险货物的分类与铁危编号；掌握危险货物载运工具种类					
技能点运用（40%）	能判定危险货物，会根据铁危编号确定危险货物的类项名称；能正确选择危险货物的载运工具					
职业素养（30%）	具备甘于奉献的敬业精神；重视危险货物运输的特殊要求，树立高度的安全意识					
综合评价						

巩固提升

一、选择题

1. 铁危编号由（　　）位阿拉伯数字组成，特殊情况下附加一位大写英文字母。

A. 四　　B. 五

C. 六　　D. 七

2. 危险货物分为（　　）类。

A. 6　　B. 7

C. 8　　D. 9

3. 液化石油气（铁危编号21053），属于（　　）。

A. 易燃气体　　B. 易燃液体

C. 非易燃无毒气体　　D. 毒性气体

4. 爆炸品、（　　）、氯酸钠、氯酸钾、黄磷和钢桶包装的一级易燃液体应选用P_{64}、P_{64A}、P_{64AK}、P_{64AT}、P_{64GK}、P_{64GT}、P_{70}等竹底棚车或木底棚车装运。

A. 硝酸铵　　B. 硝酸钾

C. 硫酸　　D. 硫黄

5. 危险货物办理站按类型分为（　　）、专用线接轨站和兼办站。

A. 集装箱办理站　　B. 综合性办理站

C. 站内办理站　　D. 专办站

6. 危险货物运输安全协议、危险货物专用线共用协议（　　）签订一次。

A. 每半年　　B. 每年

C. 每2年　　D. 每3年

二、判断题

1. 爆炸品划分为6项。（　　）
2. 煤焦沥青（铁危编号61869）属于毒性物质。（　　）
3. 危险货物新品名、新包装和首次使用铁路罐车、集装箱、专用车辆装载危险货物的，应当进行安全评价。（　　）
4. 在既有作业场所增加办理危险货物品类，不需要进行安全评价。（　　）

任务二
危险货物运输组织

学习工具

《铁路危险货物运输管理规则》《铁路危险货物品名表》《铁路危险货物运输安全监督管理规定》。

任务布置

某公司欲在甲站托运硝酸铵（含可燃物质总量≤0.2%，铁危编号51069A），托运人应在运单上填写哪些内容？甲站货运员在受理时应审核哪些内容？在运单上标明哪些内容？

相关知识

一、危险货物发送作业

危险货物仅办理整车和集装箱运输。

1．危险货物托运和受理

（1）禁止运输的危险物品。禁止运输法律、法规禁止生产和运输的危险物品、危险性质不明以及未采取安全措施的过度敏感或者能自发反应而产生危险的物品。

（2）有条件运输的危险货物。凡性质不稳定或由于聚合、分解在运输中能引起剧烈反应的危险货物，托运人应采用加入稳定剂或抑制剂等方法，保证运输安全。如：乙烯基甲醚、乙酰乙烯酮、丙烯醛、丙烯酸、醋酸乙烯、甲基丙烯酸甲酯等，并在货物运单“托运人记载事项”内填写“已加入稳定剂或抑制剂”字样。

（3）按普通货物条件运输的危险货物。《铁路危险货物品名表》“特殊规定”栏规定符合按普通货物运输条件的，铁路局集团公司应在其包装方法和包装标志满足危险货物要求，并使用整车或集装箱装载单一品名的情况下，批准其可按普通货物条件运输。托运人应在货物运单“托运人记载事项”栏内注明“×××（铁危编号）”，可按普通货物运输”。

（4）托运危险货物安全协议。铁路局集团公司应与托运人每年签订托运危险货物安全协议，并将托运人名称、托运品名范围、协议有效期（起止日期）等上报国铁集团货运部备案，国铁集团货运部在危险货物托运人名称表中公布。

签订托运危险货物安全协议时，铁路局集团公司应查验托运人提供的下列相关材料：

①托运品名范围；

②营业执照；

③危险化学品安全生产许可证，安全使用许可证，经营许可证或工业产品生产许可证；

④办理气体类危险货物运输的，提交轨道衡年检合格证；

⑤铁路危险货物运输事故应急预案；

⑥包装检验合格证明文件；

⑦法律、法规、规章规定的其他材料。

不符合规定的，不得签订托运危险货物安全协议。托运危险货物安全协议的有效期应在上述相应证照文书有效期内。

托运危险货物安全协议有效期到期前1个月，铁路局集团公司应通知托运人按规定签订新协议。逾期未签订新协议的托运人，由铁路局集团公司上报国铁集团货运部在危险货物托运人名称表中取消。

（5）托运要求。托运人托运危险货物时，应如实表明收货人名称、货物的名称、性质、重量、数量等，不得匿报谎报品名、性质、重量，不得在普通货物中夹带危险货物。

托运人托运危险货物时，应在货物运单“货物名称”栏内填写危险货物品名和铁危编号，在货物运单的右上角用红色戳记标明类项名称，并在货物运单“托运人记载事项”栏内填写经办人身份证号码，对派有押运员的还需填写押运员姓名、身份证号码。

托运爆炸品或烟花爆竹时，托运人须相应出具运达地县级人民政府公安部门核发的《民用爆炸物品运输许可证》或《烟花爆竹道路运输许可证》，均应在货物运单“托运人记载事项”栏内注明许可证名称和号码，并在货物运单右上角用红色戳记相应标明“爆炸品”或“烟花爆竹”字样。

（6）受理要求。办理站受理危险货物时，应符合下列规定：

①托运人名称与危险货物托运人名称表相统一；

②国家对生产、经营、储存、使用等实行许可管理的危险货物，发站还应查验收货人提供的相关证明材料并留存备查，必要时，到站应进行复查；

③经办人身份证与货物运单记载相统一；

④货物运单记载的品名、类项、编号等内容与铁路危险货物品名表的规定相统一，并核查《铁路危险货物品名表》“特殊规定”栏有无铁路危险货物运输特殊规定；

⑤发到站、办理品名、装运方式与办理限制相统一；

⑥货物品名、重量、件数与货物运单记载相统一；

⑦经办人具有培训合格证明；

⑧托运人具有包装检验合格证明文件；

⑨货物运单右上角用红色戳记标明编组隔离、禁止溜放或限速连挂等警示标记。

微课：危险货物托运和受理

2．危险货物新品名、新包装试运

《铁路危险货物品名表》中未列载的产品且货物性质不明确的，托运人办理运输时应委托国家安全生产监督管理部门认定的检测鉴定机构进行性质技术鉴定，出具鉴定报告；属于危险货物时，应办理危险货物新品名试运手续。鉴定机构对鉴定结果负责。

托运人提交技术鉴定前，需填写《铁路货物运输技术说明书》。托运人对填写内容和送检样品真实性负责。托运人办理新品名试运时，应向铁路局集团公司提交试运技术条件、事故应急预案和环保应急处理预案。

托运人要求采用新包装（含改变包装）时，应委托包装检验机构进行包装性能试验，合格后方可办理危险货物新包装试运手续。托运人申请试运前，应填写《新运输包装申请表》。托运人办理新包装试运时，应向铁路局集团公司提交试运技术条件。

新品名试运时，由托运人在货物运单“托运人记载事项”栏内注明“比照铁危编号×××新品名试运，批准号×××”字样。新包装试运时，由托运人在货物运单“托运人记载事项”栏内注明“新包装试运，批准号×××”字样。

试运时间2年，试运应在指定的时间和区段内进行。跨铁路局集团公司试运时，由批准单位以电报形式通知有关铁路局集团公司。

试运结束时，托运人应会同办理站将试运结果报主管铁路局集团公司。铁路局集团公司对试运结果进行研究后，提出试运报告、新品名铁路运输条件或新包装技术条件建议报国铁集团货运部。新品名铁路运输条件建议应包括事故应急预案和环保应急处理预案。国铁集团货运部组织专家进行技术审查，通过技术审查后公布新品名铁路运输条件或新包装技术条件，纳入正式运输。

3．危险货物运输包装

（1）危险货物包装类别。根据其内装物的危险程度，危险货物的运输包装分为三种类别：

Ⅰ类包装：盛装具有较大危险性的货物，包装强度要求高；

Ⅱ类包装：盛装具有中等危险性的货物，包装强度要求较高；

Ⅲ类包装：盛装具有较小危险性的货物，包装强度要求一般。

（2）危险货物包装的基本要求。危险货物的运输包装和内包装应按《铁路危险货物品名表》及《铁路危险货物包装表》的规定确定，同时还应符合下列要求：

①包装材料材质、规格和包装结构应与所装危险货物性质和重量相适应，包装材料不得与所装物产生危险反应或削弱包装强度；

②充装液态货物的包装容器内至少留有5%的余量；

③包装封口应根据内装物性质采用严密封口、液密封口或气密封口，装有通气孔的容器，其设计和安装应能防止货物流出和杂质、水分进入；

④包装应坚固完好，能抗御运输、储存和装卸过程中正常的冲击、振动和挤压，并便于装卸和搬运；

⑤包装的衬垫物不得与所装货物发生反应而降低安全性，应能防止内装物移动和起到减振及吸收作用；

⑥包装表面应保持清洁干燥，不得黏附所装物质和其他有害物质。

（3）包装标志。为了保证运输安全、指导作业及一旦发生事故能尽快地判定危险货物的性质，采取相应的施救方法，托运人应在每件货物的包装上牢固、清晰地标明《危险货物包装标志》和《包装储运图示标志》中相应的包装标志和储运标志。

危险货物包装标志分为标记和标签，其中标记4个、标签26个，其图形分别标示了9类危险货物的主要特性。包装储运图示标志用以表明货物的储存运输操作的指示。

文档：危险货物包装标志

文档：包装储运图示标志

4．危险货物检查与保管

（1）危险货物检查。办理站应对承运的货物加强安全检查，发现托运人匿报、谎报危险货物品名或在普通货物中夹带危险货物时，除依法不予承运外，铁路局集团公司还应按《铁路危险货物运输安全监督管理规定》要求，及时向所在地铁路监督管理局报告。

（2）危险货物保管。危险货物应按其性质和要求存放在指定的仓库、雨棚等场地。遇潮或受阳光照射容易燃烧或产生易燃、易爆、有毒气体的危险货物不得在雨棚、露天存放。

危险货物存放时要求按类、项区别专库专用，如不同类项的危险货物确需同库混合存放，应符合《铁路危险货物配放表》的规定。编号不同的爆炸品不得同库存放。

堆放危险货物的仓库、雨棚等场地应清洁干燥、通风良好，配备充足有效的消防设施。货场应设置明显的安全警示标志，应建立健全值班巡守制度。仓库作业完毕后应及时锁闭，剧毒品、爆炸品以及储存数量构成重大危险源的危险货物应加双锁，做到双人收发、双人保管。

文档：铁路危险货物配放表

5．危险货物的装车

（1）装车前准备。危险货物装车作业前，应对车辆和仓库进行必要的通风和检查，向装卸工组说明货物品名、性质、作业安全事项并准备好消防器材和安全防护用品。对车辆采取防溜、防护措施。

具有易燃易爆性质的危险货物装卸作业使用的照明设备及装卸机具应具有防爆性能，并能防止由于装卸作业摩擦、碰撞产生火花。

（2）装车作业要求。

①检查车辆。检查车种车型与规定装运货物相符，查看门窗状态、进行透光检查，确认车辆状况良好。

②检查货物。检查货物品名、包装、件数与货物运单填写是否一致，以及货物包装是否符合规定。

③装车作业。货运员传达安全注意事项及装载方案，检查消防器材和安全防护用品。作业时要轻拿轻放，堆码整齐稳固，防止倒塌，严禁倒放、卧装（钢瓶等特殊容器除外）。

装载货物（含国际联运换装）不得超过车辆（含集装箱）标记载重量及罐车允许充装量，严禁增载和超装、超载。

（3）装车后工作。检查堆码及装载状态，查验门窗是否关闭良好，做好施封加锁工作等。

6．危险货物发送作业签认

为落实安全责任，爆炸品、硝酸铵、剧毒品（非罐装、《铁路危险货物品名表》“特殊规定”栏有第67条特殊规定的）、气体类和其他另有规定的危险货物运输作业实行签认制度。作业应按规定程序和作业标准进行并签认。要对作业过程内容的完整性、真实性负责，严禁漏签、代签和补签。签认单保存期半年。

运输签认制度的有关要求按《铁路危险货物运输作业签认单》《铁路剧毒品运输作业签认单》《危险货物罐车作业签认单》办理。

铁路危险货物运输签认分别在发送作业、途中作业、到达作业三个环节进行。发送作业环节需填写《铁路危险货物发送作业签认单》（表7–2），或《铁路剧毒品发送作业签认单》，或《危险货物罐车发送作业签认单（气体类）》。

表7–2　　铁路危险货物发送作业签认单

<table>
<tr><td>托运人名称</td><td colspan="7"></td></tr>
<tr><td>品名</td><td></td><td>铁危编号</td><td></td><td>重量</td><td></td><td>件数</td><td></td></tr>
<tr><td>规定包装方法</td><td colspan="2"></td><td colspan="2">实际包装方法</td><td colspan="3"></td></tr>
<tr><td>到站</td><td></td><td>车（箱）号</td><td colspan="5"></td></tr>
<tr><td>作业项目</td><td colspan="5">作业要求</td><td colspan="2">作业签认</td></tr>
</table>

续表

受理		1．审查托运人单位名称、押运员姓名、身份证号（不需押运的除外）等 2．审查发到站、品名及编号是否符合办理限制，确认填写正确，不得写概括名称 3．审查填写的包装方法 4．其他规定要求	受理货运员 签认： 年　月　日
装车前准备		1．对照货物运单，核对品名、包装、包装标志和储运标志，包装方法和状态，件数等 2．验货发现匿报品名应立即通知车站处理 3．验货后，与货区货运员现场交接签认 4．其他规定要求	外勤货运员 签认： 年　月　日
站内装车	保管	1．按规定单库存放或按配放表等规定存放 2．库门外或货位前挂货物到发信息和安全运输卡，库门完好并加锁 3．库内存放堆码整齐稳固，留有通道，不得倒置，货物有洒漏应妥善处理，发现丢失短少立即汇报 4．其他规定要求	外勤货运员 签认： 年　月　日
	装车	1．确认车辆使用符合规定，技术状态良好 2．对货物品名、包装与货物运单记载不一致，包装有破漏、损坏、变形，包装标志不清，不全等严禁装车 3．向装卸作业班组传达安全作业注意事项 4．妥善处理和保管残漏货件，编制有关记录和进行货票交接签收工作 5．其他规定要求	装车货运员 签认： 年　月　日 押运员签认（不需押运的除外）： 年　月　日
专用线（专用铁路）装车		1．确认车辆使用符合规定，技术状态良好 2．对货物品名、包装与货物运单记载不一致，包装有破漏、损坏、变形，包装标志不清，不全等严禁装车 3．妥善处理和保管残漏货件，编制有关记录和进行货票交接签收工作 4．其他规定要求	企业运输员 签认： 年　月　日 专用线货运员 签认： 年　月　日 押运员签认（不需押运的除外）： 年　月　日
货调		1．车数和有关车号： 2．挂运日期： 3．挂运车次：	货运调度员（货运值班员） 签认： 年　月　日
备注			

7．危险货物的挂运及特殊防护事项

危险货物应快装、快卸、快取、快送、优先编组、优先挂运。站内停放危险货物车辆时，应采取安全防护措施，对需要看护的重点危险货物，由车站派专员看守并报告铁

路公安部门。

根据危险货物特殊性质，在调车作业和运输编组隔离、车辆技术检查、整备、检修等技术作业中需采取特殊防护事项，要有明确规定，并应书面通知有关单位和人员。有关运输单据和货车上的表示方式见特殊防护事项，见表7–3。

派有押运员的成组危险货物车辆，要求成组连挂，不得拆解；发站应在该组车辆每一张货物运单上注明“成组连挂，不得拆解”，并将该组票据单独装入封套（剧毒品除外），封套上注明“成组连挂，不得拆解”。

文档：铁路车辆禁止溜放和限速连挂表

文档：铁路车辆编组隔离表

表7–3 特殊防护事项

特殊防护事项	货车上的表示	运输单据上的表示
《铁路车辆禁止溜放和限速连挂表》中规定禁止溜放和限速连挂的货车	在货车两侧插挂“禁止溜放”或“限速连挂”的货车表示牌	在货物运单右上角、票据封套上用红色记明“禁止溜放”或“限速连挂”的字样
《铁路车辆编组隔离表》中规定编组需要隔离的货车	①在货车表示牌上要记明三角标记 ②未限定“禁止溜放”或“限速连挂”的货车可用货车表示牌背面记明三角标记，并插于货车两侧	在货物运单右上角、票据封套上用红色记明规定的三角标记
《铁路危险货物品名表》“特殊规定”栏中规定停止制动作用的货车	在货车表示牌上记明“停止制动作用”字样	在货物运单右上角、票据封套上用红色记明“停止制动作用”的字样

装运需停止制动作用的货车时，车站应书面通知所在地货车车辆段，由货车车辆段组织相关运用作业场派员关闭截断塞门并施封，封上应有“停止制动”字样，车站在运单上注明“停止制动”。到站卸车后，车站应书面通知所在地货车车辆段，由货车车辆段组织相关运用作业场派员拆封，并确认铁路货车自动制动机技术状态良好后开启截断塞门。

二、危险货物途中作业

1. 危险货物的押运管理

（1）需押运的危险货物。运输爆炸品（烟花爆竹除外）、硝酸铵、剧毒品（《铁路危险货物品名表》“特殊规定”栏有第67条特殊规定的）、罐车装运气体类（含空车）

危险货物实行全程押运。装运剧毒品的罐车和罐式箱不需押运。

新造出厂的和洗罐站洗刷后送检修地点的及检修后首次返空的气体类危险货物罐车不需押运，但应在货物运单、货票注明“新造车出厂”“洗刷后送检修”或“检修后返空”字样。

（2）押运人数规定。同一托运人、同一到站押运方式、车辆及人数规定：

①气体类6辆重（空）罐车（含带押运间车辆）以内编为1组，每组押运员不得少于2人，每列编挂不得超过3组，每组间的隔离车不得少于10辆（原则上需要用普通货物车辆隔离）；

②剧毒品（《铁路危险货物品名表》“特殊规定”栏有第67条特殊规定的）4辆（含带押运间车辆）以内编为1组，每组2人押运，2组以上押运人数由铁路局集团公司确定；

③硝酸铵4辆以内编为1组，每组2人押运，2组以上押运人数由铁路局集团公司确定；

④爆炸品（烟花爆竹除外）每车2人押运。

上述车辆编组隔离除符合本条规定外，还应符合《铁路技术管理规程（普速铁路部分）》关于铁路车辆编组隔离的规定。

派有押运员的车辆，成组挂运时，途中不得拆解。

（3）对押运员的基本要求。押运员应当掌握所押运危险货物的性质、危害特性、包装容器、载运工具的使用特性和发生意外的应急措施。押运员押运时应携带培训合格证明与所需安全防护、消防、通信、检测、维护等工具以及生活必需品。押运员应按规定穿着印有红色“押运”字样的黄色马甲，不符合规定的不得押运。押运员在途中要严格执行全程押运制度，认真进行签认，严禁擅自离岗、脱岗。

（4）押运管理工作区段签认负责制。押运管理工作实行区段签认负责制。货检人员应与押运员在所押运的车辆前签认《全程押运签认登记表》。托运人再次办理运输时（含应押运的气体类罐车返空）应出具此登记表，并由车站保留3个月。对未做到全程押运的，再次办理货物托运时车站不予受理。

2．危险货物途中作业签认

危险货物在运输途中办理交接检查时，货运检查员与押运员需在《铁路危险货物途中作业签认单》或《铁路剧毒品途中作业签认单》或《危险货物罐车途中作业签认单（气体类）》上签认。

三、危险货物到达作业

1．危险货物卸车作业

（1）检查车辆。车辆状态及施封检查，核对票据与现车，确定卸车及堆码方法。

（2）卸车作业要求。货运员传达安全作业注意事项及卸车方案，检查消防器材和安全防护用品。作业时要轻拿轻放，堆码整齐稳固，防止倒塌，严禁倒放、卧装（钢瓶等特殊容器除外）。

（3）卸车后工作。在收货人清理车辆残存废弃物后，对受到污染的车辆，及时回送洗刷所洗刷除污。清理车辆残存废弃物交由收货人负责处理。因污染、腐蚀造成车辆损坏的，要按规定索赔。

2．危险货物到达作业签认

危险货物到达到站，相关人员按规定程序和作业标准进行作业后，在《铁路危险货物到达作业签认单》或《铁路剧毒品到达作业签认单》或《危险货物罐车到达作业签认单（气体类）》上签认。

3．交付作业

对到达的货物要及时通知收货人，做到及时交付货物，及时取送车辆。货位清空后，需及时清扫、洗刷干净。对洒漏的危险货物及废弃物，应及时通知收货人进行处理。对危险性大、洒漏严重的，要会同安监、卫生防疫、环保、消防等部门共同处理。

4．货车洗刷除污

装过危险货物的货车，卸后应清扫干净。下列情况应进行洗刷除污。

（1）装过剧毒品的毒品车。

（2）发生过洒漏、受到污染（包括有刺激异味）的货车。

（3）回送检修运输过危险货物的货车。

货车洗刷除污工艺应符合《铁路货车洗刷除污方法》。回送洗刷除污的货车，应在“特殊货车及运送用具回送清单”内注明品名及编号，并在货车两车门内外明显处粘贴“铁路货车洗刷回送标签”各一张。

货车经洗刷除污达到要求后应撤除货车洗刷回送标签，并在货车两车门内外明显处粘贴“铁路货车洗刷除污工艺合格证”各一张，并填写《洗刷除污登记表》。

微课：危险货物途中与到达作业

未经洗刷除污合格的货车严禁使用或排空。

任务实施

序号	作业项目	作业内容
1	托运人应在运单上填写的内容	①在货物运单“货物名称”栏内填写危险货物品名和铁危编号 ②在货物运单“托运人记载事项”栏内填写经办人身份证号码，押运员姓名、身份证号码

续表

序号	作业项目	作业内容
2	受理时应审核的内容	①托运人名称与危险货物托运人名称表相统一 ②经办人身份证与货物运单记载相统一 ③货物运单记载的品名、类项、编号等内容与《铁路危险货物品名表》的规定相统一，并核查《铁路危险货物品名表》“特殊规定”栏有无铁路危险货物运输特殊规定 ④发到站、办理品名、装运方式与办理限制相统一 ⑤货物品名、重量、件数与货物运单记载相统一 ⑥经办人具有培训合格证明 ⑦托运人具有包装检验合格证明文件
3	在运单上标明的内容	在货物运单的右上角标明： ①“5.1氧化性物质” ②△2 ③限速连挂

任务评价

评价内容	评价标准	本人自评得分（20%）	小组互评得分（20%）	校内教师评价得分（30%）	企业导师评价得分（30%）	综合得分
知识点掌握（30%）	熟悉危险货物的运输组织及运输特殊要求					
技能点运用（40%）	能组织危险货物的运输作业					
职业素养（30%）	具备甘于奉献的敬业精神；重视危险货物运输的特殊要求，树立高度的安全意识					
	综合评价					

巩固提升

一、选择题

1. 危险货物新品名试运时间为（　　）。

A. 半年　　B. 1年　　C. 2年　　D. 3年

2. 充装液态危险货物的包装容器内至少留有（　　）的余量。

A. 3%　　B. 5%　　C. 8%　　D. 10%

3．下列危险货物运输作业中，实行签认制度的货物是（　　）。

A．易燃固体　　B．易燃气体

C．一级易燃液体　　D．硝酸铵

4．运输（　　）实行全程押运。

A．硝酸铵　　B．烟花爆竹

C．有机过氧化物　　D．一级易燃液体

二、判断题

1．装过剧毒品的毒品车应进行洗刷除污。（　　）

2．卸空后的液化气体罐车可不派人押运。（　　）

3．装运剧毒品的罐车和罐式箱不需押运。（　　）

4．危险货物仅办理整车和集装箱运输。（　　）

5．危险货物Ⅲ类包装能盛装具有较大危险性的货物，包装强度要求高。（　　）

任务三

危险货物罐车、集装箱运输

学习工具

《铁路危险货物运输管理规则》《铁路危险货物品名表》《铁路危险货物运输安全监督管理规定》。

任务布置

某企业拟用标重62t，容积69.7m^3的G_{70}型自备罐车装运汽油，介质密度710kg/m^3，请确定该罐车的允许充装重量。

相关知识

一、危险货物罐车运输

1．自备货车过轨运输的协议制管理

自备铁路车辆（简称自备车）是指企业为满足生产、经营的运输需要出资购置经国家铁路过轨运输的铁路车辆。自备车包括罐车、棚车、敞车、平车、矿石车及其他特种车。

由于铁路产权罐车允许装运的危险货物品名很少，所以，大量需用罐车装运的危险货物须以企业自备车辆进行运输。危险货物自备货车过轨运输应按照《自备铁路车辆经国家铁路过轨运输管理办法》实行协议制管理。采用自备货车运输危险货物的，要有危险货物专用线（或共用专用线）及专用储运附属设备设施，运输的品类和业务范围应与设计内容一致。

2．自备罐车的罐体标记

装运酸、碱类的罐车罐体为全黄色，罐体两侧纵向中部应涂装有一条宽300mm黑色水平环形色带；装运煤焦油、焦油的罐体为全黑色，罐体两侧纵向中部应涂装有一条宽300mm红色水平环形色带。装运黄磷的罐车罐体为银灰色，罐体中部无环形色带。

装运其他危险货物罐车罐体本底色应为银灰色，罐体两侧纵向中部应涂装有一条宽

300mm表示货物主要特性的水平环形色带：红色表示易燃性，绿色表示氧化性，黄色表示毒性，黑色表示腐蚀性。

环带上层200mm宽涂蓝色，下层100mm宽涂红色或黄色分别表示易燃气体或毒性气体。环带300mm为全蓝色时表示非易燃无毒气体。

罐体两侧环形色带中部（有扶梯时在扶梯右侧）以分子、分母形式涂装有货物名称及其危险性，如苯：$\frac{\text{苯}}{\text{易燃、有毒}}$。对遇水会剧烈反应，事故处理严禁用水的货物，还应在分母内涂装有“禁水”二字，如硫酸：$\frac{\text{硫酸}}{\text{腐蚀、禁水}}$。

苯、粗苯、甲苯、乙苯、二甲苯可用罐体涂打“苯类”字样的自备罐车运输；汽油、煤油、航空煤油、柴油、石脑油、溶剂油、轻质燃料油可用罐体涂打“轻油类”字样的自备罐车运输。

3．罐车装运介质要求

自备罐车装运危险货物，品名范围及车种要求应符合《铁路危险货物品名表》“特殊规定”栏的特殊规定。未做规定的，由所属铁路局集团公司组织研究提出安全运输条件建议，报国铁集团货运部。安全运输条件建议应包括事故应急预案和环保应急处理预案。国铁集团货运部组织专家进行技术审查，通过技术审查后公布安全运输条件。

铁路产权罐车限装品名为原油、汽油、煤油、航空煤油、柴油、石脑油、溶剂油、轻质燃料油及非危险货物的重油、润滑油。对擅自涂改铁路产权罐车标记装运限定之外品名的，要立即扣车处理，同时追查有关责任单位、责任人的责任。厂、段修过期车辆不得装车运用。

4．危险货物罐车充装要求

（1）气体类危险货物的充装量。气体类危险货物装车单位应具有轨道衡计量设备，装运气体类危险货物罐车标记容积在$80m^3$以上的应安装三台面轨道衡。

气体类危险货物在充装前应对空车进行检衡。充装后，需用轨道衡再对重车进行计量，严禁超装。充装量应按计算公式计算，但不得大于标记载重量；计算的充装量大于标记载重量时，充装量以标记载重量为准。

①允许充装量的确定方法为：

$$W_{计算}=\Phi \cdot V_{标}$$

当$W_{计算} \geqslant P_{标}$时，$W_{许装}=P_{标}$；

当$W_{计算} < P_{标}$时，$W_{许装}=W_{计算}$。

其中，$W_{计算}$为根据重量充装系数确定的计算充装量，t；$W_{许装}$为允许充装量，t；Φ为重量充装系数，t/m^3；$V_{标}$为罐车标记容积，m^3；$P_{标}$为罐车标记载重，t。

常见介质的重量充装系数见表7–4。

表7–4　　常见介质的重量充装系数

充装介质种类	重量充装系数Φ（t/m³）
液氨	0.52
液氯	1.20
液态二氧化硫	1.20
丙烯	0.43
丙烷	0.42
混合液化石油气	0.42
正丁烷	0.51
异丁烷	0.49
丁烯、异丁烯	0.50
丁二烯	0.55

②检衡复核充装量的方法为：

$W_{空检} \geqslant W_{自重}$时，$W_{实装}=W_{总重}-W_{自重}$；

$W_{空检} < W_{自重}$时，$W_{实装}=W_{总重}-W_{空检}$。

要求$W_{实装}$不得大于$W_{许装}$，即$W_{实装} \leqslant W_{许装}$。

其中，$W_{实装}$为实际充装量，t；$W_{自重}$为罐车标记自重，t；$W_{总重}$为重罐车检衡重量，t；$W_{空检}$为罐车空车检衡重量，t。

（2）非气体类液体危险货物的充装量。充装非气体类液体危险货物时，应根据液体货物的密度、罐车标记载重量、标记容积确定充装量。充装量不得大于罐车标记载重量；同时要留有膨胀余量，充装量上限不得大于罐体标记容积的95%，下限不得小于罐体标记容积的83%。

即允许充装量应同时符合以下重量和体积要求：

①允许充装体积：$0.83V_{标} \leqslant V_{许装} \leqslant 0.95V_{标}$；

②允许充装重量：$W=\rho \cdot V_{许装} \leqslant P_{标}$。

其中，W为允许充装量，t；ρ为充装介质密度，t/m^3；$V_{标}$为罐车标记容积，m^3；$P_{标}$为罐车标记载重，t；$V_{许装}$为罐车允许充装体积，m^3。

装车单位要严格执行铁路罐车允许充装量的规定，防止超装超载。各铁路局集团公司要作出规划，加大计量安全检测设备投入，防止罐车装运的液体危险货物超装超载，确保运输安全。

5．危险货物罐车装卸作业

危险货物罐车装卸作业应在专用线内办理。

装运危险货物的罐车重车重心限制高度不得超过2200mm。

装车前，托运人应确认罐车是否良好，罐体外表应保持清洁，标记、文字应能清晰易辨。罐体有漏裂，阀、盖、垫及仪表等附件、配件不齐全或作用不良的罐车禁止使用。

气体类危险货物充装前应有专人检查罐车，按规定对罐体外表面、罐体密封性能、罐体余压等进行检查，不具备充装条件的罐车严禁充装。罐车充装完毕后，充装单位应会同押运员复检充装量，检查各密封件和封车压力状况，认真详细填记《铁路液化气体罐车充装记录》，符合规定时，方可申请办理托运手续。

危险货物罐车装、卸车作业后，应及时关严罐车阀件，盖好人孔盖，拧紧螺栓，严禁混入杂质。

气体类危险货物罐车卸后罐体内应留有不低于0.05MPa的余压。

6．危险货物发生泄漏、火灾的处置

危险货物及其他行车事故时，车站应立即启动应急预案，迅速向铁路有关部门、地方政府及公安、消防、环保、卫生防疫部门报告，并速请熟悉货物性质及罐体构造的部门协助处置。要设立警戒区，组织人员向逆风方向疏散，防止危险货物流入水域。易燃、有毒液体发生泄漏时，应及时阻断火源。对标有“禁水”标记的罐车，严禁用水施救。对有毒气体施救时应站在上风方向，防止中毒事故发生。

微课：危险货物罐车运输

二、危险货物集装箱运输

1．办理品类

铁路危险货物集装箱（简称“危货箱”）仅办理《铁路危险货物品名表》中下列品类。

（1）铁路通用箱可办理二级易燃固体、二级氧化性物质、二级酸性腐蚀性物质、二级碱性腐蚀性物质、二级其他腐蚀性物质。

（2）自备危货箱可办理铁路通用箱可办理的品类及二级毒性物质。

危货箱装运上述（1）、（2）项以外的危险货物，以及使用罐式集装箱装运危险货物的，由所属铁路局集团公司组织研究提出安全运输条件建议，报国铁集团货运部。国铁集团货运部组织专家进行技术审查，通过技术审查后公布安全运输条件。

2．托运受理

危货箱同一车限装同一品名、同一铁危编号的危险货物；包装应与《铁路危险货物运输管理规则》要求一致。

托运人托运危货箱时，应在货物运单“托运人记载事项”栏内填写箱内所装危险货物品名和铁危编号。

运输时只允许办理一站直达并符合办理限制要求。

车站办理危货箱时，应对品名、包装、标志、标记等进行核查，防止匿报、谎报危险货物或在危货箱中夹带违禁物品。严禁在站内办理危货箱的装箱、掏箱作业。

托运人应根据危险货物类别在箱体上拴挂相应包装标志。拴挂位置：箱门把手处（罐式箱在装卸料设施适当位置）各1枚，箱角吊装孔各1枚，共计6枚，需拴挂牢固，不得脱落。标志采用塑料双面彩色印刷，规格为：100mm×100mm。

3．装卸作业

严禁在站内办理危货箱的装箱、掏箱作业。

装箱应采取安全防护措施，防止货物在运输中倒塌、窜动和洒漏。

危货箱装卸车作业前，货运员应向装卸工组说明货物性质及作业安全事项，作业时应做到轻起轻放，不得冲撞、拖拉、刮碰。

4．到达作业

收货人应负责危货箱的洗刷除污，并负责撤除拴挂的危险货物标志。无洗刷能力时，可委托铁路部门洗刷，费用由收货人负担。洗刷除污相关要求比照《铁路危险货物运输管理规则》有关条款办理。

5．罐式箱运输

办理罐式箱运输时，托运人、收货人、发到站、专用线、货物品名等应与办理限制相符。限使用集装箱专用平车（含两用平车）运输。

罐式箱的标记、承运、介质充装、安全防护等安全管理要求比照危货罐车有关条款办理。

任务实施

序号	作业项目	作业内容
1	确定允许充装体积	充装非气体类液体危险货物时，充装量上限不得大于罐体标记容积的95%，下限不得小于罐体标记容积的83% 即$0.83V_{标} \leq V_{许装} \leq 0.95V$ 则$69.7 \times 0.83 \leq V_{许装} \leq 69.7 \times 0.95$ 得$57.9\text{m}^3 \leq V_{许装} \leq 66.2\text{m}^3$
2	确定允许充装重量	因$57.9 \times 0.71 \leq W \leq 66.2 \times 0.71$，且$W \leq P_{标}$ 则$41.1\text{t} \leq W \leq 47.0\text{t}$ 所以该罐车的允许充装重量为41.1～47.0t

任务评价

评价内容	评价标准	本人自评得分（20%）	小组互评得分（20%）	校内教师评价得分（30%）	企业导师评价得分（30%）	综合得分
知识点掌握（30%）	掌握危险货物罐车充装要求					
技能点运用（40%）	能确定危险货物罐车充装量					
职业素养（30%）	具备甘于奉献的敬业精神；重视危险货物运输的特殊要求，树立高度的安全意识					
综合评价						

巩固提升

一、选择题

1．可以使用铁路产权罐车装运的是（　　）。

A．石脑油　　B．煤焦油

C．甲醇　　D．硫酸

2．下列品类可使用铁路通用箱运输的是（　　）。

A．二级自燃物质　　B．二级氧化性物质

C．二级毒性物质　　D．二级遇水易燃物质

3．装运危险货物的罐车重车重心限制高度不得超过（　　）。

A．1600mm　　B．1800mm

C．2000mm　　D．2200mm

4．危险货物罐车罐体红色单色带表示装运货物的特性是（　　）。

A．毒性　　B．氧化性

C．易燃性　　D．腐蚀性

5．气体类危险货物罐车卸后罐体内应留有不低于（　　）的余压。

A．0.05MPa　　B．0.1MPa

C．0.15MPa　　D．0.2MPa

二、判断题

1. 充装非气体类液体危险货物时，充装量上限不得大于罐体标记容积的95%，下限不得小于罐体标记容积的83%。(　　)
2. 危险货物罐车装卸作业应在站内办理。(　　)
3. 危货箱同一车限装同一品名、同一铁危编号的危险货物。(　　)
4. 承运气体类危险货物自备货车时，应检查货物品名与罐体标记品名相统一。(　　)
5. 危货箱的装箱、掏箱作业可以在站内办理。(　　)

项目八　鲜活货物运输

项目导读

鲜活货物运输是铁路货物运输的重要组成部分。鲜活货物是人类社会生产、生活的必需品和重要的外贸物资，包括农、林、牧、渔以及加工品等。不同的鲜活货物具有不同的生理特征和理化特征，对温度、湿度、时间、卫生、环境等有较高的要求，在运输过程中需要使用特殊的设备，采取特殊的措施以保证其安全和品质。

思维导图

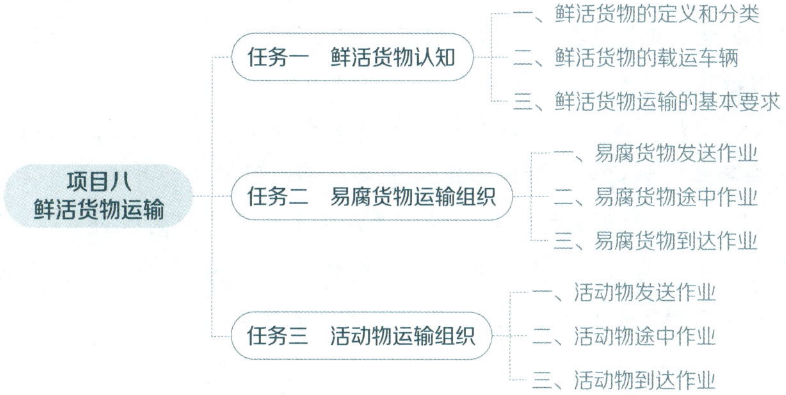

目标导学

知识目标

1. 掌握鲜活货物的定义、分类。
2. 掌握鲜活货物的载运车辆。
3. 掌握易腐货物的运输组织及运输特殊要求。
4. 掌握活动物的运输组织及运输特殊要求。

技能目标

1. 能判断鲜活货物的种类并能为其选择合适的载运车辆。
2. 能按规章正确办理易腐货物运输业务与作业。
3. 能按规章正确办理活动物运输业务与作业。

素养目标

1. 重视鲜活货物运输的特殊要求，树立为客户排忧解难的服务意识。
2. 具备脚踏实地、吃苦耐劳的职业素养。

素养提升

中老铁路：热带水果运输的“黄金通道”

中老铁路是中国和老挝合作建设的一条国际铁路，连接昆明和万象，全长约1000km。这条铁路于2021年12月正式开通运营，为两国人民带来了便利和福祉，也为中老经贸合作开辟了新的通道。

中老铁路自开通以来，凭借其高效、安全、便捷的运输优势，已成为东南亚水果进入中国市场的重要通道。与传统运输方式相比，它显著缩短了运输时间，降低了水果在运输过程中的损耗，保障了水果的新鲜度和品质。从泰国、老挝等地出发的水果专列，通过中老铁路能够在短时间内抵达中国境内，运输时间从传统的5～7d缩短至26h。这种快速运输对于榴莲、山竹这类保质期较短的水果尤为重要，不仅满足了中国消费者对新鲜热带水果的需求，还降低了运输成本。

为了应对日益增长的水果运输需求，中老铁路万象南站优化了运输组织方案，增加了水果运输的车次和运力。同时，车站与海关等部门紧密协作，通过实施“绿色通道”“提前申报”等便利化通关措施，实现了水果列车的“即到即查、即验即放”，显著提高了通关效率。例如，磨憨铁路口岸的16t榴莲仅需5min即可完成通关流程。这种高效模式不仅降低了企业的运营成本，还吸引了更多物流企业布局万象南站周边。

资料来源：西安网

网址：https://o.xiancity.cn/system/2025/06/15/031205121.shtml

评析：中老铁路已成为东南亚水果贸易的“黄金通道”，不仅为促进两国贸易、推动农业发展提供了强有力的支持，也为消费者带来了更加丰富的水果选择。

任务一 鲜活货物认知

学习工具

《铁路鲜活货物运输规则》。

任务布置

某站货运员接到如下托运请求：①货主甲托运一批冻羊肉、冻猪肉、冻牛肉等冰冻肉类；②货主乙托运一批活牛。请判断鲜活货物的种类，为其选择合适的载运车辆，并确定装载要求。

相关知识

一、鲜活货物的定义和分类

1．鲜活货物的定义

鲜活货物，是指在铁路运输过程中需要采取制冷、加温、保温、通风、上水等特殊措施，以防止出现腐烂、变质、冻损、生理病害、病残死亡等问题的货物。

2．鲜活货物的分类

鲜活货物分为易腐货物和活动物两大类。不同品类的鲜活货物有不同的生理特征和理化性质，对运输环境、生存条件的要求也不尽相同。

（1）易腐货物。易腐货物包括肉、蛋、乳制品、速冻食品、冻水产品、鲜蔬菜、鲜水果、花卉植物等，按其热状态分为冻结货物、冷却货物和未冷却货物。

①冻结货物是指经过冷冻加工成为冻结状态的易腐货物，包括速冻水果、速冻蔬菜、速冻调理方便食品、速冻果汁、冻水产品、猪肉、牛肉、羊肉等肉类。冻结货物的承运温度分为–18℃以下、–15℃以下和–12℃以下。冻结货物的运输温度分为–15℃以下、–12℃以下和–10℃以下；

②冷却货物是指经过冷却处理，温度在冻结点以上的易腐货物，包括经过冷却的新鲜水果、蔬菜、冷鲜肉类、禽及水产品等，以及经冷库冷藏存放的各类货物；

③未冷却货物是指未经过任何冷处理，完全处于自然状态的易腐货物。如采收后以初始状态进行运输的水果、蔬菜，以及花苗、树苗等鲜活植物。

（2）活动物。活动物包括禽、畜、兽、蜜蜂、水产品等。

二、鲜活货物的载运车辆

1．易腐货物的载运车辆

装运易腐货物应使用冷藏车或冷藏集装箱。在一定季节和区域内不易腐烂、变质、冻损的易腐货物，经托运人确认不影响货物质量的，承运人可根据托运人的要求，使用棚车或通用集装箱装运。

（1）冷藏车。冷藏车是指铁路运输鱼、肉、鲜果、蔬菜等易腐货物的专用车辆，其车体装有隔热材料，车内设有冷藏装置、加温装置、测温装置和通风装置等，具有制冷、保温和加温三种性能。目前，铁路冷藏车主要包括机械冷藏车和冷板冷藏车。

常见的机械冷藏车主要包括B_{22}、B_{23}、B_{10}等，主要为单节式车型与5节式车型。B_{22}、B_{23}是5节式机械冷藏车组，由一辆发电乘务车和4辆货车组成，其中发电乘务车在车组中部，两端各挂两辆货物车。车组采用集中供电、单车制冷、加温控温的形式。B_{10}型为单节式机械冷藏车。部分机械冷藏车的基本性能见表8-1。

表8-1 部分机械冷藏车的基本性能

车型	自重（t）	载重（t）	容积（m^3）	车内装载尺寸（m×m×m）长×宽×高	最大外部尺寸（mm×mm×mm）长×宽×高	车组自重（t）	车组载重（t）	车组全长（m）	车内可保持的温度（℃）
B_{22}	38	46	105	18×2.558×2.3	21938×3020×4670	206	184	107.7	−24～+14
B_{23}	38.2	45.5	105	18×2.560×2.3	21938×3134×4640	206	182	110.1	−24～+14
B_{10}	41.1	38	100	17.3×2.56×2.3	21938×3094×4700	—	—	—	−24～+14

（2）冷藏集装箱。冷藏集装箱是专门为运输要求保持一定温度的冷冻货物或低温货物而设计的集装箱，主要用于运输新鲜水果、鱼、虾、肉类等易腐货物。目前，铁路使用的冷藏集装箱主要是40ft、45ft两种规格，BX_{1K}型车主要技术参数见表8-2。

表8-2 BX_{1K}型车主要技术参数

自重（t）	载重（t）	长度（mm）	承载面长度（mm）	装载工况	供电电压（V）	最大负荷	最高运行速度（km/h）
19.8	61	14738	13800	2个20ft集装箱、1个40ft或45ft集装箱（总重34t）	380	92kW及以上	120

2．活动物的载运车辆

（1）家畜车。家畜车是运输猪、羊、鸡鸭等家畜家禽的专用车，主要有J_1、J_2、J_3、J_4和J_5型。家畜车的车墙、车门设置调节窗、端窗、通风窗等通风调温装置，车内一般分为2～3层，设有押运人员休息室和饲料用具存放架，车上安装水箱、水管等储给水设备，有的还设有饲料槽。

（2）活鱼车。活鱼车是运输活鱼、鱼苗的专用车。车内设有水箱、水泵循环水流系统和储水箱等设备。使用时，鱼、鱼苗盛放在水槽内。水槽内的水在水泵的作用下，通过水循环装置流动，经水槽上的喷雾器喷入空气中再落入水槽，将氧气带入水中，不断循环，给水增氧。

（3）棚车、敞车。棚车、敞车属于通用货车。在活动物专用车不足的情况下，可有条件地选用棚车、敞车装运活动物。使用时，可根据需要增设装载装置、装车备品并采取相应的防护措施，用于装运马、牛、羊、猪等活动物。

（4）动物集装箱。动物集装箱是为装运活动物而特别设计的，设有外置式食槽，能遮蔽阳光直射，具有良好的通风条件，用于装运鸡鸭鹅等家禽和牛马羊等家畜。

三、鲜活货物运输的基本要求

托运的鲜活货物必须质量良好，无病残，包装适合货物性质并能保证铁路运输安全。按照货物性质、容许运输期限及运送全程的季节和气候条件选择合适的运载工具、装载方法和运送方法，并根据需要采取预冷、制冷、加温、保温、通风、上水或押运等措施，以最大限度地保持货物质量。

托运需要检疫的鲜活货物时，托运人应按国家有关规定提出检疫证明，在货物运单“托运人记事”栏内注明检疫证明的名称和号码，车站凭此办理运输，并按规定在铁路货运电子商务系统中留存证明文件的影像资料。入境的国际铁路联运鲜活货物，凭海关的放行通知办理。

应提供检疫证明的鲜活货物包括：①动物和动物产品；②列入应施检疫的植物、植物产品名单的植物和植物产品，运出发生疫情的县级行政区域之前；③种子、苗木和其他繁殖材料，不论是否列入应施检疫的植物、植物产品名单和运往何地；④法律法规规定的其他情况。

在鲜活货物运量集中的区段，应开行鲜活货物或以鲜活货物为主的班列、直达、快运等快速货物列车。在其他区段，应积极组织挂运快速货物列车。承运人应根据鲜活货物季节性强、运量波动大、时间要求快的特点，加强运输组织工作，坚持优先受理、优先配空、优先进货装车、优先取送、优先编组、优先挂运。各级调度对装有鲜活货物的列车、车辆应重点掌握，防止途中积压。对装有鲜活货物的车辆，除由于在中间站装（卸）车必须编入摘挂、小运转列车外，途中均应编入快运列车或直通、直达、区段列车。

微课：鲜活货物认知

任务实施

序号	作业项目	作业内容
1	判断鲜活货物的种类	根据《铁路鲜活货物运输规则》，①冰冻肉类属于易腐货物；②活牛属于活动物
2	确定不同鲜活货物的载运车辆	根据《铁路鲜活货物运输规则》，①冰冻肉类可采用冷藏车或冷藏集装箱运输；②活牛可采用家畜车或棚车、敞车，或动物集装箱运输

任务评价

评价内容	评价标准	本人自评得分（20%）	小组互评得分（20%）	校内教师评价得分（30%）	企业导师评价得分（30%）	综合得分
知识点掌握（30%）	掌握鲜活货物的定义、分类；掌握鲜活货物的载运车辆					
技能点运用（40%）	能判断鲜活货物的种类并能为其选择合适的载运车辆					
职业素养（30%）	重视鲜活货物运输的特殊要求，树立为客户排忧解难的服务意识；具备脚踏实地、吃苦耐劳的职业素养					
综合评价						

巩固提升

一、选择题

1. （　　）不属于易腐货物。

A．肉　　B．活鱼

C．鲜蔬菜　　D．鲜水果

2. 冻结货物的承运温度分为−18℃以下、−15℃以下和（　　）以下。

A．−12℃　　B．−10℃

C．−8℃　　D．−5℃

3. （　　）一般不用于装运活动物。

A．专用车辆　　B．平车

C．敞车　　D．有窗的棚车

二、判断题

1. 易腐货物按其热状态分为冷却货物和未冷却货物。（　　）
2. 不同品类的鲜活货物有不同的生理特征和理化性质，对运输环境、生存条件的要求也不尽相同。（　　）
3. 肉、蛋、乳制品等均属于易腐货物。（　　）
4. B_{22}、B_{23}、B_{10}型机械冷藏车均是5节式机械冷藏车组。（　　）
5. 在鲜活货物运量集中的区段，应积极组织挂运快速货物列车。（　　）
6. 对装有鲜活货物的车辆，除由于在中间站装（卸）车必须编入摘挂、小运转列车外，途中均应编入快运列车或直通、直达、区段列车。（　　）

任务二

易腐货物运输组织

学习工具

《铁路鲜活货物运输规则》。

任务布置

某水果有限公司业务员小李到甲站托运一批新鲜水果，包括芒果500kg，火龙果400kg，释迦果300kg。该站应如何组织该批货物的发送作业？

相关知识

一、易腐货物发送作业

1．易腐货物的运输条件

使用机械冷藏车运输易腐货物时，应遵守《铁路鲜活货物运输规则》中《易腐货物机械冷藏车运输条件表》（表8-3）的规定。

微课：易腐货物发送作业

2．易腐货物试运行

使用机械冷藏车运输《铁路鲜活货物运输规则》规定的《易腐货物机械冷藏车运输条件表》中未列名，且无法比照其他品名办理的易腐货物，应按如下规定试运。

（1）试运前，托运人应与发站商定运输条件，填写《铁路易腐货物试运申请表》一式三份，托运人、发站、发送铁路局集团公司各一份。

（2）发站将《铁路易腐货物试运申请表》报铁路局集团公司，经批准后组织试运，铁路局集团公司将有关情况上报国铁集团备案并抄送相关铁路局集团公司。

（3）发站在确认首批试运货物安全抵达到站后，方可发出次批试运货物。同一发站、品名、运输条件的货物，首批试运不得超过4车。试运期不得超过1年。

（4）试运期间，如货物在运输过程中出现腐烂、变质、冻损等问题，须立即停止试运。发站应组织有关人员分析损失原因，并将结果报铁路局集团公司。需要继续试运的

表8-3 易腐货物机械冷藏车运输条件表（摘录）

品类顺号	货物品类	货物品名	货物热状态	装车时货物质量要求		运输温度（℃）	适用包装号或包装	装载方式		说明
				感官质量	承运温度（℃）			装载要求	装载号	
1	速冻食品									
1.1	速冻水果	速冻荔枝、速冻草莓等	冻结	果面洁净，无不洁物污染。冻结良好，无结霜或粘连。无异味。产品包装完好无破损。无复冻现象	−18以下	−15以下	3	紧密堆码		
1.2	速冻蔬菜	速冻叶菜类（菠菜、青梗菜、白菜、甘蓝、辣椒叶等）	冻结	成品外观平面形状规则、均匀，棱角分明，冻结良好。单冻产品色泽符合本产品应有色泽，无粘连；块冻产品色泽鲜亮，镀冰衣完整、清澈。无黄枯叶、褐变叶。产品包装完好无破损。无复冻现象	−18以下	−15以下	3	紧密堆码		
1.3		速冻根茎类、速冻瓜菜类、速冻豆类、速冻花椰菜、速冻芦笋、速冻食用菌等	冻结	冻结良好，单体散冻，无粘连、结块、冰霜等现象。呈正常应有色泽。无失水、风干、冰衣脱落等现象。产品包装完好无破损。无复冻现象	−18以下	−15以下	3	紧密堆码		
1.4	速冻调理方便食品	速冻面米食品（馄饨、包子、水饺、汤圆、面点）、速冻蒸煮食品、速冻熏烤食品、速冻玉米等	冻结	外观轮廓清晰，外形完整，不破、不裂，不偏芯，产品表面无明显冰晶存在。无异味、无杂质。产品包装完好无破损。无复冻现象	−18以下	−15以下	3	紧密堆码		
…	…									

必须制定改进措施，重新办理试运手续。

3．托运与受理

（1）按一批托运的规定。按一批托运的易腐货物，一般限同一品名。使用机械冷藏车时，不同热状态的易腐货物不得按一批托运。

一般情况下，下列货物不得混装运输：①具有强烈气味的货物和容易吸收异味的货物；②易产生乙烯气体的货物和对乙烯敏感的货物；③水果和肉类，蔬菜和乳制品。

（2）需签订运输协议的情形。出现下列情况之一的，托运人应与发站和乘务组商定运输条件，签订运输协议，并将比照的品类顺号、货物品名、运输条件记录在货物运单“托运人记事”栏和“机械冷藏车作业单”内：

①使用机械冷藏车运输《易腐货物机械冷藏车运输条件表》中未列名的易腐货物时，如货物热状态、货物包装、装车时质量要求、运输温度及装载方式可比照类似品名货物时；

②不同品名的易腐货物，如运输温度要求接近、货物性质允许混装的，可在同一机械冷藏车内组织混装运输时；

③使用机械冷藏车运输易腐货物，托运人要求不按规定条件办理时，应在确认货物不致出现腐烂、变质、冻损等问题的前提下；

④使用机械冷藏车运输经过基因修改、非正常天然繁殖、使用过生长激素或经过化学药物处理等降低了耐储运性的果蔬时。

（3）运单填写。

①货物品名。托运易腐货物时，托运人应在货物运单“货物名称”栏内填记货物名称，同时在“托运人记事”栏内注明易腐货物品类顺号、热状态及容许运输期限（日数）。易腐货物容许运输期限须大于铁路规定的运到期限3日以上。

②途中供电服务。使用冷藏集装箱运输易腐货物，且途中需要供电服务时，托运人应在货物运单注明“BX车供电运输”字样，并在“托运人记事”栏内注明运输温度。

③冷藏车运输条件。使用机械冷藏车运输易腐货物时，托运人应按相关文件规定或与承运人商定的运输条件，在货物运单“托运人记事”栏内具体注明装载货物的运输温度要求和“途中控温”“途中不控温”“途中通风”“途中不通风”等字样。

④运输标记。发站承运易腐货物后应在货物运单“承运人记事”上标注“三角K”（三角K表示装运易腐货物）。“三角K”对应标记应转记在“列车编组顺序表”记事栏内。

4．装车作业

（1）一般要求。使用机械冷藏车运输时，货物的质量、温度、包装和选用车辆、装运方法，均应符合《易腐货物机械冷藏车运输条件表》《易腐货物运输包装表》《易腐货物装载方法表》中的规定。发站应在装车时会同乘务组对货物的温度、质量、包装和安全防护用品进行抽查，并将抽查情况记录在《机械冷藏车作业单》内。货物包装和破验部位的恢复由托运人负责。机械冷藏车装载货物的重量，不得超过车辆的标记载重量。

使用冷藏集装箱运输时，冷藏集装箱装箱前预检和温度设置等操作，以及箱内货物的质量、温度、包装和装载，由托运人负责，且货物装载高度不得超过箱内限高标识线。冷藏集装箱总重应符合集装箱运输有关规定。

机械冷藏车组中不同的货物车，可以装运温度要求不同的货物。冷藏车、铁路冷藏集装箱严禁用于装运易污染、腐蚀和损坏车辆或箱体的非易腐货物。无包装的水果、蔬菜（西瓜、哈密瓜、南瓜、冬瓜除外）等易污染、损坏车内设备或箱体的易腐货物不得用冷藏车、铁路冷藏集装箱装运。

货物质量、包装、温度达不到要求时，承运人有权拒绝承运货物。

（2）填记机械冷藏车（BX型车）装车通知单。使用机械冷藏车运输易腐货物时，发站应与托运人商定进货、装车等事项，将计划装车时间、装车地点、货物品名及热状态、重量、到站等事项填记在“机械冷藏车（BX型车）装车通知单”（表8-4）内，于装车前12h交给乘务组；使用BX型车组运输冷藏集装箱时，于装车前6h交给冷藏车乘务组。乘务组接到通知后应在装车前做好上水、补足油料、预冷车辆等工作。

表8-4　　机械冷藏车（BX型车）装车通知单

车号	装车地点	货物品名及热状态	重量（t）	到站	计划装车时间	附注
国铁集团、铁路局集团公司调度命令号码						

注：机械冷藏车装车通知单一式两份，一份交乘务组作为准备装货的通知，一份发站存查。

装车站货运员（签字）站戳
年　　月　　日
机械长（签字）列车戳
年　　月　　日

（3）装车前的预冷。使用机械冷藏车运输易腐货物时，在装车前必须预冷，待车内温度降低到规定温度后（协议运输从其约定），方可装车。机械冷藏车车内预冷温度：冻结货物为-3～0℃；香蕉为11～15℃；菠萝、柑橘为9～12℃；其他易腐货物为0～3℃。经过预冷的冷藏车装车时，应采取措施保持车内温度。

（4）装车作业。易腐货物装卸车作业时，应轻拿轻放。冷藏集装箱装卸和搬运时，应稳起轻放，避免冲撞，防止损坏。装运冷藏集装箱应使用集装箱专用平车或共用平车，并符合集装箱运输有关规定。

车站、冷藏车乘务组和托运人、收货人应加强装卸车组织工作，缩短装卸时间。易腐货物作业车停站时间原则上不得超过该站的货车停留时间。单节机械冷藏车每辆装（卸）车作业时间（不包括洗车和预冷时间，下同）不得超过3h。货物车为4辆的机械冷藏车组，每组装（卸）车作业时间不得超过6h，每车的装（卸）车作业时间不得超过3h。

车站货运员和冷藏车乘务组应对装卸车作业进行指导，发现问题及时联系托运人、收货人共同解决。货物装车完毕，冷藏车乘务组应检查车门是否关闭严密，及时记录车内温度并开机调温。

5．填写机械冷藏车作业单

冷藏车作业单是冷藏车运输易腐货物始发、途中、到达作业情况的原始记录，也是分析事故原因，划清托运人、收货人与承运人以及铁路内部相关部门之间责任的依据。车站、铁路专用线（专用铁路）、机械冷藏车乘务组要认真按车填写《机械冷藏车作业单》（表8–5），并做好传递工作。

表8–5 **机械冷藏车作业单**

一、始发站作业记录

1．发站________到站________、车种、车型、车号________________货物运单号______________________。

2．货物品名、热状态__________________；包装种类、状态__________________。

3．货物质量抽查情况：____。

4．货物装载方法____。

5．商定的运输条件____。

6．车辆预冷时间________小时，车内预冷温度________℃。

7．货物进站时间____月____日____时。装车时间____月____日____时____分开始到____月____日____时____分止，其中制冷时间____月____日____时____分开始到____月____日____时____分止。

8．装车时车内温度________℃，车外温度________℃，货物的承运温度______℃。

9．试运批准号：______________________________。

10．其他需说明情况：

托运人或经办人签字（盖章）______________________________。机械冷藏车机械长签字（盖章）____________________。

铁路专用线（专用铁路）签字（盖章）________；发站货运员签字（盖章）________。

二、到站作业记录

1. 到达车次____________次，时间____月____日____时____分。
2. 车辆调入时间__月__日____时____分。卸车时间____月__日____时____分起至____月____日____时____分止，其中制冷时间____月____日____时____分开始到____月____日____时____分止。
3. 卸车时温度：车内温度________℃，车外温度________℃。
4. 货物质量：感官观察________________，冻结货物温度________℃。
5. 车内洗刷情况____。
6. 其他需说明情况：

收货人或经办人签字（盖章）________。机械冷藏车机械长签字（盖章）________。

铁路专用线（专用铁路）签字（盖章）________；到站货运员签字（盖章）________。

三、机械冷藏车温度记录

日/时分										
外温										
车内温度										
日/时分										
外温										
车内温度										
…	…									

机械冷藏车机械长（签字）________________列车戳

二、易腐货物途中作业

1. 途中作业的办理

（1）途中控温。运输途中，机械冷藏车乘务组应按《易腐货物运输条件表》的规定或运输协议商定的运输条件，保持车内温度。为及时了解温度变化，正确调控车内温度，应定期对车内温度状况进行监控，在装车后及运输途中，每隔2h应记录一次各车内的温度，每6h填写一次机械冷藏车作业单。

使用机械冷藏车装运水果、蔬菜和其他需要通风运输的货物时，应根据具体情况定期进行通风作业。

（2）途中上水。需中途上水的机械冷藏车应编在列车中部，乘务组应提前拍发电报将有关情况通知前方上水站。机械冷藏车需要上水时，各车站应予以支持并免费供水。

（3）途中供电。BX型车组的冷藏车乘务组应做好途中供电工作，确保冷藏集装箱供电正常，并在沿途车辆技检作业时，对冷藏集装箱温度进行检查和记录。未配备冷藏车乘务组的，车辆配属单位要做好远程监控和应急处置工作。

（4）运输变更。易腐货物需要变更到站时，可办理一次变更到站，且货物容许运输期限要大于重新计算的运到期限3日以上。

2．途中异常情况处理

（1）途中滞留的处理。装有易腐货物的车辆，在运行途中不得保留。遇有特殊情况需要保留时，保留站应立即向铁路局集团公司调度、货运部门报告，同时采取措施妥善处理，并编制普通记录说明原因。

装有易腐货物的车辆因技术状态不良等原因发生滞留不能继运时，滞留站应及时报告铁路局集团公司调度、货运部门，并尽量组织按原运输条件倒装。由于气温、技术条件等限制不能倒装又不宜在当地处理的货物，滞留站应通知发、到站及时联系托运人、收货人，并限时提出处理办法。超过要求时间未接到答复或因等候答复使货物造成损失时，由发生地铁路局集团公司与发送铁路局集团公司协商处理。

（2）途中货物损坏的处理。运输途中发现易腐货物腐烂、变质、冻损、污染、生理病害、病残死亡等问题时，发现单位应立即通知车站联系托运人、收货人并妥善处理，防止货物损失扩大。处理货物腐烂、变质情况时，应扣除运输途中的合理损耗。

三、易腐货物到达作业

卸车前，车站应通知冷藏车乘务组，冷藏车乘务组应按规定做好检查记录，并将冷藏集装箱电源连接线拔出和复位；具备卸车条件后，冷藏车乘务组通知车站。未配备冷藏车乘务组的，相关工作由车辆配属单位负责。

到达货物出现腐烂、变质、冻损、污染、生理病害、病残死亡等问题时，到站应立即组织卸车并按规定编制货运记录，使用机械冷藏车的应会同乘务组组织卸车。收货人有异议的，不得拒绝卸车或中途停止卸车，否则因此造成的扩大损失由收货人承担。发现食品运输污染的，应立即向铁路食品安全监管办公室报告。

易腐货物运抵到站，联系不到收货人或收货人拒绝领取时，到站应自发出催领通知次日起（不能实行催领通知时，为卸车完了的次日起）或收货人拒绝领取之日起，1日内及时通知发站和托运人，征求处理意见。托运人自接到通知之日起，2日内提出处理意见答复到站。对于超过容许运输期限仍无人领取的货物，或收货人拒领而托运人又未按规定期限提出处理意见的货物，或虽未超过上述期限，但是货物已开始腐坏、变质时，到站可按无法交付货物或依据有关规定处理。

任务实施

序号	作业项目	作业内容
1	托运与受理	托运易腐货物时，应遵守《易腐货物机械冷藏车运输条件表》的规定，符合按一批托运的规定，并正确填写货物运单
2	装车作业	易腐货物装车时，货物的质量、温度、包装和选用车辆、装运方法，均应符合相关规定；填记机械冷藏车装车通知单；进行装车前的预冷；按要求执行装车作业
3	填写机械冷藏车作业单	认真按车填写机械冷藏车作业单，并做好传递工作

任务评价

评价内容	评价标准	本人自评得分（20%）	小组互评得分（20%）	校内教师评价得分（30%）	企业导师评价得分（30%）	综合得分
知识点掌握（30%）	掌握易腐货物的运输组织及运输特殊要求					
技能点运用（40%）	能按规章正确办理易腐货物运输业务与作业					
职业素养（30%）	重视鲜活货物运输的特殊要求，树立为客户排忧解难的服务意识；具备脚踏实地、吃苦耐劳的职业素养					
综合评价						

巩固提升

一、选择题

1．易腐货物容许运输期限须大于铁路规定的运到期限（　　）以上。

A．2日　　B．3日　　C．4日　　D．5日

2．使用冷藏集装箱运输时，冷藏集装箱装箱前预检和温度设置等操作，以及箱内货物的质量、温度、包装和装载，由（　　）负责。

A．托运人　　B．承运人　　C．收货人　　D．车站

3. 使用机械冷藏车运输易腐货物时,《机械冷藏车(BX型车)装车通知单》应于装车前(　　)交给乘务组。

A. 6h　　B. 12h　　C. 18h　　D. 24h

4. 冷藏车乘务组在装车后及运输途中,每隔(　　)记录一次各车内的温度,每(　　)填写一次机械冷藏车作业单。

A. 2h　　B. 3h　　C. 5h　　D. 6h

5. 单节机械冷藏车每辆装(卸)车作业时间(不包括洗车和预冷时间)不得超过(　　)。

A. 2h　　B. 3h　　C. 5h　　D. 6h

二、判断题

1. 使用机械冷藏车时,不同热状态的易腐货物可以按一批托运。(　　)
2. 按一批托运的易腐货物,一般限同一品名。(　　)
3. 试运期间,如货物在运输过程中出现腐烂、变质、冻损等问题,解决后可继续试运。(　　)
4. 货物质量、包装、温度达不到要求时,承运人有权拒绝承运货物。(　　)
5. 使用机械冷藏车运输易腐货物时,在装车前必须预冷,待车内温度降低到规定温度后,方可装车。(　　)

任务三

活动物运输组织

学习工具

《铁路鲜活货物运输规则》。

任务布置

某畜牧养殖有限公司从甲站托运一批活猪至乙站，列车运行至丙站时，押运员报告在一辆车中发现几只活猪疑似染疫，试分析活动物的押运要求及该批货物的处理办法。

相关知识

一、活动物发送作业

1．托运和承运

（1）活动物托运的限制，铁路运输活动物一般按整车运输。

托运蜜蜂时，托运人要按车填写物品清单（一式两份，一份留站存查，一份托运人自留）。物品清单要记明蜜蜂的空箱数量、有蜂箱数量、押运人所带的生活用品，饲养工具及蜜蜂饲料等。

托运猛禽、猛兽时，托运人应与发站商定运输条件和运输防护方法，报发送铁路局集团公司批准。跨局运输时，发送铁路局集团公司应将商定的事项通知相关铁路局集团公司。托运人应在货物运单“托运人记事”栏内注明商定的运输条件和运输防护方法。

（2）运输标记。承运活动物时，发站应在货物运单“承运人记事”栏标注“活动物”和“禁止溜放”，“活动物”和“禁止溜放”应转记在《列车编组顺序表》记事栏内。托运人提出需要途中上水的，发站在货物运单注明。

2．装车作业

（1）活动物装车。装运牛、马、骡、驴、骆驼等大牲畜，应使用木（竹）地板货车，并采取有效措施将活动物拴紧；确因木（竹）地板货车不足需要使用其他货车时，应采取衬垫等防滑措施。

装运活鱼，为方便固定容器和通风给氧，不得使用全钢棚车和车窗不能开启的棚车（采用增氧机运输的除外）。

蜜蜂进站时，托运人必须在蜂箱巢门外安装好纱罩，防止蜜蜂飞出蜇人，遮蔽信号，影响车站作业和行车安全。蜂箱巢门未安装纱罩的，发站不得承运。

禽、畜可单层或多层装载，每层的装载数量由托运人根据季节、运输距离、活动物的体积及选用的车种车型等情况确定。

装运活动物的车辆可开启门窗，但应采取措施防止大牲畜头部伸出，并在货物运单"承运人记事"栏注明"圈开"（"圈开"表示开门窗运输），"圈开"应转记在《列车编组顺序表》记事栏内。对开启的车门应捆绑牢固，并用栅栏将活动物挡住。开启的门窗最外突出部位不得超限。

（2）调车限制。活动物装车后应在货车两侧插挂"禁止溜放"货车表示牌。车站在调车作业时，禁止溜放和由驼峰上解体。

（3）编组隔离要求。装蜜蜂的车辆与装载农药的车辆原则上不得编挂在同一列车上。如因车流不足、分别挂运有困难，在本次列车运行全程内不发生列车折角转向运行的条件下，可编入同一列车内，但应将蜜蜂车挂在农药车的前部，并隔离4辆以上。蜜蜂车和生石灰车编在同一列车内时应隔离2辆以上，并将蜜蜂车挂在生石灰车的前部。

二、活动物途中作业

1. 途中上水

活动物在中途上水，由铁路指定的上水站免费供应。上水用具由托运人或押运人自备。对挂有活动物需要上水车辆的列车，发站或上水站应拍发电报依次向前方上水站进行预报，上水站应将其接入备有上水设备的股道。上水预报电文内容和代号如表8-6所示。

表8-6 上水预报电文内容和代号

内容	开车月、日	车次	车型 车号	货物 品名	到站	收货人
代号	（1）	（2）	（3）	（4）	（5）	（6）

2. 活动物的押运

运输活动物时，托运人必须派熟悉动物特性的押运人随车押运，负责做好动物的饲养、饮水、换水、洒水、看护和安全工作。押运人每车1～2人。押运人携带物品只限途中生活用品和途中需要的饲料和饲养工具，并严格遵守《押运人须知》和铁路的有关规定。

运输过程中发现活动物染疫、疑似染疫、病死或死因不明时，押运人应及时通知车站。车站发现上述情况时，应及时向当地兽医主管部门、动物卫生监督机构或者动物疫病预防控制机构报告，同时拍发电报通知发、到站和上级主管部门，并采取隔离等控制措施，防止动物疫情扩散。严禁乱扔染疫、疑似染疫的活动物，病死或死因不明的活动物尸体。

活动物的排泄物以及垫料、包装物、容器等污染物应由押运人或收货人在铁路指定站或到站清除，并按动物防疫部门的规定处理，不得中途随意向车外抛撒，不得违规在中途站清扫和冲洗。

3．蜜蜂途中作业限制

蜜蜂运输不办理变更到站。为保证铁路作业安全，蜜蜂在车站和运输过程中不得放蜂。蜜蜂到达到站后，要尽快办理卸车、交付手续，并及时搬出货场。

三、活动物到达作业

活动物车辆到达后，到站负责卸车的应及时组织卸车和交付，收货人负责卸车的应及时办理送卸和交接，卸车时应采取必要的措施防止活动物发生病残死亡等事故，收货人领取货物时，必须将货物的装车备品、防护用品、衬垫物品等全部搬出。装运活动物的车辆卸车后，必须认真进行清扫洗刷除污，清除活动物残留的污秽物和异味。装过病死动物的车辆还应进一步按规定或依照防疫部门的处理意见进行消毒。清除的残留物、垫料、包装物、容器等污染物和洗刷消毒产生的废水，应进行无害化处理，不得污染环境。活动物车辆的洗刷除污、消毒及回送办法，参照易腐货物运输的相关规定办理。

微课：活动物运输组织

任务实施

序号	作业项目	作业内容
1	活动物的押运要求	运输活动物时，托运人必须派熟悉动物特性的押运人随车押运，负责做好动物的饲养、饮水、换水、洒水、看护和安全工作；押运人每车1～2人；押运人携带物品只限途中生活用品和途中需要的饲料和饲养工具，并严格遵守《押运人须知》和铁路的有关规定
2	活动物的异常情况处理	运输过程中发现活动物染疫、疑似染疫、病死或死因不明时，押运人应及时通知车站；车站发现上述情况时，应及时向当地兽医主管部门、动物卫生监督机构或者动物疫病预防控制机构报告，同时拍发电报通知发、到站和上级主管部门，并采取隔离等控制措施，防止动物疫情扩散；严禁乱扔染疫、疑似染疫的活动物，病死或死因不明的活动物尸体

任务评价

评价内容	评价标准	本人自评得分（20%）	小组互评得分（20%）	校内教师评价得分（30%）	企业导师评价得分（30%）	综合得分
知识点掌握（30%）	掌握活动物的运输组织及运输特殊要求					
技能点运用（40%）	能按规章正确办理活动物运输业务与作业					
职业素养（30%）	重视鲜活货物运输的特殊要求，树立为客户排忧解难的服务意识；具备脚踏实地、吃苦耐劳的职业素养					
综合评价						

巩固提升

一、选择题

1. 承运活动物时，托运人提出需要途中上水的，（　　）在货物运单注明。

A. 托运人　　B. 承运人　　C. 收货人　　D. 发站

2. 蜜蜂车和生石灰车编在同一列车内时应隔离（　　）辆以上。

A. 1　　B. 2　　C. 3　　D. 4

3. 运输活动物时，押运人每车（　　）人。

A. 1　　B. 2　　C. 3　　D. 1～2

二、判断题

1. 禽、畜可单层或多层装载，每层的装载数量由托运人根据季节、运输距离、活动物的体积及选用的车种车型等情况确定。（　　）
2. 装运活动物的车辆可开启门窗，开启的门窗最外突出部位不得超限。（　　）
3. 装蜜蜂的车辆与装载农药的车辆原则上可以编挂在同一列车上。（　　）
4. 活动物在中途上水，由铁路指定的上水站免费供应。（　　）
5. 运输活动物时，押运人携带物品只限途中生活用品和途中需要的饲料和饲养工具。（　　）
6. 蜜蜂运输可以办理变更到站。（　　）
7. 活动物装车后应在货车两侧插挂“限速连挂”货车表示牌。（　　）

参考文献

[1] 戴实. 铁路货运组织 [M]. 3版. 北京：中国铁道出版社，2019.

[2] 余滢. 铁路货运组织 [M]. 北京：高等教育出版社，2021.

[3] 孟维军，赵俊一，侯燕枫. 铁路货运组织 [M]. 北京：中国铁道出版社，2021.

[4] 左瑛. 铁路货运组织 [M]. 2版. 成都：西南交通大学出版社，2019.

[5] 项书峰. 铁路货运实作问答 [M]. 2版. 北京：中国铁道出版社，2020.